ECONOMICS & MANAGEMENT

教育部经济管理类主干课程教材

审计系列

Compliance Auditing

合规审计

▸▸ 主编　郑石桥

中国人民大学出版社

· 北京 ·

前　言

从技术逻辑来说，审计就是对特定事项与既定标准之间的一致性获取证据并发表意见，这里的特定事项就是审计主题（audit subject matter）。总体来说，审计主题包括财务信息、业务信息、特定行为、特定制度，审计就是围绕上述四类主题与既定标准之间的一致性收集证据并发表意见。基于这四类审计主题，分别形成财务审计、绩效审计、合规审计、制度审计，本书聚焦于合规审计。

简单地说，合规审计就是对特定行为（例如，财政财务收支及相关经济活动）是否符合既定标准的审计，也称为合法性审计或合规性审计。世界审计组织的审计准则中，将合规审计（compliance audit）作为一种独立的审计业务类型，我国政府审计机关的审计业务中，行为是否合规是最主要的审计主题，一些内部审计组织也将合规审计作为重要的审计业务，有的民间审计组织也接受委托从事合规审计。然而，关于合规审计的研究和经验总结却非常缺乏，不少审计组织还处于审计人员凭个人经验审计的阶段。所以，无论是在理论上还是实践上，合规审计都还有许多问题需要解决，合规审计的发展任重而道远。

本书定位于合规审计课程的大学教材，也可以作为实际工作人员学习合规审计原理的读物。根据这个定位，本书以作者多年的相关教学经验为基础，借鉴世界审计组织的合规审计准则，扎根于中国合规审计理论研究和实务探索，对合规审计原理做系统介绍。

本书由郑石桥教授主编，各章分工如下：第 1 章合规审计的基本框架和基本步骤，由郑石桥教授编写；第 2 章数据式合规审计的核心要素，由郑石桥教授编写；第 3 章合规审计的审计准备工作，由郑石桥教授、和秀星教授编写；第 4 章合规审计的风险评估程序，由郑石桥教授编写；第 5 章合规审计的进一步审计程序，由许莉教授、郑石桥教授编写；第 6 章合规审计的审计报告，由郑石桥教授、和秀星教授编写；第 7 章合规审计的审计成果应用，由郑石桥教授、许莉教授编写；第 8 章合规审计电子数据分析的关键技术，由陈伟教授编写；第 9 章合规审计的审计标准，由郑石桥教授、徐彰博士编写；第 10 章员工舞弊行为审计，由郑石桥教授、李华副教授、孙婷博士编写。

合规审计涉及面广，相关的研究较为缺乏，本书对合规审计原理的介绍只是体现了我们对合规审计的理解，这种理解如有不当之处，敬请读者指正。

郑石桥

于南京老山

目　录

第1章

合规审计的基本框架和基本步骤

学习目标

1. 掌握审计业务体系的相关内容
2. 掌握审计方式体系的相关内容
3. 了解合规审计的基本框架的相关内容
4. 掌握数据式合规审计基本步骤的相关内容

引导案例

外交部2016年度预算执行等情况审计结果

根据《中华人民共和国审计法》的规定，2016年12月至2017年3月，审计署对外交部2016年度预算执行等情况进行了审计，重点审计了外交部本级和所属机关及驻外机构服务中心、中国国际问题研究院（以下分别简称服务中心、研究院）等17个单位，并对有关事项进行了延伸审计。

一、基本情况

外交部为中央财政一级预算单位，部门预算由部本级和284个二级预算单位的预算组成。财政部批复外交部2016年度部门财政拨款预算1 060 933.64万元，本次审计财政拨款预算1 025 806.52万元，占96.69%。审计结果表明，外交部本级及本次审计的所属单位内部控制制度比较完善，2016年度预算收支基本遵守了预算法及相关法律法规，财务管理和会计核算基本符合会计法及有关财会制度规定。

二、审计发现的主要问题

（一）预算执行中存在的主要问题

1. 2015年和2016年，个别使领馆规费收入上缴国库不及时，至2016年底有769.81

万元未上缴。

2. 2015年，所属研究院违规对外出租部属办公用房660平方米，至2016年底取得租金收入240万元，未按规定实行“收支两条线”管理。

（二）其他方面问题

1. 2014年至2016年，外交部个别退休领导干部在中国国际问题研究基金会兼职取酬226.06万元，其中2016年86.74万元。

2. 主管的中国国际问题研究基金会2015年公益事业支出占上年总收入的43.88%，低于70%的规定标准。

三、审计处理情况和建议

对上述问题，审计署依法出具了审计报告、下达了审计决定书。对规费收入上缴国库不及时问题，要求及时、足额上缴；对违规对外出租部属办公用房问题，要求所属研究院到期收回房产并按规定上缴租金收入；对部分退休领导干部兼职取酬、基金会公益事业支出比例低问题，要求严格执行相关规定。

针对审计发现的问题，审计署建议：外交部应加强资产管理，加大对所属单位的监管力度，及时上缴应缴收入，规范兼职行为。

四、审计发现问题的整改情况

对审计发现的问题，外交部正在积极组织整改。外交部已将规费收入769.81万元上缴国库。具体整改结果由外交部向社会公告。

资料来源：中华人民共和国审计署. 中央预算单位2016年度预算执行等情况审计结果：2017年第4号（总第266号）.（2017-06-23）. http://www.audit.gov.cn/n5/n25/c96987/content.html.

思考题：根据外交部2016年度预算执行等情况审计结果，预算执行审计主要关注什么审计主题？其主要目标是什么？是否属于合规审计？

审计业务可以按审计主题区分为不同的类型，也可以将各种审计主题组合形成综合式审计。合规审计关注特定行为是否合规，不少国家的政府审计、内部审计都以合规审计作为重要的审计业务，民间审计组织也接受委托从事这种审计业务。合规审计有多种审计技术，数据式审计是信息化时代的主流技术。本章将对合规审计做一个简要介绍，在此基础上，介绍数据式合规审计的基本步骤，为后续各章奠定基础。具体内容包括：审计业务体系和审计方式体系；合规审计的基本框架；数据式合规审计的基本步骤。

第1节　审计业务体系和审计方式体系

本节首先分别介绍审计业务体系和审计方式体系，在此基础上，将二者关联起来，概括性地列示审计业务和审计方式的组合体系，以期对现代审计业务做一个总体性的勾画。

一、审计业务体系

现代审计究竟有哪些审计业务类型呢？总体来说，有三种分类方法：一是从审计客体的角度进行分类，从而形成基于审计客体的审计业务体系；二是从审计内容的角度进行分类，从而形成基于审计内容的审计业务体系；三是从审计目标的角度进行分类，从而形成基于审计目标的审计业务体系。

（一）基于审计客体的审计业务体系

基于审计客体的审计业务体系认为不同的审计客体就是不同的审计业务，概括起来，审计客体包括四类：第一类是组织单位，包括党政机关、事业组织、企业组织、金融组织、非政府组织（NGO）；第二类是实物，包括资源、环境、工程；第三类是政策；第四类是自然人，目前主要是领导干部。基于审计客体的审计业务体系，将不同审计客体的审计作为不同的审计业务类型，例如，以组织单位为审计客体时，基于不同的组织类型，分别形成党政机关审计、事业组织审计、企业组织审计、金融组织审计、NGO 审计；以实物为审计客体时，基于不同的实物类型，分别形成资源审计、环境审计和工程审计；以政策为审计客体时，基于不同的政策，分别形成不同的审计业务类型；以自然人作为审计客体时，主要是领导干部经济责任审计，这种审计基于不同的领导干部类型形成不同的经济责任审计类型。总体来说，基于审计客体的审计业务类型如表 1-1 所示。

表 1-1　基于审计客体的审计业务体系

审计客体		审计业务类型
组织单位	党政机关	党政机关审计
	事业组织	事业组织审计
	企业组织	企业组织审计
	金融组织	金融组织审计
	NGO	NGO 审计
实物	资源	资源审计
	环境	环境审计
	工程	工程审计
政策	不同的政策	政策审计
自然人	不同的领导干部	领导干部经济责任审计

基于审计客体的审计业务体系，由于将不同的审计客体作为不同的审计业务类型，便于审计人员掌握审计客体相关的业务知识，有助于审计人员形成以审计客体为基础的专业化分工。这种审计业务分类体系的不足是淡化了审计主题。对于同一审计客体，可以有多种审计主题，每次审计时，可以只关注其中一个审计主题，也可以同时关注多个审计主题。而不同审计主题的审计方式方法是有区别的，只是按审计客体来划分审计业务类型，淡化了上述差别，不利于解决“怎么审计”的问题。

（二）基于审计内容的审计业务体系

基于审计内容的审计业务体系认为不同的审计内容就是不同的审计业务，这里的审计内容就是“审计什么”。关于审计究竟审计什么，有多种观点，例如，会计论、财政财务收支论、财政财务收支及相关经济活动论、经济活动论、经济管理活动论、经济活动及相关信息论、“三资一责”（公共资金、国有资产、国有资源和领导干部经济责任）论。另外，根据国家治理免疫系统论，审计主要是找“病毒”及其原因。

上述这些观点从不同视角探究了审计究竟审计什么，但是，都需要进一步深入细化，并需要更具有包容性。例如，会计论认为，审计就是审计会计，这里的会计是什么意思？是会计制度，还是会计信息？还是二者同时审计？上述选择似乎都可以！所以，会计论需要进一步完善。财政财务收支论认为，审计就是审计财政财务收支，这里的财政财务收支是什么意思？是财政财务收支相关信息、财政财务收支相关制度、财政财务收支产生的绩效结果，还是财政财务收支行为？或是上述四者同时存在？上述选择似乎都可以！所以，财政财务收支论需要进一步完善。经济活动论、经济管理活动论、经济活动及相关信息论、财政财务收支及相关经济活动论、“三资一责”论也存在与财政财务收支论同样的问题。至于国家治理免疫系统论，关键的问题是要界定“病毒”的范围，审计不可能包打天下，应该是有所为，有所不为。政府审计应该关注一些特定的“病毒”，而不是一般意义上的“病毒”，例如，即使从政府审计反腐败的角度来看，政府审计也只能在某些类型的反腐败中发挥作用，并不是对所有反腐败都有作用。

审计主题是对审计内容较为合理的分类框架。简单地说，审计主题就是审计人员要发表意见的特定事项。从技术逻辑来说，审计的直接目的是对特定事项发表意见，这里的特定事项是发表审计意见的主题，所以，基于技术逻辑，本书将这里的特定事项称为审计主题。本书前面提到的会计论、财政财务收支论、财政财务收支及相关经济活动论、经济活动论、经济管理活动论、经济活动及相关信息论、“三资一责”论、国家治理免疫系统论提出的审计内容都可以分解为某几类审计主题。

问题的关键是，审计主题究竟有哪些。我们先来看权威职业规范的规定及问卷调查的结果。《中国注册会计师鉴证业务基本准则》规定，鉴证对象与鉴证对象信息有多种形式，主要包括：

（1）当鉴证对象为财务业绩或状况时（如历史或预测的财务状况、经营成果和现金流量），鉴证对象信息是财务报表；

（2）当鉴证对象为非财务业绩或状况时（如企业的运营情况），鉴证对象信息可能是反映效率或效果的关键指标；

（3）当鉴证对象为物理特征时（如设备的生产能力），鉴证对象信息可能是有关鉴证对象物理特征的说明文件；

（4）当鉴证对象为某种系统和过程时（如企业的内部控制或信息技术系统），鉴证对象信息可能是关于其有效性的认定；

（5）当鉴证对象为一种行为时（如遵守法律法规的情况），鉴证对象信息可能是对法律法规遵守情况或执行效果的声明。

国际审计和保证准则委员会（IAASB）颁布的 ISAE 100《保证业务》及随后取而代之的 ISAE 3000《除历史财务信息审计和审阅之外的保证业务》，将确认业务的主题区分为财务信息、业务信息、流程及制度、行为。还有不少文献调查了审计机构的确认业务类型，发现确认业务的主题很广泛，涉及财务信息、业务信息、流程及制度、行为。

综合权威规范的规定及实务部门已经开展的鉴证业务，审计主题包括四类：财务信息，业务信息，特定行为，特定制度。财务信息是历史或预测的财务状况、经营成果和现金流量信息，这些信息如何生产存在既定标准，通过系统方法可以搞清楚这些信息反映的事项的真实情况，所以，可以将其作为审计主题。业务信息是财务信息之外的信息，包括反映组织、项目、政策的营运状况或营运绩效的信息，也包括反映资源、环境、工程等实物的物理特征的信息等，这些信息如何生产如果存在既定标准，并且通过系统方法可以搞清楚这些信息反映的事项的真实情况，也可以将其作为审计主题。特定行为是审计客体的特定作为或不作为，从行为的内容和属性来看，行为可以分为业务行为、财政财务行为和其他行为，关于行为有许多的规范或要求，这就是既定标准（例如，法律法规、规章制度），如果能通过系统方法搞清楚行为的真实情况并判断其是否符合既定标准，则该行为可以作为审计主题。特定制度是关于行为的规定，可以从两个角度进行鉴证，一是制度设计是否存在缺陷，二是制度执行是否存在缺陷，这里都存在既定标准，也需要以系统方法搞清楚制度设计和制度执行的真实状况并判断其与既定标准是否相符，所以，可以将其作为审计主题。

以上对审计主题的讨论并未专门针对政府审计，从技术逻辑来说，政府审计、民间审计和内部审计并无显著差异，只是处于不同的委托代理关系之中，应用于不同的审计客体。所以，各类审计主体可能的审计主题都是财务信息、业务信息、特定行为、特定制度，基于审计主题的审计业务体系如表 1-2 所示。

表 1-2　　基于审计主题的审计业务体系

审计主题		具体审计业务类型	审计业务类型归属
财务信息	历史财务信息	会计报表审计	财务审计
	预测性财务信息	盈利预测审核	
业务信息	绩效信息	绩效审计	绩效审计
	工程信息	工程信息审计	
	社会责任信息	社会责任审计	
	资源信息	资源信息审计	
	环境信息	环境信息审计	
	统计信息	统计信息审计	
	……	……	
特定行为	财政财务收支行为	财政财务收支审计	合规审计★
	业务行为	业务合规审计	

续前表

审计主题		具体审计业务类型	审计业务类型归属
特定制度	财务制度	内部控制审计	制度审计
	业务制度	内部控制审计	
	信息制度	内部控制审计	
	信息系统	信息系统审计	

★表示本书关注的审计业务类型。

（三）基于审计目标的审计业务体系

审计目标有多种含义，这里的审计目标是指审计人员的审计目标，也就是直接审计目标。关于直接审计目标有多种不同的观点，但是，真实性、合规性和效益性这三个目标已得到大多数人的认可。很显然，这些审计目标无法与审计客体关联起来，但是与审计主题之间却有天然的关联，一定的审计目标总是与一定的审计主题相关联，对于不同的审计主题，人们关注的角度不同，有不同的期望，从而有不同的审计目标。

真实性关注的是财务信息或业务信息有无虚假或错报，针对的是财务信息主题或业务信息主题。合法性也称为合规性，关注的是财政财务收支及相关经济活动是否遵守了相关的法律法规和规章制度，针对的是行为主题。效益性关注的是财政收支、财务收支以及有关经济活动实现的经济效益、社会效益和环境效益，这里的审计对象是经济效益、社会效益和环境效益，它们是属于特定行为主题还是信息主题呢？

效益性必然表现为一些数据，首先需要鉴证其真实性，此时，审计主题是财务信息或业务信息，审计目标是真实性。其次，需要对鉴证后的效益与既定的效益标准进行比较，以评价效益的优劣。此时，审计主题仍然是财务信息或业务信息，但审计目标是评价效益本身的优劣，这显然是真实性和合规性所无法涵盖的，审计的目的是判断效益是否存在缺陷，能否进一步提升，针对的是次优问题。从这个意义上来说，审计目标可以归结为合理性。最后，如果效益不好，就需要寻找原因，这就必然涉及效益生产的全过程。从全过程中寻找缺陷，发现改进效益的机会，此时，审计针对的是次优问题。审计主题是生产效益的行为，审计目标是判断行为是否存在次优问题，从这个意义上来说，审计目标可以归结为合理性。所以，总体来说，效益性不宜作为独立的审计目标，它包括特定行为、财务信息和业务信息三方面的主题，可以分解为真实性和合理性两个审计目标。

不过，真实性、合规性和效益性这三个审计目标不能涵养特定制度审计的审计目标，一般来说，对特定制度进行审计，直接目标是鉴证这种制度是否存在缺陷或判断制度是否有效，所以，有效性或缺陷性是审计的目标。总体来说，基于审计目标的审计业务体系如表 1－3 所示。合规审计的主要目标是合规性，所以，合规审计也称为合规性审计。

表 1－3　基于审计目标的审计业务体系

项目		审计目标			
		真实性	合规性	合理性	有效性
审计主题	财务信息	√	×	√	×
	业务信息	√	×	√	×
	特定行为	×	√★	√	×
	特定制度	×	×	×	√

√表示有这种业务类型。
×表示没有这种业务类型。
★表示本书关注的业务类型。

二、审计方式体系

以上简要介绍了审计业务体系，相应地，开展上述审计业务的审计方式也存在多种情形，下面我们简要阐述审计方式体系。对于审计方式，可以从不同的视角进行分类，不同的分类方法就会形成不同的审计方式体系，基本情况如表 1－4 所示。

表 1－4　审计方式体系

分类依据	审计方式分类	
审计工具	计算机审计	手工审计
审计技术	数据式审计★	非数据式审计
审计地点	现场审计	非现场审计
审计思路	事实发现型审计	命题论证型审计
保证程度	有限保证审计	合理保证审计
审计重点确定方式	账项基础审计	制度基础审计/风险导向审计★

★表示本书关注的审计方式。

（一）基于审计工具的审计方式分类：计算机审计/手工审计

计算机审计是指审计人员在审计过程和审计管理活动中，以计算机为工具来执行和完成某些审计工作的一种审计技术，它并非只适用于电子数据，对手工加工的数据也可应用计算机来辅助审计，计算机在审计中的应用程度一般来说可以分为四个层次：

第一层次是指在审计业务中利用 Excel，FoxPro，Word 等电子表格、数据库、文字处理常规软件中的一些功能，或审计人员自编的一些小程序，帮助审计人员计算、复算、复核、分析审计数据，主要目的是节约审计时间、提高效率、增加准确性、减少劳动量。此时，即使审计客体提供的是手工数据，也可以应用上述技术来提高审计效率。

第二层次是指利用专门的辅助软件进行项目审计管理，主要是实现数据的归集与汇总等。例如，在开展行业审计时，根据审计工作方案，编制专门的审计汇总软件，自下而上，从审计底稿开始，对审计情况进行逐级汇总。这种计算机辅助汇总能全面、准确汇总反映审计情况，防止错漏和人为调整上报情况，便于统一定性、统一处理。例如，审计署统一组织的工商银行系统审计、国税系统审计就采用了这种方式。

第三层次是针对专门项目，用专门的审计方法进行全面、系统的审计。这是计算机辅助审计的主流。近些年，这方面的审计软件大量出现，例如，预算执行审计软件、投资审计软件、银行审计软件、税务审计软件、海关审计软件、行政事业审计软件等。

第四层次是联网审计。联网审计是指审计人员通过信息网络与被审计单位信息系统联通后，在系统测评和数据动态采集分析的基础上，对被审计单位相关审计主题进行实时、远程审计。联网审计有四项突出特征：一是实现实时审计，主要是指审计人员通过网络访问被审计单位信息数据库，缩短了每次检查活动的间隔时间以及检查时间，做到实时检查；二是实现远程审计，主要是指审计人员可以通过网络远程访问被审计单位的信息系统；三是实现更高效率的数据采集和分析，主要是指联网审计中，通过网络连接进行的数据采集和分析基本不受限制，审计时间不受现场组网时间与审计期间的影响，因此，联网审计具有更高的数据采集和分析效率；四是信息系统成为新的必须审计的并且处于首要地位的审计内容。联网审计系统由人，计算机硬件、软件和数据源组成，是负责收集、加工、存储、传递和提供决策所需信息的信息系统，成为内部控制的主要内容，它不仅决定了审计人员对信息的依赖程度，更重要的是决定了是否可以依赖信息和信息系统，因此，信息系统审计在联网审计中是必须具备的审计环节。

有一种观点认为，在上述四种不同的层次中，计算机应用有实质性区别。第一层次和第二层次，计算机并未发挥审计功能，只是辅助审计人员的审计，所以，可以称其为计算机辅助审计；而第三层次和第四层次，计算机真正发挥了审计功能，可以称其为计算机审计。

手工审计是没有计算机这种辅助工具的审计，主要靠手工，辅以一定的简单计算工具，例如，算盘、计算器等。在人类社会的历史长河中，计算机辅助审计只是计算机发展到一定程度之后才出现的，在此之前都是手工审计。即使在当代社会，手工审计仍然有一定的地位，在一些审计领域，如何发挥计算机的作用还处于探索之中，所以，手工审计仍然有其用武之地。

（二）基于审计技术的审计方式分类：数据式审计/非数据式审计

数据式审计是以信息系统内部控制测评为基础，通过对电子数据的采集、转换、整理、分析和验证，来实现审计目标的审计方式。它以被审计单位底层数据库原始数据为切入点，在对信息系统内部控制进行测评的基础上，对底层数据进行采集、转换、整理和验证，形成审计可用数据，在此基础上，运用查询分析、多维分析、数据挖掘等多种数据分析方法构建模型，进行数据分析，以发现疑点或错误，收集审计证据，实现审计目标。

数据式审计有三个特征：第一，数据式审计不必将电子数据转换成相应的电子账套，而是直接利用电子数据，对底层数据（这些数据不但包括传统的财务数据，还包括业务数据和外部数据）进行采集、转换、整理和验证，形成审计可用数据，在此基础上进行数据分析。第二，数据式审计的审计对象有两个，一是信息系统内部控制，二是电子数据。电子数据反映所审计标的的信息，当然要作为审计对象，但这些电子数据是在特定的信息系统内部产生、加工和传递的，如果这个信息系统不可靠，则其所产生的电子数据可能也不可靠，为此，需要对电子信息赖以形成的信息系统内部控制进行审计，如此一来，数据式审计就有两个审计对象：电子数据和信息系统内部控制。第三，数据式审计的核心方法是电子数据分析。不同的审计方式对特定的审计方法有不同的依赖，在手工数据背景下，分析性程序有一定的价值，但是并未成为核心方法；在电子数据背景下，关键的问题在于审计人员是否能够对电子数据进行有效分析，并使各种各样的原始数据转化为对审计人员有用的信息，此时，数据分析方法就成为审计的核心方法。

非数据式审计是不以数据分析为核心技术的审计方式，例如，在账项基础审计模式下，审计对象不是电子数据而是手工数据，在这种情形下，一般不以数据分析技术作为核心技术，而是把审阅法作为核心技术。即使在电子数据背景下，如果不以数据分析作为核心技术，这种审计方式也不是数据式审计，例如，信息化背景下，内部控制审计的核心技术不是数据分析，所以，这种审计方式是非数据式审计。

数据式审计以电子数据为背景，以数据分析为核心技术，对于不同的审计主题具有不同的适用性，大致情况如表 1-5 所示。

表 1-5　　不同审计主题适宜的审计技术类型

审计主题	审计技术类型	
	数据式审计	非数据式审计
财务信息	适用	适用
业务信息	适用	适用
特定行为	适用★	适用
特定制度	一般不适用	适用

★表示本书关注的审计业务类型。

（三）基于审计地点的审计方式分类：现场审计/非现场审计

对于一个特定的审计项目来说，如果审计人员主要通过亲自到被审计单位来获取资料和收集证据，这种审计方式就是现场审计，这里的现场就是被审计单位。

非现场审计就是审计人员获取资料和收集证据并不需要到被审计单位，主要在审计人员自己的办公室进行，这里的非现场是指未到被审计单位。非现场审计有两种方式，一是联网审计，二是送达审计。联网审计在前文已介绍。送达审计是指审计人员按照相关法规的规定和要求，通知被审单位将与审计相关的全部资料送到审计机构，审计人员在审计机构的办公室而不需要到被审计单位就能进行审计的一种审计方式。

（四）基于审计思路的审计方式分类：事实发现型审计/命题论证型审计

从审计思路来说，审计方式分为事实发现型审计和命题论证型审计两种类型。

事实发现型审计是通过一定的方法发现某些事实，根据发现的事实形成审计结论，并且只能就已经发现的审计事实形成结论，不能根据审计发现的事实来推断总体的情况。事实发现型审计之所以不支持根据发现的问题来推断总体，主要是因为这种审计方式不具有周延性，即使没有发现问题，也不能推断总体不存在问题，即使发现的问题不具有重要性，也不能推断总体不存在具有重要性的问题；这种审计方式所验证的审计命题不具有穷尽性，无从使用“疑错从无”和“无反证假设”。

命题论证型审计是将大命题分解为小命题（也称为分解命题），对小命题进行数据分析和验证，根据小命题的证明情况，对大命题得出结论，其逻辑过程大致包括提出问题、调查问题和回答问题三个阶段，调查问题以提出问题为基础，而回答问题以调查问题为基础，是对提出问题的回应。命题论证型审计需要根据审计主题和审计目标，提出一个具有周延性的、需要验证问题的逻辑框架，能够根据发现的问题推断总体状况，对总体形成审计意见，不存在没有总体意见的审计期望差。

（五）基于保证程度的审计方式分类：有限保证审计/合理保证审计

根据审计意见的保证程度，审计方式分为有限保证审计和合理保证审计。有限保证审计，是指审计人员将审计风险降至该业务环境下可接受的水平，以此作为以消极方式提出结论的基础，事实上也就是以消极方式对审计主题提出结论。例如，在历史财务信息审阅中，要求审计人员将审阅风险降至该业务环境下可接受的水平（高于历史财务信息审计中可接受的低水平），对审阅后的历史财务信息提供低于高水平的保证（有限保证），在审阅报告中对历史财务信息采用消极方式提出结论，这种业务属于有限保证审计。合理保证审计是一个与积累必要的证据相关的概念，它要求审计人员通过不断修正的、系统的执业过程，获取充分适当的证据，对审计主题整体提出结论，提供一种高水平但非百分之百的保证。有限保证审计与合理保证审计有如下区别：

（1）所需证据的证明力有差异。合理保证审计所需要审计证据的证明力较强，有限保证审计所需要审计证据的证明力较弱。

（2）收集审计证据的审计程序有差别。正是由于所需要的审计证据的证明力不同，收集审计证据的程序也就存在差异。有限保证审计所实施的审计程序较为简捷。

（3）最终审计风险有差别。合理保证审计的审计证据证明力较强，审计风险较低，但由于是以积极方式对总体发表意见，这提升了审计风险；有限保证审计的审计证据证明力有所降低，这增加了审计风险，但由于是以消极方式发表意见，这降低了审计风险。

(4) 审计结论的发表方式及信息含量不同。合理保证审计以积极方式对总体发表意见，从整体上对总体予以肯定或否定；有限保证审计以消极方式发表意见，并未从整体上对总体予以肯定或否定。

(六) 基于审计重点确定方式的审计方式分类：账项基础审计和制度基础审计/风险导向审计

根据审计重点的确定方式，审计方式分为凭经验确定重点的账项基础审计，以及凭审计程序确定重点的制度基础审计/风险导向审计。在账项基础审计下，审计人员不需要确定审计重点，是大海捞针式审计，即使要确定审计重点，也是凭审计人员的经验来主观判断。在制度基础审计/风险导向审计下，都需要确定审计重点：制度基础审计是以内部控制评估程序为基础来确定进一步的审计重点，通常是内部控制缺陷越严重，与此相关的审计标的越是审计重点；风险导向审计是以风险评估为基础来确定进一步的审计重点，通常是风险越高，与此相关的审计标的越是审计重点。

有一种观点认为，账项基础审计、制度基础审计、风险导向审计都是财务信息审计的审计方式，不一定适用于其他审计业务类型。这种观点失之偏颇，事实上，如果从是否寻找重点的视角来考虑，这三种审计方式的基本思路适用于任何审计业务类型。

以上对审计业务体系和审计方式体系做了一个概要性的介绍，本书关注的是以数据方式实施的合规审计。下面对合规审计的基本框架做一个简要介绍，在此基础上，介绍数据式合规审计的基本步骤。

第 2 节　合规审计的基本框架

合规审计关注的是行为是否合规，也称行为合规审计。合规审计需要从众多的行为中找出缺陷行为并采取一些后续行动。我国的审计实践中，行为是否合规合理是非常重要的审计主题，这类审计本质上就是合规审计。本节聚焦合规审计的基本框架，包括：合规审计需求、合规审计的本质、合规审计的目标、合规审计的客体、合规审计的内容、合规审计的主体、合规审计的实施框架、合规审计的环境。

一、合规审计需求

一般来说，合规审计离不开委托代理关系，其主要目的是鉴证代理人履行经管责任时是否存在缺陷行为。代理人的缺陷行为为什么会产生？不同的缺陷行为，其产生的原因不同。一般来说，缺陷行为分为违规行为和瑕疵行为。违规行为主要源于两方面的原因，一是人性自利，二是多目标委托代理关系。瑕疵行为主要是源于人的有限理性。当然，有限理性也可能产生违规行为，而自利也可能产生瑕疵行为，但这不是主要情形。缺陷行为产生的原因如图 1-1 所示，实线表示主要原因，虚线表示次要原因。下面我们分别来分析。

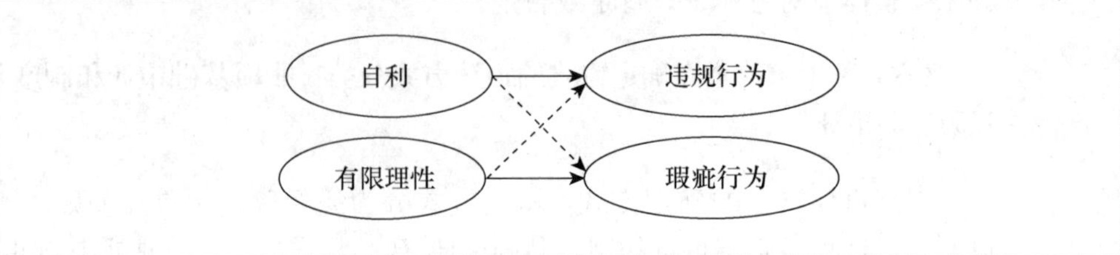

图 1-1 缺陷行为产生的原因

（一）违规行为产生的原因

违规行为是指行为人违背法律法规或合约，从理论上来说，违规行为可能不是故意的，是由于行为人不知道或忘记相关的法律法规或合约而产生的。但是，在绝大多数情形下，违规行为应该是故意而为，而这种故意而为主要有两个原因，一是代理人自利，二是代理人在多目标中的理性选择。

1. 代理人自利与违规行为

代理人在履行其经管责任时，具有相当大的自主权，还有三个现象同时存在：第一，代理人和委托人之间存在信息不对称，代理人掌握的信息数量和质量都强于委托人，并且这种信息不对称不可能消除。如果要消除这种信息不对称，委托人势必要对所有事项都详细了解，此时，委托代理关系已经没有实际意义，所以，委托人给代理人授权就意味着一定会有信息不对称。第二，激励不相容，也就是代理人目标和委托人目标存在差异，尽管委托人可以设计一些激励机制来降低激励不相容程度，但是永远无法消除激励不相容。第三，环境不确定性，代理人的努力和环境的作用共同决定代理人掌管的组织的产出，并且环境具有变动性、复杂性，无法在组织的产出中分离出代理人努力之贡献和环境变动之影响，所以，委托人无法通过产出来判断代理人的努力程度。

在委托代理关系中，委托人会给代理人一些资源和权力，同时，也会有一些期望或要求，这些期望或要求，有的是明晰的，可以称为显性合约，有的是隐含的或理所当然的，这种性质的合约称为隐性合约。无论是通过隐性合约还是显性合约，委托人都期望或要求代理人遵守相关的法律法规和合约。委托人为什么会有这种期望或要求呢？主要有两方面的原因：一方面，有些规定和合约本身就是委托人制定的，他们当然期望或要求代理人遵守；另一方面，即使这些规定和合约不是委托人制定的，如果违反这些规定和合约，可能会直接或间接地给委托人带来负面影响，委托人为了避免这种负面影响，也会期望或要求代理人遵守这些规定和合约。所以，总体来说，委托人鉴于自身利益，会要求代理人遵守相关的法律法规和合约。

然而，代理人是否会按委托人的期望或要求去做呢？一般来说，由于委托人与代理人之间激励不相容、信息不对称和环境不确定性的存在，代理人有可能背离委托人的利益或不忠于委托人的意图而采取机会主义行为，例如，卸责、偷懒、大手大脚、弄虚作假等，违规行为也可能是其机会主义行为的一种。就相关法律法规和合约的遵守来说，委托人与代理人之间存在激励不相容和信息不对称，因此，代理人可能出现机会主义行为。首先，是否遵守相关法律法规和合约对于委托人和代理人来说可能存在激励不相容，也就是说，在某些情形下，对于代理人来说，不遵守相关法律法规和合约的利益可能大于遵守相关法律法规和合约的利益，所以，代理人有不遵守相关法律法规和合约的冲动。其次，就相关法律法规和合约来说，代理人有信息优势，代理人掌握的信息数量和质量都高于委托人。正是由于激励不相容和信息不对称的存在，代理人可能出现违背委托人的期望、不遵守相关法律法规和合约的机会主义行为。最后，由于环境具有不确定性，如果违规行为被发现，代理人可以解释其违规是环境因素所致，不是其自利的结果。

在合规审计的许多情形下，被审计单位的领导为了谋取单位利益而采取违规行为，这种违规对于被审计单位的领导及相关责任人来说是否属于自利呢？我们认为，被审计单位的领导及相关责任人出于谋取单位利益而采取违规行为，属于他们的自利行为。原因有两个：第一，既然是为单位获取利益，这些人是单位的成员，他们本人当然也会受益；第二，即使被审计单位的领导及相关责任人不能直接获得利益，谋取单位利益的违规行为也是其职务行为，而每个人都从职务履行中获得相应的报酬，包括有形报酬和无形报酬，例如，岗位绩效好了，得到升迁，或者是得到下属或同事的赞赏等。

2. 多目标委托代理关系与违规行为

无论代理人代理的是多维度目标还是单一维度目标，代理人出于自利都可能会产生违规行为。然而，在一些情形下，多维度目标更可能引发代理人的违规行为。多目标委托代理关系与单一目标委托代理关系有较大的不同，例如，当代理人的工作有多项时，委托人对不同工作的监督能力往往是不同的，一些工作可能比另一些工作更加难以监督。正是由于对不同工作的监督有着不同的难易程度，对易于监督的工作的过度激励会诱使代理人将过多的精力花在这些方面而忽视其他方面。

就违规行为来说，遵守相关法律法规和合约可能是委托人对代理人的要求之一，从而也就成为代理人的一个维度的目标。然而，如果代理人面临多个维度的目标，代理人会如何看待遵纪守法这个目标呢？代理人需要协调多个维度目标的履行，当这些目标之间存在矛盾时，可能会选择一定的方式在各目标之间进行选择，偏重一些目标，淡化一些目标，甚至舍弃一些目标。例如，委托人一方面希望代理人完成责任目标，另一方面，可能还希望代理人遵守相关法律法规和合约，当二者存在矛盾时，代理人会权衡这两个目标的重要性，可能会选择以违规的方式来完成责任目标。例如，有的领导就表示，现在许多制度不合理，他们如果不违规，则难以干成某些事情，在一些情形下，为了做成某些事情，可能会选择违规。

当然，代理人是否真的会选择以违规方式来完成责任目标，会基于自身的利弊得失之考量（从这个意义上来说，在多目标情形下，选择违规是代理人的一种自利行为）。如果委托人对责任目标的激励程度高于遵纪守法，当二者不能兼得时，代理人如果放弃遵纪守法而完成了责任目标，则得到的激励会多些。此时，代理人会选择以违规方式来完成责任目标。相反，如果委托人对遵纪守法的激励程度高于责任目标，那么代理人可能会选择遵纪守法，在一定程度上放弃责任目标。从委托人角度来看，代理人是否完成了责任目标是易于监督的，而代理人是否遵纪守法，则监督难度大些。代理人当然也会预期到这一点。所以，当责任目标与遵纪守法不能兼得时，代理人通常会将责任目标置于优先地位，违规行为就可能会发生。

当前，我国的国家治理尚未完全实现现代化，许多法律法规和制度不甚合理，代理人要完成一定的责任目标可能会受到这种不合理的约束。在这种情形下，一些单位可能会选择违背这些不合理的法律法规和制度，从而出现违规行为。对于这种情形，合规审计要判断这些行为是不是违规行为，并且还要有后续的处理处罚。与此同时，还要向主管部门提出建议，修改这些不合理的法律法规和制度，以避免违规行为再次发生。

（二）瑕疵行为产生的原因

传统的经济学理论一直以经济人假设为前提，认为经济人是完全理性的，能够通过成本/收益或趋利避害原则对其所面临的一切机会和目标及实现目标的手段进行最优选择。事实上，现实生活中的人并不完全理性，不一定能做出最优选择。西蒙认为，现实生活中作为决策者的人是介于完全理性与完全非理性之间的有限理性的人。决策者无法找到全部备选方案，也无法完全预测全部备选方案的后果。决策者还不具有一套明确的、完全一致的偏好体系，以使他能在多种多样的决策环境中选择最优的决策方案。有限理性的人只寻找满意决策。

人的行为是有意识的理性，但这种理性又是有限的。也就是说，人不能在任何情形下都做出最优选择，原因主要有三个方面：一是环境是复杂的，人们面临的是具有不确定性的世界，因此，信息是不完全的、有限的；二是人对环境的计算能力和认识能力是有限的，人不可能无所不知，因此，人的信息能力是有限的；三是人会受到情境的影响，在一些情境中会做出情绪化的选择，理性在这里的作用是有限的。基于这三方面原因，人是有限理性的。

既然人是有限理性的，那么就可能产生一些对经管责任履行不利的行为，而这些行为本来可以用更合宜的方案来完成，这些行为就是瑕疵行为。瑕疵行为不是代理人的故意行为，完全是由于代理人是有限理性的，没有做出当时环境条件下的最适宜选择。也就是说，在当时的环境条件下，如果不是受有限理性限制，代理人可能做得更好。非故意性是自利行为和有限理性行为的主要区别，某种行为给经管责任的履行带来了不利影响，如果是故意的，则是代理人的自利行为，如果不是故意的，则是代理人的有限理性行为。当然，在一些情形下，可能无法区别某种行为是自利行为还是有限理性行为，例如，严重的管理混乱，究竟是代理人故意不作为，还是代理人不知道该怎么管理呢？严重的违规行为，究竟是代理人故意违规，还是代理人不知道相关的法律法规呢？所以，在合规审计看来，对于一些较严重的缺陷行为，即使是有限理性所致，也应该“推定”是自利行为。

以上从有限理性的角度分析了瑕疵行为产生的原因。事实上，在有些情形下，瑕疵行为也可能源于自利。例如，由于卸责、偷懒等而产生不作为或作为不到位，正是这些不作为或作为不到位导致了瑕疵行为的产生。

到此为止，本节从自利和有限理性两方面分析了缺陷行为产生的原因。事实上，还有许多权变因素对缺陷行为的产生有影响。例如，文化价值观、社会环境、财政财务状况、人的道德品质、人的性格，甚至攀比、模仿都可能会导致缺陷行为的发生。由于这些因素具有权变性，在不同的情形下具体因素不同，本节不做深入分析。

（三）缺陷行为应对机制与合规审计需求

根据上述分析可知，在经管责任履行中，由于代理人的自利和有限理性，可能产生缺陷行为，包括违规行为和瑕疵行为。作为理性人（不一定要求是完全理性），委托人当然会预期到代理人的这些行为，并且会建立一些应对机制来应对代理人的缺陷行为。

一般来说，在应对缺陷行为的构造中，首先是内部-经常性机制（称为第一道防线）发挥作用，将缺陷行为抑制在萌芽之中。内部一经常性机制包括制衡机制、激励机制和道德机制，这些机制具有两个特征：一是这些机制能够植入行为人的行为过程之中，所以，具有内部性；二是这些机制能持续经常地发挥作用，不具有选择性或弹性，只要这个机制存在，所有行为都不会被遗漏，所以，具有经常性。内部-经常性机制发挥作用之后，可能还存在一些缺陷行为，称为剩余缺陷行为，对于这类缺陷行为，由外部-非经常性机制（称为第二道防线）来应对。外部-非经常性机制对缺陷行为的再次抑制，使缺陷行为降低到可容忍的程度。外部-非经常性机制包括监督机制和透明机制。这些机制具有两个特征：第一，这些机制都是行为人行为过程之外的因素，并未植入行为人的行为过程之中，因此，具有外部性。当然，外部性可能会影响这种机制对缺陷行为的抑制，但也正是这种外部性不会影响行为人的行为过程，从而不会影响行为人的正常行为的效率。第二，这些机制对缺陷行为的抑制具有选择性或弹性，也就是说，并不一定会对所有的行为都进行“过滤”，而是可以选择对特定的行为进行“过滤”，所以，具有非经常性或选择性。当然，这种非经常性可能会影响这些机制对缺陷行为的抑制，但也正是这种选择性使得这些机制可以灵活应用。上述各种机制的作用过程如图 1-2 所示。

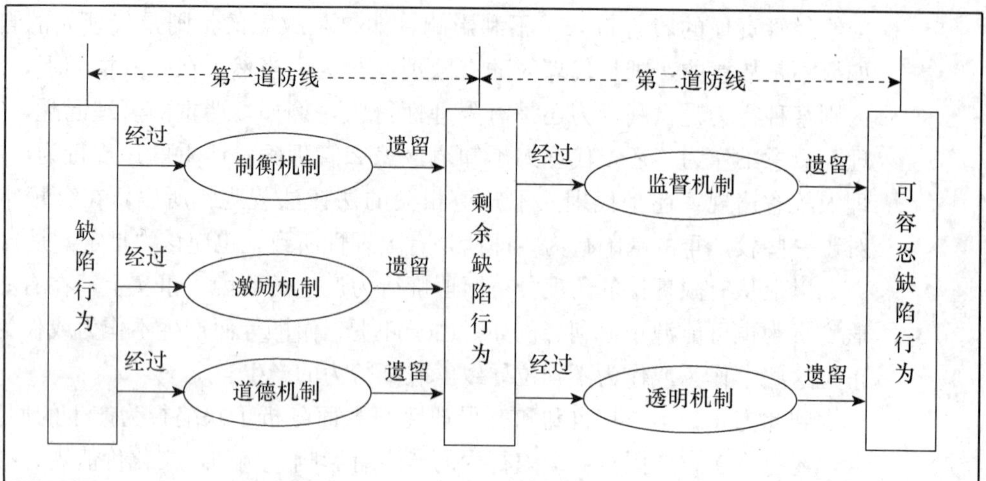

图 1-2 缺陷行为抑制过程

在图 1-2 所示的缺陷行为应对构造中，合规审计在何处呢？合规审计属于监督机制的组成部分，当缺陷行为发生时，首先由处于第一道防线的制衡机制、激励机制和道德机制来应对，出于对成本效益的考虑，这些机制难以将缺陷行为抑制到可容忍的水平，从而产生剩余缺陷行为。对于这些剩余缺陷行为，需要监督机制和透明机制来共同应对。在监督机制中，合规审计是构成要素，一般来说，还有其他监督机制，合规审计是应对缺陷行为的机制之一，需要与其他应对机制协调配合，从而达到抑制缺陷行为的目标。

根据图 1-2，缺陷行为合规审计需求程度有三个重要的影响因素：第一，缺陷行为本身的严重程度，这是由代理人的自利、有限理性、多目标任务及权变因素所决定的。缺陷行为越严重，合规审计需求越强烈。第二，内部-经常性机制的有效性，如果内部-经常性机制对缺陷行为的抑制很有效，剩余缺陷行为就不严重，此时，需要外部-非经常性机制来应对的缺陷行为就不严重。在这种情况下，合规审计需求就不强烈。相反，如果内部-经常性机制不健全，则需要外部-非经常性机制来应对的缺陷行为就较严重。此时，合规审计需求就强烈。第三，透明机制及其他监督机制的有效性。在应对剩余缺陷行为的外部-非经常性机制中，如果透明机制及其他监督机制是有效的，合规审计需求就相对较弱；相反，如果透明机制及其他监督机制很不健全，合规审计需求就相对较强。任何一个单位应对缺陷行为的治理构造可能会有不同的选择，从而内部-经常性机制、外部- 非经常性机制及其内部构造可能不同，对合规审计的需求程度也不同。

二、合规审计的本质

对于合规审计的本质，我们有如下认识：合规审计是以系统方法从行为角度独立鉴证经管责任中的缺陷行为并将结果传达给利益相关者的制度安排。对于这个概念，可以从以下几方面进行解析：

1. 合规审计的内容

就审计一般来说，审计内容是经管责任中的代理问题和次优问题。对于合规审计来说，其审计内容当然也离不开经管责任中的代理问题和次优问题，但是，合规审计需要在审计内容方面扩展其特有的属性和内涵。根据这个原则，合规审计内容聚焦在经管责任中的缺陷行为（包括违规行为和瑕疵行为）上。违规行为是指明确违反了委托人意愿或相关法律法规的行为，而瑕疵行为是指由于有限理性和自利所导致的次优问题和代理问题，也就是没有采用最合宜方案的行为或不作为，其中不作为是指本来可以促进经管责任履行但是没有实施的行为。总体来说，缺陷行为是存在改进潜力的行为，这些行为如果得到改善，经管责任的履行会更好。

2. 合规审计的目标

就审计一般来说，审计目标是鉴证经管责任中的代理问题和次优问题。合规审计当然也不例外，其审计目标也离不开鉴证经管责任中的代理问题和次优问题。但是，合规审计需要在审计目标方面扩展其特有的属性和内涵。一方面，合规审计要将需要鉴证的代理问题和次优问题聚焦在由违规行为和瑕疵行为组成的缺陷行为上；另一方面，在很多情形下，合规审计除了鉴证是否存在缺陷行为，还需要对缺陷行为进行处理处罚，从而出现审计处理处罚；同时，对于发现的缺陷行为，合规审计还需要提出审计建议，并推动这些审计建议得到实施，从而出现审计整改。所谓的“坚持批判性，立足建设性”就是对合规审计上述目标扩展的恰当描述。

3. 合规审计的主题

就审计一般来说，审计主题包括行为和信息两大类，合规审计当然属于行为主题。但是，合规审计需要在审计主题方面扩展其特有的属性和内涵。就行为主题来说，又分为特定行为和约束特定行为的制度，约束特定行为的制度是制度审计的主题。很显然，合规审计注意的只是特定行为，合规审计的核心内容就是从众多的特定行为中找出缺陷行为。

4. 合规审计的方法

就审计一般来说，审计有系统方法的制度安排。合规审计当然也有系统方法，但是，合规审计的系统方法有其独特的属性和内涵，主要体现在以下几个方面：第一，合规审计标准需要达成共识。当判断行为是否合规时，需要就适用的法律法规达成共识；当判断行为是否合理时，需要就合理行为的标准达成共识。在许多情形下，合理行为的标准具有较大的主观性，所以，相关各方就判断标准达成共识可能较为困难。第二，合规审计取证需要更多的职业判断，由于大多数的行为并不存在系统的支撑载体，所以，审计取证主要适用于事实发现型取证模式，一般只能就已经发现的事实发表意见。第三，合规审计一般还需要对违规行为进行处理处罚，对缺陷行为提出审计建议，所以，合规审计需要有审计处理处罚和审计整改。

5. 合规审计的独立性

就审计一般来说，要求具有独立性。合规审计当然也不例外。一般认为，独立性是一个非常宽泛的概念，它实质上包含了正直性、专业水准和客观性。由于合规审计需要更多的职业判断，审计人员的主观因素在合规审计过程中更为重要，审计人员的伦理道德对正直性、客观性会产生更大的影响，所以，合规审计更需要强调独立性，需要采取更多的预防性和惩罚性措施来保障独立性。

三、合规审计的目标

（一）合规审计的目标体系：总体框架

合规审计的目标作为人们期望通过合规审计实践活动得到的结果有两个层次。第一个层次是合规审计实践活动的直接结果，通常以审计报告、审计决定、审计建议的形式出现。然而，审计作为一种制度安排，不是为审计而审计，委托人及利益相关者要使用合规审计结果以达到某种目标，这些委托人及利益相关者使用审计结果之后，又会有一些结果，这是合规审计的终极价值所在。从这个意义上来说，委托人及利益相关者使用审计结果之后的结果，是合规审计的终极目标，这就是第二个层次。所以，合规审计的目标分为直接目标和终极目标。合规审计目标当然会受到行为主题的影响，此外，还会受到一些权变因素的影响。总体来说，合规审计的目标应该是以行为主题为起点的一个体系，其基本框架如图 1－3 所示。下面我们详细分析这个目标体系。

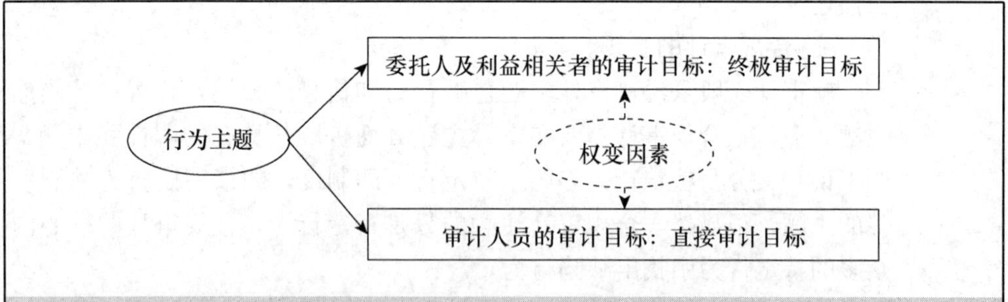

图 1－3　合规审计的目标体系框架

（二）合规审计的终极目标：委托人及利益相关者的目标

委托人及利益相关者为什么愿意花费资源建立自己的审计机构或从市场上聘请审计人员呢？其原因是，代理人在经管责任的履行过程中，由于自利和有限理性可能产生代理问题和次优问题，而这些问题对委托人及利益相关者有害，通过审计，搞清楚代理人是否存在代理问题和次优问题，是委托人及利益相关者直接采取后续行动或授权他人采取后续行动的基础。就合规审计来说，是从行为的角度搞清楚代理人是否存在代理问题和次优问题，也就是搞清楚代理人是否存在缺陷行为，这里的缺陷行为包括违规行为和瑕疵行为。

搞清楚代理人是否存在缺陷行为，对委托人及利益相关者有什么价值呢？一般来说，有三方面的价值：第一，如果发现代理人存在缺陷行为，就可以纠正这些缺陷行为，对于较为严重的缺陷行为，还可以对责任人进行处理处罚，从而在较大程度上消除缺陷行为对经管责任履行的负面影响；第二，对于发现的缺陷行为，考察其制度原因，对这些制度进行完善，从而避免类似的缺陷行为在今后再次发生；第三，正是由于合规审计制度的存在，代理人要保持高度警觉，如果他策划什么对经管责任履行不利的行为，会考虑被审计人员发现的后果，所以，在一定程度上，合规审计通过威胁功能发挥了对缺陷行为的抑制作用。总体来说，上述三方面的价值主要在于抑制代理人的缺陷行为。

合规审计对委托人及利益相关者的上述价值不会自行产生，一方面，需要审计人员完成其直接审计目标，提供高质量的审计产品，没有高质量的审计产品，委托人及利益相关者使用审计产品之后，并不一定能抑制代理人的缺陷行为；另一方面，即使有高质量的审计产品，如果委托人及利益相关者不能有效地使用这些审计产品，这些审计产品的价值也难以实现。上述第一方面的问题将于本书的后续内容中做进一步的分析。下面就第二方面的内容做较为详细的分析。

在审计产品质量有保证的前提下，委托人及利益相关者对审计产品的使用是实现终极审计目标的关键，如果审计产品不能使用，就好像一个产品生产出来后没有消费者，这个产品的价值当然就难以实现了。一般来说，委托人及利益相关者可以使用的审计产品包括审计报告、审计决定、审计建议。审计报告的主要信息包括代理人是否存在缺陷行为、存在何种缺陷行为、缺陷行为的原因、缺陷行为的责任人，这些信息对于委托人及利益相关者评价代理人在履行经管责任时是否勤勉尽责有较大的价值。如果委托人及利益相关者在评价代理人经管责任履行情况时不考虑这些因素，审计报告就没有价值。审计决定主要是对缺陷行为责任单位和责任人的处理处罚决定，委托人及利益相关者如果不支持对缺陷行为责任单位和责任人的处理处罚，责任单位和责任人就可能不执行审计处理处罚决定，审计处理处罚的价值也就难以实现。审计建议是对缺陷行为赖以产生的制度进行优化的建议，如果委托人及利益相关者不关注缺陷行为赖以产生的制度原因，从而不关注缺陷行为相关制度的整改，审计建议的价值就难以实现。当然，委托人及利益相关者是否有效地使用审计产品，受到一些权变因素的影响，我们这里不做深入分析。

根据以上分析，关于委托人及利益相关者的审计目标，有如下结论：委托人及利益相关者可以利用合规审计来抑制代理人的缺陷行为，这是合规审计的终极目标，其前提是委托人及利益相关者能有效地使用审计产品。

（三）合规审计的直接目标：审计人员的目标

合规审计的直接目标是审计人员的目标，也就是生产让委托人及利益相关者满意的审计产品。我们从两个层面来分析这个问题：第一，审计人员能生产什么审计产品，第二，什么是让委托人及利益相关者满意的审计产品。

1. 审计人员能生产什么审计产品

审计人员能生产的合规审计产品是一个系列，从审计产品的内容来说，有合规性产品和合理性产品；从审计产品的定位来说，有批判性产品和建设性产品；从审计产品的种类来说，有审计报告、审计决定、审计建议、审计整改报告，这些审计产品的组合及它们之间的关系如表 1-6 所示。

表 1-6　　合规审计产品系列

<table>
<tr><th colspan="2" rowspan="2">产品定位</th><th rowspan="2">产品种类</th><th colspan="2">产品内容</th></tr>
<tr><th>合规性</th><th>合理性</th></tr>
<tr><td rowspan="4">建设性审计</td><td rowspan="2">批判性审计</td><td>审计报告</td><td>√</td><td>√</td></tr>
<tr><td>审计决定</td><td>√</td><td>√</td></tr>
<tr><td colspan="2">审计建议</td><td>√</td><td>√</td></tr>
<tr><td colspan="2">审计整改报告</td><td>√</td><td>√</td></tr>
</table>

√表示可以有这种情形。

下面我们对表 1-6 列示的合规审计产品系列做进一步的阐述。

（1）合规审计产品的内容。对于缺陷行为合规审计可以从两个角度进行审计，一是合规性，二是合理性。合规性关注是否存在违规行为，也就是说审计客体是否存在违反法律法规、制度、合约等行为，如果不存在，就没有违规行为。当然，由于现实生活的复杂性，对于违规行为会有一定的容忍度，只有超过容忍度的才会确定为违规行为。合理性关注是否存在瑕疵行为，也就是说审计客体是否充分利用了现有条件，如果在现有条件下特定行为还可以做得更好，该特定行为就是瑕疵行为。当然，在许多情形下，瑕疵行为的判定标准具有一定的主观性，并且不同的人可能认识不同，从而使得瑕疵行为的判定具有一定的模糊性。从理论上来说，每个合规审计项目既可以选择合规性审计，也可以选择合理性审计，还可以同时选择二者。然而，合规性是基础，合规性审计是底线，而合理性审计是更高的要求。无论做出何种选择，所选择的审计产品内容可以体现在审计报告、审计决定、审计建议和审计整改报告中。

（2）合规审计产品的定位。合规审计产品的定位有两种选择，一是批判性审计，二是建设性审计。在批判性审计定位下，审计主要关注三个问题：一是揭示缺陷行为，也就是通过系统的方法，对审计客体是否存在缺陷行为做出鉴证；二是在此基础上，对缺陷行为进行纠正；三是根据缺陷行为的责任程度，对责任人进行处理处罚。上述三个问题解决之后，缺陷行为得到纠正，相关责任人得到处理处罚，这对于抑制审计客体的缺陷行为当然能产生一定的作用。但是，缺陷行为产生的原因可能并没有消除，类似的缺陷行为还可能再次发生。为此，建设性审计就产生了。建设性审计是在批判性审计的基础上做进一步的工作：第一，找出缺陷行为产生的原因，以此为基础提出审计建议；第二，推动对缺陷行为产生的原因进行整改，推动被审计单位采纳审计建议是其主要内容；第三，跟踪整改结果，切实了解整改情况，确保缺陷行为产生的原因得到整改，在此基础上提出整改报告。从理论上来说，合规审计产品的定位可以选择批判性审计或建设性审计，但是，为了实现合规审计的终极价值，需要审计人员选择建设性审计。当然，在一些特殊情形下，委托人及利益相关者可能选择自己来完成缺陷行为的原因分析及整改，此时，审计人员要做的工作就是批判性审计。

(3) 合规审计产品的种类。就种类来说，合规审计产品包括审计报告、审计决定、审计建议和审计整改报告。审计报告的主要信息包括代理人是否存在缺陷行为、存在何种缺陷行为、缺陷行为的原因、缺陷行为的责任人；审计决定主要是对缺陷行为责任单位和责任人的处理处罚决定；审计建议是对缺陷行为赖以产生的制度进行优化的建议；审计整改报告是对缺陷行为原因整改情况的报告。上述不同的合规审计产品具有不同的功能，能满足委托人及利益相关者的不同需求，当然，也对应合规审计的不同阶段。合规审计产品种类与合规审计产品定位有密切的关系，如果产品定位是批判性审计，审计产品种类就只有审计报告和审计决定；只有再选择建设性审计定位，才会增加审计建议和审计整改报告这两种审计产品。同时，审计产品种类与审计产品内容无特定关联，审计报告、审计决定、审计建议和审计整改报告，既可以选择只有合规性审计，也可以选择只有合理性审计，也可以同时选择合规性审计和合理性审计。

根据以上分析，关于合规审计产品系列，有如下结论：从审计产品的内容来说，有合规性产品和合理性产品，合规性审计是底线，而合理性审计是更高的要求；从审计产品定位来说，有批判性产品和建设性产品，一般来说，需要选择建设性审计；从审计产品种类来说，有审计报告、审计决定、审计建议、审计整改报告，在批判性审计定位下，只需要生产审计报告和审计决定，在建设性审计定位下，需要生产上述全部产品，这些产品可以包括合规性审计和合理性审计。

2. 什么是让委托人及利益相关者满意的合规审计产品

让委托人及利益相关者满意的合规审计产品有两方面的特征，一是品种满意，二是质量满意，二者要同时具备。即使品种满意，但是质量不高，消费者还是不满意；当然，即使质量高，但不是消费者需要的品种，消费者也难以满意。如果消费者对审计产品不满意，就会产生审计期望差。根据合规审计产品系列，委托人及利益相关者的审计期望差包括四个方面：审计产品内容期望差、审计产品定位期望差、审计产品种类期望差、审计产品质量期望差。审计人员让委托人及利益相关者满意的路径，就是控制上述四种审计期望差。

(1) 控制合规审计产品内容期望差。合规审计产品内容是指合规性审计和合理性审计的选择，审计产品内容期望差是指在产品内容方面，委托人及利益相关者的需求与审计人员的供给存在差异，基本情况如表1-7所示。

表1-7　合规审计产品内容期望差

项目		审计供给		
		合规性审计	合理性审计	二者同时存在
审计需求	合规性审计	√	×	×
	合理性审计	×	√	×
	二者同时存在	×	×	√

√表示审计需求与审计供给一致，不存在期望差。
×表示审计需求与审计供给不一致，存在期望差。

表1-7显示，就合规审计产品内容来说，审计需求与审计供给存在九种组合，其中不存在期望差的组合只有三种，所以，较容易产生审计产品内容期望差。为了控制合规审计产品内容期望差，有两个路径：一是委托人及利益相关者明确表达其审计需求；二是要求审计人员在制定合规审计方案时，搞清楚委托人及利益相关者的诉求，而不是凭自己的主观猜测来确定审计内容。

(2) 控制合规审计产品定位期望差。合规审计产品定位是指批判性审计和建设性审计的选择。审计产品定位期望差是指在合规审计定位方面，委托人及利益相关者的期望与审计人员的选择之间的差异，当二者不相符时，就存在期望差，基本情况如表1-8所示。

表1-8　　合规审计产品定位期望差

项目		审计供给	
		批判性审计	建设性审计
审计需求	批判性审计	√	×
	建设性审计	×	√

√表示审计需求与审计供给一致，不存在期望差。
×表示审计需求与审计供给不一致，存在期望差。

表1-8显示，从理论上来说，合规审计产品定位有无期望差的概率各是50%。但是，根据本节前面的理论分析，一般来说，合规审计选择建设性审计定位。所以，审计产品定位期望差主要体现在委托人及利益相关者期望的是建设性审计，而审计人员提供的是批判性审计。所以，控制审计产品定位期望差的主要路径是审计人员构建建设性审计的专业胜任能力。

(3) 控制合规审计产品种类期望差。合规审计产品包括审计报告、审计决定、审计建议、审计整改报告，合规审计产品种类期望差是指委托人及利益相关者期望的审计产品与审计人员提供的审计产品之间存在差别。当审计产品内容和审计产品定位确定之后，审计产品种类也就确定了，在批判性审计定位下，审计产品包括审计报告和审计决定，在建设性审计定位下，还要增加审计建议和审计整改报告，无论何种审计，合规性、合理性的内容都可以体现在审计产品中。所以，审计产品种类期望差无须单独控制，而是通过审计产品内容和审计产品定位来控制。

(4) 控制合规审计产品质量期望差。以上分析了审计产品内容期望差、审计产品定位期望差、审计产品种类期望差，这些期望差的控制可以使委托人及利益相关者对合规审计产品的品种满意。但是，如果审计产品的质量不高，即使品种满意，委托人及利益相关者最终还是不会对审计产品满意。审计产品品种确定之后，控制每种审计产品的质量是一个系统工程，具有专业胜任能力的审计团队、适宜的质量控制过程是关键因素。基于本节的主题，这里对审计产品质量控制不展开讨论。

根据以上分析，关于什么是让委托人及利益相关者满意的合规审计产品，有如下结论：让委托人及利益相关者满意的合规审计产品包括两方面的特征，一是品种满意，二是质量满意。为此，审计人员需要控制审计产品内容期望差、审计产品定位期望差、审计产品种类期望差、审计产品质量期望差。

审计人员能生产什么审计产品、什么是让委托人及利益相关者满意的审计产品，这两方面都可能受到一些权变因素的影响，基于本节的主题，这里对这些因素不做深入讨论。

以上从一般意义上分析了合规审计目标，在现实生活中，合规审计主要关注特定行为的合规性，这是合规审计的总目标。这一总目标还需要分解，得出具体的审计目标。如果将总目标作为需要证明的总命题，具体的审计目标也就是分解的具体命题，这种具体命题或具体审计目标一般可以分解为以下几个方面：发生性，完整性，准确性，截止，分类，范围，标准。发生性是指审计载体中记录的行为是真实的；完整性是指审计客体所发生的所有该类行为都已经在审计载体中记录了；准确性是指审计载体中对该行为相关数据特别是金额的记录是正确的；截止是指审计载体中所记录的特定行为记录于恰当的期间；分类是指在审计载体中所记录的特定行为确实属于该类特定行为；范围是指导致该类行为发生的交易或事项确实属于该类行为的范围或不存在范围扩大或缩小；标准是指导致该类行为发生的交易或事项以规定的数量标准或质量标准发生或不存在提高或降低标准。命题论证型合规审计就是通过证明上述具体命题来证明总命题，而事实发现型合规审计就是根据上述命题来寻找和报告偏差行为。

四、合规审计的客体

（一）合规审计的客体组合

审计客体就是对谁审计的问题。合规审计客体选择涉及两方面的问题：从空间范围来说，审计客体分为组织单位客体和个人客体。从时间范围来说，审计客体的审计时点是否具有可选择性有两种情形，一是对于某类审计客体，必须在特定的时点进行审计，这类审计客体就是法定审计客体；二是对于某类审计客体，并不要求在特定的时点进行审计，这类审计客体就是选择性审计客体。上述两个方面的问题密切相关，组合起来形成合规审计客体的多种情形，如表 1－9 所示。下面我们对上述两个方面的审计客体选择做详细分析。

表 1－9　　合规审计客体组合

项目		空间范围	
		组织单位	个人
时间范围	法定审计	√	√
	选择性审计	√	√

√表示有这种情形。

（二）合规审计客体的空间范围：组织单位和个人

一般来说，只有在少数情形下，财务信息和非财务信息与特定个人关联，通常情形下，它们难以与特定个人关联，所以，信息审计客体以组织单位为主。但是，合规审计不同，合规审计以行为作为审计内容，而行为一定有行为者或行为主体，所以，行为者或行为主体就是合规审计的审计客体。

1. 组织单位和个人是两类行为主体

从空间范围来说，合规审计客体究竟是作为行为主体的组织单位还是作为行为主体的个人？有一种观点认为，特定个人在组织单位的行为都是职务行为，个人服从的是组织单位意志，个人代表组织单位实施行为，所以，合规审计客体应该是组织单位而不是个人。这种观点似是而非。我们认为，作为行为主体的组织单位和个人应该同时作为合规审计客体。原因如下：

第一，就个人代表组织单位意志的行为来说，组织单位和个人各自拥有独立的人格。个人在组织单位意志的支配下，为组织单位利益而实施的行为当然是组织单位行为的组成部分，应该界定为组织单位行为。但是，个人在为组织单位利益而实施行为时，仍然具有自己的独立人格和意志。所以，组织单位与个人都属于行为主体，应该同时承担行为责任。

第二，在一些情形下，个人的行为可能并不代表组织单位意志，只代表其个人意志，这些行为可能是为组织单位谋取利益，也可能只是为行为者本人谋取利益。在为组织单位谋取利益时，虽然组织单位本身并不知情，但是个人能够实施某些行为，可能是因为组织单位的管理存在薄弱环节，组织单位应该为此承担责任，所以，此类行为应该由组织单位和个人同时承担责任。如果只是为个人谋取利益，虽然组织单位不能由此获利，有时甚至还会有损失，但是，谋取个人利益的行为之所以能实施，正是由于组织单位的管理有漏洞，所以，组织单位也应该为此承担责任。综合起来，即使是不代表组织单位意志的个人行为，组织单位和个人也都应该同时承担责任，这就需要将个人和组织单位都作为审计客体。

第三，合规审计不只是鉴证某行为是否存在缺陷，在多数情形下，对于违规行为或严重的瑕疵行为还要进行处理处罚，这时的处理处罚就涉及责任人。对于鉴证确定的缺陷行为，一般要求确定具体的责任人，即使是代表组织单位意志的行为，也需要确定责任人，对于不代表组织单位意志的行为，更需要将责任人作为处理处罚对象。所以，对于所有的缺陷行为，合规审计都要确定具体的责任人，这就需要将个人作为审计客体。

根据上述分析，关于合规审计客体，得出如下结论：组织单位和个人都可以作为审计客体，当组织单位作为审计客体时，必须同时将个人作为审计客体。

2. 组织单位作为审计客体的两种选择：特定组织单位与同类组织单位

虽然组织单位和个人要同时作为合规审计客体，但对于组织单位和个人有不同的选择。我们先来看对组织单位的选择。

某一审计机构负责审计的组织单位应该有多个（对于政府审计来说，就是审计管辖范围；对于内部审计来说，就是全部下属组织单位），在这种情形下，作为审计客体的组织单位就存在两种选择，一是只选择特定组织单位进行审计，二是选择同类组织单位进行审计。究竟如何选择呢？

在多数情形下，合规审计是以项目审计的方式来开展的，在这种情形下，会选择特定组织单位作为审计客体。然而，合规审计也可以采用联合审计和专项审计调查的方式来开展，此时，审计客体就不是特定组织单位，而是同类组织单位。

联合审计是指审计机关统一组织多个审计小组共同实施一个审计项目或者分别实施同一类审计项目，在这种情形下，审计机关业务部门应当编制审计工作方案。很显然，这时的审计客体就不是一个组织单位，而是多个组织单位，甚至是具有某一特性的全部组织单位。例如，审计署统一组织的全国审计机关共同参与的社会保障资金审计、土地出让金审计，就是对所有的社会保障资金管理机构、土地出让金管理机构都进行审计，这是典型的联合审计。那么，什么情形下会选择联合审计呢？一般来说，如果某类特定行为引起审计人员的高度重视，或者是成为利益相关者关注的重点问题，那么，为了彻底搞清楚该问题，就可能将所有涉及该问题的组织单位纳入审计范围作为审计客体。通过对这些组织单位的审计，能够从整体上搞清楚该问题的状况，为后续相关行为奠定基础。

就专项审计调查来说，存在不同认识。但是，根据《中华人民共和国国家审计准则》，就调查范围来说，凡是与被调查事项有关的组织单位或个人都属于专项审计调查的范围。所以，专项审计调查的审计客体不是特定组织单位，而是某类组织单位。那么，什么情形下会选择专项审计调查呢？《中华人民共和国国家审计准则》规定，符合下列情形的，可以进行专项审计调查：涉及宏观性、普遍性、政策性或者体制、机制问题的；事项跨行业、跨地区、跨单位的；事项涉及大量非财务数据的；其他适宜进行专项审计调查的。上述规定表明，就政府审计来说，纳入专项审计调查的问题一般具有普遍性的特征，也就是说，当某问题在很多组织单位都存在，具有一定的普遍性时，可以将可能存在该问题的所有组织单位都纳入审计范围作为审计客体。这与联合审计具有异曲同工之妙。

根据上述分析，关于组织单位作为审计客体的选择有如下结论：一般来说，以特定组织单位作为审计客体；当某类组织单位在某些行为上具有普遍性时，该类组织单位可能成为联合审计或专项审计调查的客体。

3. 个人作为审计客体的两种选择：特定个人与同类个人

上述分析表明，组织单位作为一个客体必须与个人客体同时存在，而组织单位客体本身有多种选择。然而，个人能否作为独立的审计客体？个人作为审计客体是否又有多种选择呢？

首先，对于个人能否作为独立的审计客体来说，经管责任履行中的个人肯定有一定的行为，所以，从审计技术上来说，以个人作为审计客体并不存在困难。这里的关键是，是否有必要将个人作为审计客体。在一些情形下，如果将个人作为审计客体已经成为必要选择，则个人可以单独作为审计客体。此时，个人的行为既可以包括其为组织单位利益而实施的行为，也可以包括其为个人利益而实施的行为；既可以是其全部行为，也可以是其某些特定行为。那么，在什么情形下个人成为审计客体具有必要性呢？一般来说，应该具备以下条件：一是个人对于经管责任的履行具有重要的作用，抑制其缺陷行为对经管责任的履行具有较大的意义；二是针对该个人的相关治理机制不健全，该个人出现缺陷行为的机会较多，为了形成抑制该个人缺陷行为的治理机制，可以将合规审计作为其中的要素之一；三是委托人及利益相关者对该个人的关注程度较高，如果该个人的缺陷行为较多，则影响较大。具备上述条件之一时，个人的行为可能成为审计内容，也就意味着个人成为审计客体。

其次，对于个人作为审计客体时的选择来说，在多数情形下，以个人为审计客体的合规审计是以项目审计的方式来开展的，所以，会选择特定个人作为审计客体。然而，以个人作为客体的合规审计也可以采用联合审计或专项审计调查的方式来开展，此时，审计客体就不是特定个人，而是同类个人。在这种情形下，就不只是关注某一特定个人的行为，而是关注某类个人的行为。这里的行为在多数情形下是某些特定行为。一般来说，某类人具有某些共同的行为，并且这些共同的行为引起委托人及利益相关者的高度关注，同时，该类行为的相关治理机制还不健全，该类行为方面的问题具有一定的普遍性。此时，该类个人的该类行为就可能成为联合审计或专项审计调查的内容，该类人就成为审计客体。

根据上述分析，关于个人作为审计客体有如下结论：个人可以独立作为审计客体，在多数情形下，当某类个人在某些行为上具有普遍性时，该类个人可能成为联合审计或专项审计调查的客体。

（三）合规审计客体的时间范围：法定审计和选择性审计

审计客体的选择是根据若干维度对审计范围内的组织单位进行评估，在此基础上，根据评估的结果来选择一定时期的审计客体。也就是说，在什么时点审计某客体，主要是基于对该客体的评估而确定的，审计客体的审计时点具有选择性。

然而，现实生活中还存在另一类审计，就是在特定时点必须实施的、具有强制性的审计，这种审计称为法定审计。为什么会出现法定审计呢？一般来说，有如下三种情形：

第一，某类行为具有特别的重要性。某类行为在社会或某组织中具有特别的重要性，关注该类行为的利益相关者较多，从而需要对该特定行为进行定期审计。例如，《中华人民共和国国家审计准则》规定，从多个方面对初选审计项目进行评估，以确定备选审计项目及其优先顺序，其中第一个方面就是项目重要程度，要求评估项目在国家经济和社会发展中的重要性、政府行政首长和相关领导机关及公众关注程度、资金和资产规模等。

第二，某类行为相关治理机制不健全，缺陷行为较多。缺陷行为是由一个整体的治理机制来应对的，如果治理机制中的其他要素较粗糙，抑制缺陷行为的效果较差，致使缺陷行为较多，那么对行为的审计需求就较强烈，从而需要对该特定行为进行定期审计。例如，《中华人民共和国国家审计准则》规定，从多个方面对初选审计项目进行评估，以确定备选审计项目及其优先顺序，其中第二个方面就是评估项目风险水平。风险水平越高，越要优先列入年度审计计划，这里实际上强调的是相关的治理机制越不健全，风险水平就越高，也就越需要优先进行审计。

第三，如果某类行为具有特别的重要性，并且相关治理机制不健全，缺陷行为较多，则更加需要对该类行为予以特别关注，对其审计时点做出强制性规定。

根据以上分析，关于合规审计客体的时间范围有如下结论：对于审计客体实施选择性审计，根据对审计客体的评估确定审计时点；当某类行为具有特别的重要性，或者某类行为相关治理机制不健全从而导致缺陷行为较多，或者二者同时具备时，对该类行为可能实施法定审计。

五、合规审计的内容

合规审计就是对行为发表意见，从技术上来说，就是从众多的行为中找出缺陷行为。所以，如何理解行为是合规审计的基础。从基础理论层面来说，对行为的理解涉及三个问题：行为的概念、行为的范围、行为的分类。

（一）合规审计的行为概念

纵观法学中的各种行为理论，其关键分歧在于两个方面，一是是否考虑人的主观意志或目的，二是是否考虑社会影响。这两点对于合规审计来说都是非常重要的。第一，法学中的行为主体主要是自然人，对于自然人来说，可能存在非意志活动。但是，合规审计中的行为主体既可能是自然人，也可能是一个组织，个人可能存在非意志行为，对于一个组织来说，同样可能存在非意志行为。例如，由于有限理性，个人或组织未能意识到某些管理行为的落后，这并不意味着这些行为不落后。所以，合规审计中的行为一般不要求具有意志性。第二，就社会影响来说，如果行为不对组织或社会造成负面影响，根据成本效益原则，合规审计一般不予以关注。所以，合规审计主要关注那些造成社会负面影响的行为（主要是对经管责任有危害或负面影响）。总体来说，合规审计对行为的理解可以借鉴社会行为论。

借鉴社会行为论，本节将合规审计中的行为界定如下：行为是特定的自然人或组织对其经管责任履行具有重要影响的作为或不作为，一般称为特定行为。

这个概念所界定的特定行为具有以下四个特征：第一，行为的主体包括特定的自然人和组织。这里的自然人主要是作为审计客体的领导或其他人员。例如，经济责任审计以领导作为审计客体，其中包括领导本人的一些行为。这里的组织是作为审计客体的法人或法人内部单位。例如，预算执行审计中，一个部门或一个单位的预算相关行为都是审计内容，整个部门或单位也就成为行为主体。第二，行为主体的行为不一定是有意志的，也就是说，行为主体的非意志行为也应该作为合规审计的内容。法学中的一些典型的非意志行为在合规审计中并不存在，例如精神病、梦游等。但是，如果就此将非意志行为排除在合规审计之外，就可能将一些需要纠正的缺陷行为遗漏了，例如，由于不知道某项法律法规而违反了该法律法规，由于不知道有先进的管理方法而采用了落后的管理方法。也就是说，缺陷行为并不一定是有意为之，许多情形下，缺陷行为是无意发生的。第三，这种行为会产生重要影响。这里的重要影响强调对经管责任的影响，既包括对组织内部的利益相关者的影响，也包括对组织外部的利益相关者的影响。如果行为主体的行为对内部和外部利益相关者都没有影响，这种行为就不应该是合规审计所关注的。同时，行为的影响要达到一定的程度，具有一定的重要性，如果不具有重要性，这种行为也不应该成为合规审计关注的内容。当然，重要性的确定是需要职业判断的，并无一个放之四海而皆准的办法。第四，这种行为是在经管责任履行中发生的，与经管责任履行无关的行为不是合规审计关注的内容。这里的经管责任就是委托代理关系下，代理人向委托人承担的显性和隐性责任。所以，这种行为是有特定范围的，称为特定行为。

（二）合规审计的行为范围

合规审计应当有一个适合的考察范围，不可能也没必要去考察所有的人类举动形式。因而在进行审计评价之前，要排除在审计意义上完全不重要的人类举动形式。通过把一定的作为或不作为确认为行为，而把一些对于经管责任不重要的作为或不作为视为不是行为，就为合规审计确立了一个合适的考察范围。

从合规审计视角出发，本节将行为界定为特定自然人或组织对其经管责任履行具有重要影响的作为或不作为。也就是说，只有与特定自然人或组织经管责任履行有关的作为或不作为，才是合规审计中的特定行为，否则，就不是合规审计中的特定行为。

无论是自然人还是组织，都具有多种行为，是否所有的行为都要纳入合规审计的范围呢？回答是否定的。凡是与经管责任履行没有关联的行为都不应该纳入特定行为的范围。例如，自然人吃饭、睡觉及其家庭生活等，组织层面的一些与工作无关的活动（例如，工会组织钓鱼、徒步），这些与经管责任履行没有关联的行为加上与经管责任履行有关的特定行为，作为一个整体形成一个一般意义上的行为概念，我们称之为一般行为，这是合规审计中的特定行为的上位概念。

合规审计的核心内容是从众多的特定行为中找出缺陷行为，所以，缺陷行为是特定行为的下位概念，它是特定行为的一个子集。这里的“众多的特定行为”，除了缺陷行为这个子集外，还包括正常行为，也就是缺陷行为之外的其他特定行为。这里的缺陷行为是指不能有效地履行经管责任的行为，包括违规行为和瑕疵行为，违规行为是指明确违反了委托人意愿或相关法律法规的行为，而瑕疵行为是指由于有限理性和自利所导致的次优问题和代理问题，也就是没有采用最合宜方案的作为或不作为，不作为是指本来可以促进经管责任履行但是没有实施的行为。总体来说，缺陷行为是存在改进潜力的行为，这些行为如果得到改善，经管责任的履行会更好。这里的正常行为是与缺陷行为相对应的，这些行为的实施对经管责任的履行产生了正面的效果。

合规审计以经管责任为前提，其核心内容是从众多的特定行为中找出缺陷行为，所以，它的范围不是一般行为，而是特定行为，或者说，是与经管责任履行有关的行为。通过采用系统的方法获取审计证据，可将特定行为区分为正常行为和缺陷行为。

正常行为和缺陷行为，从行为的内容、属性来看，可能无差别，只是对经管责任履行产生不同的后果。缺陷行为在改正前对经管责任履行未能有效发挥作用，改正之后才能有效发挥作用。例如，同样是差旅费用报销，合规报销和违规报销的内容和属性是一样的，从内容来说，都是交通费用、住宿费用、餐费等，从属性来说，都是财务支出，二者的区别是，一个是合规——未违反相关的制度或法规，一个是违规——违反了相关的法规或制度。通常这两种行为是在一个审计载体中，合规审计的核心内容就是从这个载体中找出违规之处，从而确认违规行为。当然，现实生活很复杂，有一些特定情形下，违规行为可能形成一个单独的载体，“小金库”就是这种情形。

总体来说，不同位阶的行为概念归纳如图 1－4 所示。

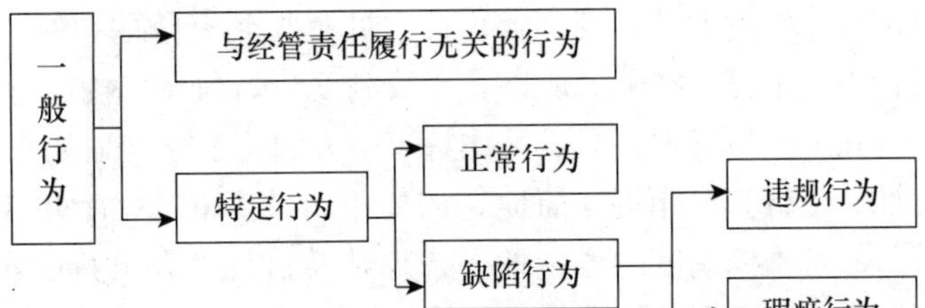

图 1－4　不同位阶的行为概念

（三）合规审计的行为分类

不同位阶的行为概念为我们界定合规审计的范围提供了指引。然而，正常行为和缺陷行为通常混杂在一起，形成一个较为庞大的特定行为集合。为了有效开展合规审计，还需要对特定行为进行再分类。对于特定行为（也就是与经管责任履行有关的行为），可以从行为主体、行为标的、行为内容及属性三个维度进行分类。

1. 按行为主体分类：组织行为、自然人行为

合规审计的行为主体包括组织和特定的自然人，所以，特定行为区分为组织行为和自然人行为。组织行为是特定组织在履行其经管责任中具有重要影响的作为或不作为。不同的组织具有不同的经管责任，所以，其作为或不作为不同。例如，对于一个政府行政机构来说，其行政行为就是特定行为的主要内容，行政行为本身也有许多区分方法，抽象行政行为和具体行政行为，合议制行政主体实施的行政行为和首长负责制行政主体实施的行政行为，羁束行政行为和自由裁量行政行为，依职权行政行为和应申请行政行为，附款行政行为和无附款行政行为，授益行政行为和负担行政行为，要式行政行为和非要式行政行为，作为行政行为和不作为行政行为，独立的行政行为和需补充的行政行为，内部行政行为和外部行政行为，单方行政行为和双方行政行为，行政立法行为、行政执法行为和行政司法行为，自为的行政行为、授权的行政行为和委托的行政行为等，都是对行政行为的再分类。

自然人行为是特定的自然人在履行其经管责任中具有重要影响的作为或不作为。不同的自然人在履行经管责任中的具体职责不同，从而具有不同的作为或不作为。例如，经管责任审计中，领导人对于不同事项的介入程度不同，需要将其责任区分为直接责任、主管责任和领导责任。同时，不同组织的领导人由于其所领导的组织承担不同的经管责任，所以，党委书记和行政领导的责任内容不同，不同层级的领导人的责任内容不同，不同类型组织的领导人的责任内容不同，从而需要分类确定经管责任审计内容和评价标准。

2. 按行为标的分类：特定行为、约束特定行为的制度

合规审计的标的有两种情形，一是直接审计特定行为，二是审计约束特定行为的制度。从本质上来说，审计特定行为和审计制度具有一致性。因为，如果约束特定行为的制度是合规、合理的，并且得到有效的执行，在这些制度约束下的特定行为就不存在缺陷。所以，寻找制度缺陷和寻找特定行为缺陷具有同等意义。当然，在一些情形下，只是关注特定个人的特定行为，如果存在合适的审计载体，则审计特定行为可能更加简捷。例如，如果要审计一个单位的差旅费用报销，审计其差旅费报销制度的合规性、合理性及执行性是可行的选择。但是，如果只关注特定个人是否在差旅费报销中有贪污行为，只关注这个人的报销行为可能更为有效。一般来说，合规审计主要关注特定行为，对约束特定行为的制度的审计形成制度审计。当然，由于审计特定行为和审计制度具有一致性，所以，它们共同组成广义的合规审计。

3. 按行为内容及属性分类：业务行为、财政财务行为、其他行为

从行为内容和属性来看，行为可以分为业务行为、财政财务行为和其他行为。业务行为是承担本组织或本岗位职责所发生的行为。不同的组织或不同的岗位具有不同的职责，从而具有不同的业务行为。例如，企业作为营利法人要从事一定的业务行为，提供一定的产品或服务，如中国石油天然气集团公司的业务行为包括天然气勘探开发、炼油化工、油品销售、油气储运、石油贸易、工程技术服务和石油装备制造。又例如，根据《中华人民共和国审计法》及其实施条例和《国务院办公厅关于印发审计署主要职责内设机构和人员编制规定的通知》（国办发〔2008〕84 号）的规定，审计署的主要职责是：主管全国审计工作；起草审计法律法规草案，拟订审计政策，制定审计规章、审计准则和指南并监督执行；向国务院总理提出年度中央预算执行和其他财政收支情况的审计结果报告；直接审计规定事项，出具审计报告，在法定职权范围内做出审计决定或向有关主管机关提出处理处罚的建议。履行上述职责所从事的活动都是业务行为。同时，不同岗位存在不同的职责，履行岗位职责的行为就是该岗位的业务行为。不同岗位具有不同的岗位职责，从而具有不同的业务行为，例如中国石油天然气集团公司董事长和审计署审计长的岗位职责不同，其业务活动也不同。

财政财务行为是与资金相关的各项行为。不同的组织或不同的岗位，资金来源及使用不同，与资金相关的职责不同，从而具有不同的财政财务行为。对于企业单位来说，资金筹集、资金使用和利润分配是主要的财政财务行为。对于行政事业单位来说，财政财务行为主要包括预算管理、收入管理、支出管理、采购管理、资产管理、往来资金结算管理、现金及银行存款管理。同样，不同的岗位承担的财务相关职责不同，其财政财务行为的具体作为或不作为也不同。财务总监和总经理具有不同的财政财务行为，采购员和生产线上的员工也具有不同的财政财务行为。但是，一般来说，每个组织或每个岗位都有一定的财政财务行为。

其他行为是业务行为和财政财务行为之外但与经管责任履行相关的其他各项行为，不同的组织或岗位在其他领域的职责不同，从而具有不同的其他作为或不作为。例如，对于企业来说，人力资源管理、环境管理、公益事业等都是与经管责任履行相关的行为；对于行政事业单位来说，人力资源招聘、政府采购、物业管理、公务接待等都是与经管责任履行相关的行为。同时，不同岗位会有不同的其他行为。例如，财务部经理和人力资源部经理相比，在人力资源方面具有不同的职责，从而具有不同的行为。

上述这些行为，业务行为是中心，财政财务行为和其他行为是为业务行为服务的。然而，如果财政财务行为和其他行为出现问题，业务行为就会受到制约。

那么，上述三类行为为什么都可能成为合规审计的内容呢？一般来说，财政财务行为作为合规审计内容是大家公认的。问题是，业务行为和其他行为能否作为合规审计内容呢？就业务行为来说，各类业务行为基本上都是提供某产品或服务的，一般都有相关的法律法规或规章制度，行为主体遵守这些法律法规或规章制度是其业务行为的内在要求，所以，客观上需要对业务行为进行合规审计。就其他行为来说，同样需要遵守相关法律法规或规章制度，所以，同样需要进行合规审计。即使没有相关的法律法规或规章制度，为了判断业务行为或其他行为是否合理，是否存在改进的潜力，也可以开展合规审计。

以上从三个不同的角度对特定行为进行了分类。事实上，这三种分类可以结合起来，因为行为一定是有主体的，而主体的行为一定是有内容的，同时，进行合规审计要选择一定标的。所以，三种分类可以结合起来形成一个综合分类，如表 1-10 所示。

表 1-10 特定行为的综合分类

行为内容和属性	行为主体			
	组织单位		自然人	
	特定行为	约束特定行为的制度	特定行为	约束特定行为的制度
业务行为	√	√	√	√
财政财务行为	√	√	√	√
其他行为	√	√	√	√

√表示有这种情形。

六、合规审计的主体

合规审计是应对代理人经管责任履行过程中缺陷行为的重要制度安排，在这种制度安排下，审计主体作为审计活动的从事者，是最重要的因素之一。现实生活中，合规审计主要是由专门设立且独立于代理人的审计机构来实施的，只在少数情形下出现合规审计业务外包。影响合规审计主体选择的基本原因有两个方面，一是如何保持审计独立性，二是如何控制审计成本。理想的审计主体就是能独立且低成本地实施合规审计的主体。

（一）总体框架

就人性来说，人都可能是自利和有限理性的，由于这种人性的存在，在经管责任履行中，代理人可能会产生代理问题和次优问题。为此，需要审计人员对代理人是否存在代理问题和次优问题进行鉴证。委托人、代理人和审计人员三者形成了一种审计关系。委托人和审计人员的这种关系，从本质上来说是一种交易，可以称为审计交易，其内容就是委托人给审计人员提供资源或支付一定的对价，委托人授权或委托审计人员对代理人的代理问题和次优问题进行鉴证。

委托人在这种审计交易中面临两个基本问题，一是得到真实的鉴证结果，二是以最低成本得到鉴证结果。委托人如何解决上述两个基本问题呢？委托人解决鉴证结果真实性问题的办法是保证审计的独立性，这种独立性的考量会影响到审计主体的选择；解决鉴证成本问题的办法是选择审计交易的治理结构，通过适宜的审计交易治理结构来降低审计交易成本。审计交易特征决定审计交易治理结构的选择，而合规审计这种交易具有自身的特征，这些特征一方面会影响审计独立性，另一方面会影响审计交易治理结构。所以，从根源上来说，是审计主题影响了审计交易的治理构造和审计主体的独立性，进而影响了审计主体的选择。以上所述的思路如图 1-5 所示。

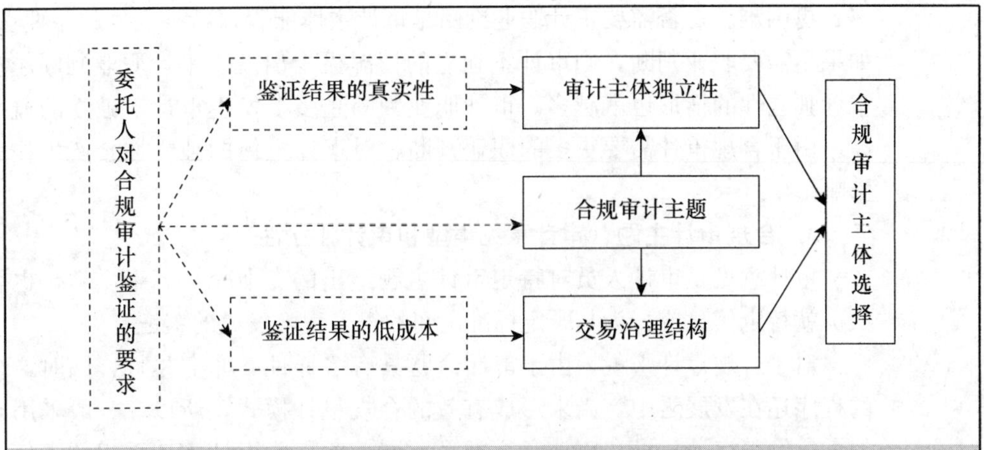

图 1-5　独立性、合规审计主题和合规审计主体选择

(二) 合规审计主题、审计主体独立性与合规审计主体选择

合规审计主题自身的特征会影响审计主体独立性，而这种独立性方面的考量会影响合规审计主体选择，如图 1-6 所示。

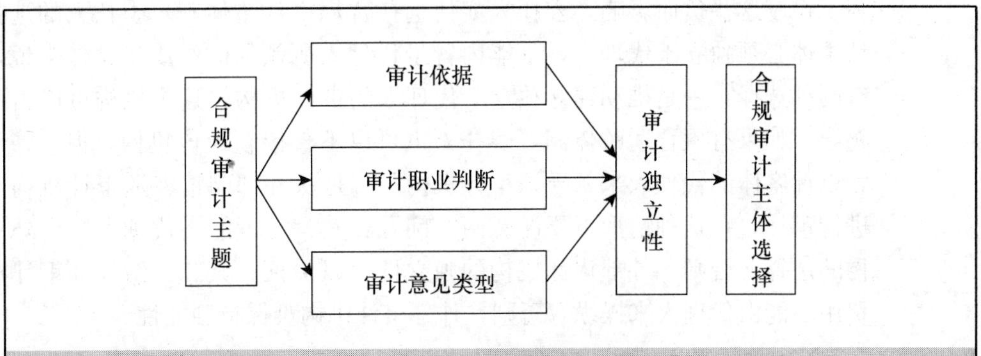

图 1-6　合规审计主题和审计独立性

1. 合规审计主题、审计依据和审计独立性

审计依据是审计中的既定标准，当审计依据清晰时，审计主体不需要与审计客体商量审计依据；而当审计依据不清晰时，审计主体需要与审计客体商量审计依据，此时，选择何种依据可能会受到审计主体的伦理道德的影响，更可能受到审计客体的影响。正是由于这个原因，审计主体的独立性可能会受到影响。所以，审计主题的审计依据的清晰程度会显著影响审计主体的独立性。对合规审计来说，审计依据是判断代理人行为是否适宜的既定标准，是关于审计客体应该如何行为的具体规定。对于某些合规审计来说，可能存在明确的审计依据，然而，对于许多特定行为来说，什么是“既定标准”可能难以达成共识，这种审计依据的不清晰可能会对合规审计的独立性产生负面影响。

2. 合规审计主题、审计职业判断和审计独立性

无论何种审计都存在职业判断。但是，合规审计中的职业判断比信息审计更多、更困难。是否需要审计职业判断是审计主体能否保持独立性的主要影响因素，如果不需要职业判断，则审计不独立的情况极少出现。审计职业判断越多，考量审计独立性的情形也就越多。审计职业判断越多，发生审计不独立的概率也就越高。由于合规审计需要更多的职业判断，对审计主体的独立性会产生显著的负面影响。

3. 合规审计主题、审计意见类型和审计独立性

审计意见是审计人员对特定审计主题给出的专业意见。事实上，也就是审计人员就特定信息或行为与既定标准之间的符合程度发表的鉴证意见。

对于合规审计来说，由于审计命题具有多样性、非穷尽性，同时，合规审计的程序还在发展之中，尚未形成有效的合规审计模式，所以，一般采用有限保证的方式发表审计意见。审计意见类型不同，意味着审计主体承担的责任不同。在有限保证方式下，审计主体承担的法律责任不容易界定，审计主体的责任意识不强，从而保持审计独立性的主观动力也不强。这会对合规审计的独立性产生负面影响。

4. 审计独立性与合规审计主体选择

通过以上分析可知，合规审计主题本身的特征会对审计独立性产生负面影响，为了抑制这些负面影响，委托人如何选择合规审计主体呢？委托人的选择是，审计主体必须独立于代理人，不能内置于代理人所领导的组织。具体来说，委托人有两种选择：一是推动建立独立于代理人的审计机构，这个机构可以由委托人来领导，如果有更合适的体制，委托人也可以不直接领导该机构，但是，不能由作为审计客体的代理人来领导该审计机构。二是从外部聘请专业审计机构对代理人进行审计，在这种情形下要注意两个问题：其一，不能由代理人操纵外部审计机构的选择，否则，外部审计机构的独立性难以保证；其二，给外部审计机构支付费用不能由代理人来操纵，否则，外部审计机构难保持独立性。

（三）合规审计主题、审计交易治理结构与合规审计主体选择

交易特征影响交易治理结构选择，而交易治理结构影响交易成本，所以，根据交易特征来选择适宜的交易治理结构，就可以控制交易成本。交易特征包括资产专用性原则、外部性原则和科层分解原则，上述三项原则中，科层分解原则实际上是对科层组织能降低交易成本的解释，不是交易治理结构选择的主要原则。

下面我们根据资产专用性原则和外部性原则来分析合规审计交易治理结构的选择。

1. 资产专用性原则与合规审计交易治理结构的选择

随着资产专用性程度增加，市场运行形式的交易成本也增加，所以，资产专用性程度决定着交易是由市场还是由科层组织来进行：当资产没有专用性时，经典的市场合约是有效的；当资产半专用时，混合组织就会出现；当资产专用性程度较高时，科层组织将会取代市场。

合规审计交易当然存在资产专用性问题。在审计过程中，审计师所使用的知

识包括三类：一是通用知识，即适用于所有审计客体的知识；二是行业特定知识，即适用于特定行业所有审计客体的知识；三是客户特定知识，即只适用于特定客体的知识。应该说，所有的审计都是针对特定代理人所领导的科层组织，都有一定的资产专用性。但是，合规审计作为一种审计主题，与特定组织的黏性较高，所以，这种审计交易的资产专用性程度较高。但是，不同类型的行为，其黏性不同，有些行为存在于所有的同类组织中，并且具有一定的共同点，同一类型组织的财务收支行为就是这种情况。有些同类行为存在于不同的组织，具有显著的差异。所以，总体来说，合规审计交易的资产专用性可以区分为较高、高和很高这些不同的程度。合规审计的这种资产专用性对审计主体选择有重要影响，委托人需要自己建立审计机构来开展合规审计，从而出现委托人意义上的内部审计；当资产专用性程度不是高和很高时，如果市场上有在该方面具有特长的审计机构，可以考虑业务外包，从而出现基于长期合同形成的外部审计。

2. 外部性原则与合规审计交易治理结构的选择

这里的外部性是指交易一方的非合约行为给对方造成的影响，这种影响可能是正面的，也可能是负面的。随着交易外部性的增加，可能采用科层组织形式。

审计交易当然存在外部性，主要体现在审计质量方面，如果审计人员提供的审计产品质量低，而委托人及其他利益相关者难以确认审计产品质量，势必对委托人和其他利益相关者产生影响。当然，不同的审计交易其外部性程度不同，就合规审计来说，在多数情形下，采用事实发现型取证模式，发表有限合理审计意见，无法确定其法律责任，审计质量难以保证，外部性较高；只有在少数情形下，有系统的审计载体，可以采用命题论证型取证模式，发表合理保证审计意见，审计质量可以衡量，外部性不高。合规审计交易的不同外部性程度，影响审计交易治理结构的选择。在多数情形下，发表有限合理审计意见，委托人要建立自己的审计机构，从而出现委托人意义上的内部审计；在少数情形下，发表合理保证审计意见，外部性不高，委托人可能会从市场上寻找能提供这种审计服务的机构。

（四）合规审计主体选择：审计独立性和审计交易治理结构结合分析

以上分别从审计独立性和审计交易治理结构两个维度分析了合规审计主体选择，归纳起来，分析结论如表 1-11 所示。

表 1-11　　审计独立性和审计交易治理结构对审计主体选择的影响

项目	维度	特征	对审计主体选择的影响
合规审计交易	独立性	合规审计主题本身的审计独立性较弱。	审计主体必须独立于代理人，不能内置于代理人所领导的组织。一是推动建立独立于代理人的审计机构；二是从外部聘请专业审计机构对代理人进行审计，但是，要防止代理人操纵外部审计机构的选择和报酬支付。

续前表

项目	维度	特征	对审计主体选择的影响
合规审计交易	资产专用性	合规审计交易的资产专用性可以区分为较高、高和很高这些不同的程度。	委托人需要建立审计机构来开展合规审计，从而出现委托人意义上的内部审计；当资产专用性程度不是高和很高时，如果市场上有在该方面具有特长的审计机构，可以考虑业务外包，从而出现基于长期合同形成的外部审计。
	外部性	在多数情形下，审计交易外部性较高；只有在少数情形下，外部性不高。	在多数情形下，发表有限合理审计意见，委托人要建立审计机构，从而出现委托人意义上的内部审计；在少数情形下，发表合理保证审计意见，外部性不高，委托人可能会从市场上寻找能提供这种审计服务的机构。

然而，现实生活中二者同时存在，所以，需要将二者结合起来分析合规审计主体的选择。第一，从合规审计主题本身的审计独立性较弱的特点出发，委托人有两种选择，一是建立独立于代理人的审计机构；二是从外部聘请专业审计机构，但要防止代理人操纵这种聘请和费用支付。第二，从合规审计的资产专用性出发，在多数情形下，需要建立独立于代理人的审计机构，在少数情形下，对于资产专用性不强的合规审计，可以考虑业务外包。第三，从合规审计的外部性出发，在多数情形下，发表有限合理审计意见，需要建立独立于代理人的审计机构，在少数情形下，发表合理保证审计意见，可以考虑业务外包。

综合上述对独立性、资产专用性和外部性三方面的分析，关于合规审计主体有如下结论：一般来说，需要建立独立于代理人的审计机构来实施合规审计；在少数情形下，如果有系统的审计载体，并且市场上存在具有该方面特长的专业审计机构，可以考虑业务外包。

七、合规审计的实施框架

合规审计的实施框架涉及的内容很多，包括合规审计取证模式，也包括合规审计风险模型、合规审计重要性、合规审计意见类型等，还包括数据分析模型和数据分析技术，由于这些内容在随后的章节中都会详细介绍，为避免重复，这里暂不介绍。下面将介绍合规审计实施框架的四个要素。

审计实施框架是审计内容、审计方法、审计标准和审计意见的有机组合，特别强调它们的相互关联，从某种意义上来说，审计实施框架就是审计内容、审计方法、审计标准及审计意见相互关联的一个逻辑体系，它解决了审计的两个基本问题，一是审计什么，二是怎么审计，前者就是审计内容，后者包括审计方法、审计标准和审计意见三个要素，这四个要素相互关联，形成一个有机的整体，并受到审计环境的影响。

就审计内容来说，特定行为是纳入审计范围的具体行为，一般可以分为财政财务收支行为和业务行为等，前者指货币资金收支行为，后者指被审计单位从事业务活动或履行单位职能所产生的业务行为。对于特定行为这种审计主题，审计总目标是合规性，也就是这些特定行为是否符合相关的法律法规及规章制度。问题的关键是，如何确定特定行为的审计标的和审计具体目标？就审计标的来说，特定行为的审计标的就是导致该类行为发生的交易或事项；就审计具体目标来说，就是将审计总目标落实到审计标的上，一般包括发生性、完整性、准确性、截止、分类、范围、标准。发生性是指导致该类行为发生的交易或事项是真实的或不存在虚构；完整性是指所有导致该类行为发生的交易或事项不存在遗漏或低估；准确性是指导致该类行为发生的交易或事项的相关数据是正确的；截止是指导致该类行为发生的交易或事项已经记录于恰当的期间或不存在不同时期的张冠李戴；分类是指对导致该类行为发生的交易或事项分类正确或不存在不同类型行为之间的张冠李戴；范围是指导致该类行为发生的交易或事项确实属于该类行为的范围或不存在范围扩大或缩小；标准是指导致该类行为发生的交易或事项以规定的数量标准或质量标准发生或不存在提高或降低标准。

就审计标准来说，特定行为审计的判断标准是规范该特定行为的法律法规及规章制度，特定行为审计的总目标就是判断这些特定行为的发生是否符合这些法律法规及规章制度。

就审计取证模式来说，可以选择命题论证型取证模式，也可以选择事实发现型取证模式，不同的选择受到两个因素的制约：一是审计意见类型要求，如果要求发表合理保证审计意见，则需要采用命题论证型取证模式，如果只要求发表有限保证审计意见，则可以采取事实发现型取证模式；二是审计载体情况，如果存在完整的审计载体信息链，则可以采用命题论证型取证模式，否则，只能采取事实发现型取证模式。

就审计意见来说，它需要根据审计取证模式来决定：当采取事实发现型取证模式时，只能发表有限保证审计意见，但是对于哪些发现的事实予以报告，需要考虑审计重要性，不能无论数额大小一律在审计报告中予以披露；当采取命题论证型取证模式时，如何根据样本的审计结果来推断总体的合规性，需要考虑合规重要性，这种考虑类似于财务信息审计，但是可能更加严厉，对定性方面的考虑可能更多。有一种观点认为，对于行为合规要采取零容忍，这无疑是排除了重要性。本书认为，不区分具体情形，一味强调零容忍，可能导致规则悖反，影响合规审计的效率和效果。

八、合规审计的环境

（一）审计环境对合规审计的影响：总体框架

根据系统论，环境是与系统相对应的概念，是系统之外并且对系统有影响的因素，这里的系统之外是指环境不是系统的构成要素，而不是指其物理位置在系统之外。选择的系统不同，环境也就不同，一个子系统的环境会成为高层级系统的要素，系统与环境是相对的。要探究审计环境如何影响合规审计，首先要界定合规审计系统及其环境。

合规审计作为一个系统可以有不同的层级或选择，例如，整个审计行业可以作为一个系统，某审计机关也可以作为一个系统，甚至某审计项目也可以作为一个系统。本节从一般意义上来界定合规审计系统，它可以分为两个系统，一个是合规审计理念系统，一个是合规审计实务系统。合规审计环境一方面影响合规审计理念系统，另一方面影响合规审计实务系统。当然，合规审计理念和合规审计实务之间存在相互影响，限于本节主题，我们不探究这个问题。

所谓审计环境，是指能够影响审计系统产生、存在和发展的一切外部因素的总和。这里的外部因素，是指这些因素不是审计系统的构成要素。合规审计环境是指影响合规审计产生、存在和发展的外部因素，一般可以分为政治环境、经济环境、法律环境、社会文化环境和科学技术环境。政治环境指影响合规审计的政治制度，包括国体、政体、政治体制、政治传统、政治文明等。经济环境指影响合规审计的经济体制特征及经济发展水平，包括基本的经济制度、经济结构、经济发展水平、财政环境等。法律环境指影响合规审计的法律因素，包括法律完善程度、执法力度和社会的法律意识等。社会文化环境指影响合规审计的社会文化因素，主要包括社会传统文化、公民道德素质和信仰。科学技术环境指影响合规审计的科学技术因素，主要涉及与审计相关的科学、技术、教育等的发展水平。

上述各类合规审计环境还可以再细分，从而呈现复杂性、多样性，这些审计环境因素作为合规审计系统之外的因素，对合规审计理念、合规审计实务产生直接或间接影响，使得合规审计理念、合规审计实务呈现多样性，其大致情况如图1-7所示。

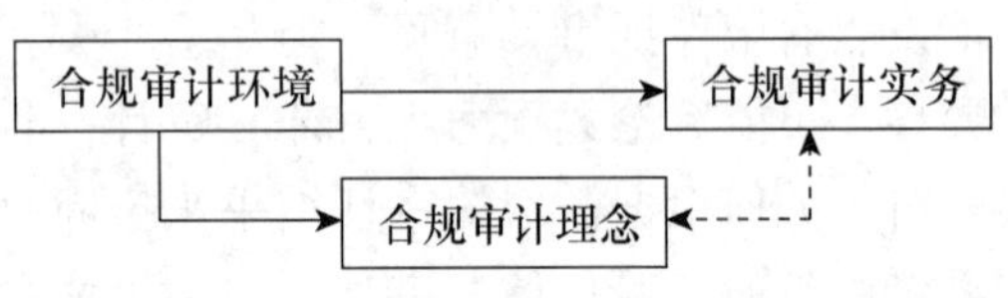

图1-7 审计环境对合规审计的影响

（二）审计环境对合规审计理念的影响

合规审计理念是人们对合规审计的认识，其本身组成一个理念系统，政治环境、经济环境、法律环境、社会文化环境和科学技术环境作为系统之外对系统有影响的因素，会影响人们对合规审计的认识。这种影响有两个路径：一是直接影响人们对合规审计的认识，例如，在我国的政治制度中，将经济责任审计作为干部管理的一个制度安排，这使得人们将合规审计视为权力制约和监督的制度。二是间接影响，主要是审计环境通过影响合规审计实务产生不同的合规审计现象，这些不同的合规审计现象会影响人们对合规审计的认识。例如，由于我国的治理尚未实现现代化，所以，违规行为仍然是合规审计关注的主要主题，我国的审计业务主要表现为合规审计。由于这些审计现象的影响，人们对审计的认识更多具有合规审计的特征，例如，强调审计监督，不重视审计鉴证。

审计环境会影响合规审计的哪些理念？人们对于合规审计理念系统的内容有不同的认识，一般来说，合规审计的基本理论要素应该是合规审计理念系统的主要内容，这些基本理论要素包括：合规审计的需求、合规审计的本质、合规审计的目标、合规审计的客体、合规审计的内容、合规审计的主体、合规审计的方法论。合规审计环境通过直接影响和间接影响两个路径，影响人们对合规审计的基本理论要素的认识。例如，就合规审计的内容而言，行为合规性和合理性审计是我国的主要审计业务，我国合规审计为什么将行为作为主要的审计主题呢？最根本的原因是在我国的社会经济生活中，各种违规及不合理行为较多。为什么违规和不合理行为较多？主要的原因是我国的治理尚未实现现代化。所以，正是审计环境影响了审计主题的选择。同时，这种审计主题的选择决定了我国的合规审计取证以事实发现型取证模式为主流模式。

哪些审计环境会影响合规审计理念？审计环境对合规审计理念的影响具有一定的随机性或权变性，并不存在一一对应的因果关系，即一定的审计环境并不一定与特定的合规审计理念相对应。所以，审计环境对合规审计理念的影响具有非线性的特征，具有多元多轨性，在一些情形下，两者可能呈现相关关系。例如，就合规审计的基本理论要素组成的合规审计理念系统而言，政治环境、经济环境对合规审计的需求、合规审计的目标可能有较大的影响，而科学技术环境、社会文化环境对合规审计的方法论可能有较大的影响，但这些影响并不是一一对应关系，科学技术环境也可能通过影响合规审计实务，进而影响人们对合规审计本质的认识，而政治环境、经济环境可能通过影响合规审计目标进而影响合规审计方法论。

总体来说，合规审计环境和审计理念各要素间并不存在一一对应的因果关系，而是通过直接影响和间接影响两个路径呈现复杂的非线性关系或相关关系，大致情形如表 1-12 所示。

表 1-12　　审计环境对合规审计理念的影响

合规审计的基本要素	审计环境				
	政治环境	经济环境	法律环境	社会文化环境	科学技术环境
合规审计的需求	√	√	√	√	√
合规审计的本质	√	√	√	√	√
合规审计的目标	√	√	√	√	√
合规审计的客体	√	√	√	√	√
合规审计的内容	√	√	√	√	√
合规审计的主体	√	√	√	√	√
合规审计的方法论	√	√	√	√	√

√表示可能有这种影响。

（三）审计环境对合规审计实务的影响

合规审计实务是指合规审计制度构建及其执行，其本身组成一个实务系统，政治环境、经济环境、法律环境、社会文化环境和科学技术环境作为系统之外对系统有影响的因素，会影响合规审计制度构建及其执行。这种影响有两个路径：一是直接影响合规审计制度构建及其执行。例如，在联邦制国家，不同层级的审计机关之间不存在领导和被领导的关系，而在单一制国家，不同层级的审计机关之间存在领导和被领导的关系，这是政治制度对合规审计制度构建的直接影响。二是间接影响，主要是审计环境通过影响合规审计理念进而影响合规审计实务。例如，我国经济处于转轨时期，政治、经济、法律、社会文化等都处于变革之中，在这种情况下，有学者分析了合规审计与治理的关系，认为合规审计是治理的免疫系统，通过预防功能、揭示功能和抵御功能发挥经济社会免疫作用，在这种审计理念的指导下，我国的合规审计制度得到全面的梳理。这就是审计环境影响了审计理念，而审计理念影响了审计制度构建。

审计环境会影响哪些合规审计实务？对于合规审计实务的构成要素，可以从不同视角来考虑，例如，将审计实务要素界定为“人法技”，“人”是指审计队伍建设，“法”是指审计法制建设，“技”是指审计工作手段和技术方法建设。本书认为，合规审计实务是合规审计制度建构及其执行，所以，需要从审计制度及其执行这个视角来理解合规审计实务，这里的审计制度应该包括正式制度和非正式制度。根据这个认识，合规审计实务由以下要素构成：合规审计法律规章、合规审计准则和行为规则、合规审计行为、合规审计文化。上述这些要素都可能受到合规审计环境的直接或间接影响。例如，国家的政治制度会影响国家基本法律中对合规审计地位的规定，主流民族文化价值观会影响审计行为，审计文化会受到主流民族文化价值观的影响。

哪些审计环境会影响合规审计实务？审计环境对合规审计实务的影响具有一定的随机性或权变性，并不存在一一对应的因果关系，一定的审计环境并不一定与特定的合规审计实务相对应，所以，审计环境与合规审计实务的关系具有非线性的特征，具有多元多轨性，在一些情形下，两者可能呈现相关关系。例如，在信息化背景下，分析性程序可能有更加广泛的用途，而在手工背景下，分析性程序的应用会受到较大的限制，这是科学技术环境与合规审计实务之间的相关关系。然而，在许多情形下，审计环境与合规审计实务之间并不存在这种相关关系，而是呈现较为复杂的关系，例如，各国的合规审计体制受到该国政治环境、经济环境、法律环境及社会文化环境的影响，表现为众多的环境因素共同影响合规审计体制，而合规审计体制又会影响审计业务类型（例如，当审计机关属于司法系列时，绩效审计的重视程度受到影响），而审计业务类型又会影响审计准则，当然，上述环境因素还可能对合规审计准则产生直接影响。

总体来说，合规审计环境和审计实务各要素间并不存在一一对应的因果关系，而是通过直接影响和间接影响两个路径，呈现复杂的非线性关系或相关关系，大致情形如表 1－13 所示。

表 1－13　审计环境对合规审计实务的影响

合规审计实务要素	审计环境				
	政治环境	经济环境	法律环境	社会文化环境	科学技术环境
审计法律规章	√	√	√	√	√
审计准则和行为规则	√	√	√	√	√
审计行为	√	√	√	√	√
审计文化	√	√	√	√	√

√表示可能有这种影响。

第 3 节　数据式合规审计的基本步骤

合规审计采用风险导向的审计思路，数据式合规审计就是将数据式审计与风险导向审计思路组合起来的合规审计，本节将介绍其基本步骤。

一、数据式合规审计的基本思路是风险导向审计

现代审计需要寻找审计重点，寻找审计重点有两个好处：一是提高审计效率，由于找到了审计重点，将主要审计资源投入审计重点，对于非重点领域，投入的审计资源较少，这就提高了审计效率；二是提高审计效果，由于找到了审计重点，这就为精准发现问题奠定了基础，直接审计目标的实现也就有了良好的基础，这就提高了审计效果。

然而，寻找审计重点的方式并不相同，目前有三种方法：一是制度基础审计，通过内部控制评估来寻找审计重点，通常内部控制缺陷越严重，与此相关的审计标的越是审计重点；二是风险导向审计，以风险评估为基础来确定审计重点，通常风险越高，与此相关的审计标的越是审计重点；三是凭经验，以经验为基础来判断审计重点。上述三种方法中，制度基础审计的缺陷在实务中显现很多，理论上有不少的文献专门分析制度基础审计的缺陷，审计职业组织大多数将审计准则从以制度基础审计为基础转换为以风险导向审计为基础，这其中的主要原因是，如果审计标的本身并不重要，即使其内部控制存在缺陷，也未必要将其作为审计重点，而制度基础审计恰恰没有做到这一点。至于凭经验来确定审计重点，在任何情形下审计人员的经验都是不可或缺的，但是如果主要依靠审计人员的经验来寻找审计重点，这种审计并不是现代审计，其审计结论也难以令人信服。就目前的审计发展水平来看，风险导向审计应该是选择审计重点的主流模式。

问题的关键是，风险导向审计如何应用于合规审计？如何将数据式审计这种方式应用于合规审计？

从广义上来说，合规审计风险包括未审计风险、审计失败风险、审计舞弊风险和屡审屡犯风险；从狭义来说，合规审计风险就是合规审计失败风险。本节从狭义的角度来使用合规审计风险。合规审计失败风险类似于财务信息审计的不当意见论，所以，可以借鉴财务信息审计风险模型来构建合规审计失败风险模型，如式（1－1）所示：

可接受合规审计失败风险＝行为偏差风险×检查风险×定性风险　（1－1）

上述风险模型，在不同的审计意见类型下，其运用方式不同。我们先来讨论发表合理保证审计意见时的模型。式（1－1）中，审计人员首先确定可接受合规审计失败风险，由于合规审计的固有限制，合规审计不可能保证将所有具有客观重要性的偏差行为都找出来，必须接受一定程度的审计失败，所以，合规审计失败风险是大于零但较低的数值。审计人员需要根据具体审计项目的一些相关因素来选择可接受合规审计失败风险水平。行为偏差风险是审计人员对被审计单位出现具有重要性的行为偏差的估计，审计人员做出这种估计的前期是了解被审计单位及其环境，然后将了解到的相关情况与特定的行为偏差联系起来，评估特定行为出现具有重要性偏差的可能性及严重程度，确定审计重点。被审计单位一般会建立一定的治理机制来应对行为偏差，所以，可以将行为偏差风险分解为固有风险和控制风险，前者是在没有治理机制的情形下行为偏差发生的可能性，后者是治理机制不能抑制行为偏差的可能性，二者结合起来就是行为偏差风险。但是，要尽力避免一种情形，就是在风险评估中，直接设定固有风险为100％，主要关注控制风险，这就将行为偏差风险评估的注意力集中到被审计单位的内部控制上，这可能会误导行为偏差风险的评估方向。确定可接受合规审计失败风险及评估行为偏差风险之后，根据式（1－1），就可以确定检查风险和定性风险。这里的检查风险是审计人员不能找出具有重要性的偏差行为的可能性，而定性风险是对找出的偏差行为不恰当定性的可能性，这两种风险都是由审计人员的审计工作所控制的，检查风险与审计取证相关，而定性风险则与审计定性相关。通常情形下，要根据审计项目涉及的特定行为所应该遵守的既定标准的复杂程度、清晰程度来设定定性风险水平，在此基础上确定检查风险水平。

以上阐述的审计风险模型以发表合理保证审计意见为前提，如果审计人员只发表有限保证审计意见，事实上只是对已经发现的偏差行为做出报告，在报告中对偏差行为予以定性，并不根据已经发现的偏差来推断行为的总体状况，所以不会形成实质性的审计失败风险，可能的审计风险是对找出的偏差行为做出不当的定性。所以，合规审计失败风险简化为式（1－2）：

合规审计失败风险＝定性风险　（1－2）

根据这个模型，审计人员只要对发现的偏差行为进行正确的定性，就没有实质性的审计失败风险，控制审计失败风险就是控制审计定性风险。

根据以上分析，风险导向合规审计的灵魂是风险评估，只是这里的风险是行为偏差风险、检查风险、定性风险，以及由它们决定的合规审计失败风险。就审计基本步骤来说，仍然遵守风险导向审计的基本步骤——风险评估和进一步审计程序，只是在最后要增加审计成果应用这个阶段，毕竟合规审计只发表审计意见还不够。所以，总体来说，风险导向合规审计的基本步骤分为五个阶段：审计准备，风险评估，进一步审计程序，审计报告，审计成果应用，其中，风险评估和进一步审计程序这两个阶段合并称为审计实施阶段。各基本步骤的主要工作内容如表 1－14 所示。

表 1－14　数据式合规审计的基本步骤

审计步骤	主要工作内容
审计准备	（1）组建审计小组
	（2）发送审计通知书
	（3）进行初步业务活动
	（4）制定总体审计策略
	（5）确定合规风险评估的具体方案
审计实施阶段之一：风险评估	（1）了解被审计单位及相关情况
	（2）确定进一步审计程序的总体方案
	（3）确定进一步审计程序的具体方案
审计实施阶段之二：进一步审计程序	（1）实施控制测试
	（2）实施实质性程序
审计报告	（1）总体复核
	（2）嫌疑问题定性
	（3）形成审计意见
	（4）编写审计报告及相关文件
审计成果应用	（1）审计过程中的审计成果应用
	（2）审计结果公告
	（3）审计处理处罚及后续跟踪
	（4）审计移送及后续跟踪
	（5）审计建议及后续跟踪
	（6）审计整改情况公告

很显然，由于选择的数据式审计取证模式不同，即使相同的步骤，具体操作也会存在较大的区别，下面我们对各步骤做一个简要介绍，具体的内容将在随后各章中阐释。

二、数据式合规审计各基本步骤的工作内容

（一）审计准备

合规审计准备阶段主要有五方面的工作：一是组建审计小组；二是发送审计通知书，民间审计不一定需要发送审计通知书；三是进行初步业务活动，主要是为了制定总体审计策略及编制风险评估的具体方案而对审计客体进行初步了解；

四是在此基础上，制定总体审计策略，包括审计范围的确定、审计取证模式的选择、审计意见类型的选择、审计重要性的初步确定、重要审计标的的确定，在命题论证型取证模式下，还要分解审计目标并初步确定可接受的审计风险；五是确定合规风险评估的具体方案，在不同的审计取证模式下，合规风险评估的具体方案不同。

（二）风险评估

合规审计实施阶段的主要任务是获取审计证据，根据风险导向审计的要求，必须在风险评估的基础上确定和实施进一步审计程序，这个阶段有三项主要工作：一是实施合规风险评估程序，主要是了解被审计单位及相关情况，这种审计程序的具体方案是在审计准备阶段已经确定了的，不同的审计取证模式、不同的审计意见类型会影响合规风险评估程序；二是根据合规风险评估的结果，确定进一步审计程序的总体方案，包括综合性方案和实质性方案的选择，不同的审计取证模式、不同的审计意见类型、不同的内部控制会影响进一步审计程序的总体方案；三是以进一步审计程序的总体方案为基础，确定进一步审计程序的具体方案，不同的审计取证模式、不同的审计意见类型会影响进一步审计程序的选择。

（三）进一步审计程序

进一步审计程序是基于风险评估程序的结果实施的审计程序，主要有两项工作：一是根据进一步审计程序的具体方案，实施控制测试，这个步骤不一定是必需的，如果认为内部控制不可靠，不一定会有该步骤；二是根据进一步审计程序的具体方案，实施实质性程序。

（四）审计报告

合规审计报告阶段的主要工作是对发现的问题予以定性并撰写审计报告，主要工作包括四个方面：一是总体复核，从总体上判断审计证据是否足够；二是对发现的缺陷行为予以定性；三是在审计定性的基础上，结合重要性判断和审计取证模式，确定审计意见的类型及具体的审计意见；四是以上述三步骤的工作为基础，撰写审计报告及相关文件。

（五）审计成果应用

合规审计的审计成果应用主要包括六个方面：一是审计过程中的审计成果应用，对于发现的特殊问题，以恰当的方式及时报告，形成审计成果的及时应用；二是公告审计结果；三是做出审计决定，对缺陷行为责任单位和责任人做出处理处罚，并跟踪决定的实施过程和结果；四是做出审计移送决定，并跟踪相关部门的处理结果；五是提出审计建议，针对缺陷行为产生的原因，提出完善相关体制、机制、制度的建议，并跟踪审计建议的实施过程和结果；六是公告审计整改情况，将上述各方面的整改情况予以公告。

本章小结

本章对合规审计做了一个简要介绍，包括：审计业务体系和审计方式体系；合规审计的基本框架；数据式合规审计的基本步骤。

审计业务类型有三种分类方法，一是从审计客体的角度进行分类，形成基于审计客体的审计业务体系；二是从审计内容的角度进行分类，形成基于审计内容的审计业务体系；三是从审计目标的角度进行分类，形成基于审计目标的审计业务体系。

对于审计方式，可以从不同的视角进行分类，不同的分类方法会形成不同的审计方式体系，基于审计工具的审计方式可分为计算机审计和手工审计，基于审计技术的审计方式可分为数据式审计和非数据式审计，基于审计地点的审计方式可分为现场审计和非现场审计，基于审计思路的审计方式可分为事实发现型审计和命题论证型审计，基于保证程度的审计方式可分为有限保证审计和合理保证审计，基于审计重点确定方式的审计方式可分为账项基础审计、制度基础审计/风险导向审计。

合规审计基本框架是对合规审计基本问题的理论阐释，包括合规审计需求、合规审计的本质、合规审计的目标、合规审计的客体、合规审计的内容、合规审计的主体、合规审计的实施框架、合规审计的环境。

风险导向合规审计的灵魂是风险评估，只是这里的风险是行为偏差风险、检查风险、定性风险，以及由它们决定的合规审计失败风险。合规审计失败风险模型是：可接受合规审计失败风险＝行为偏差风险×检查风险×定性风险。确定可接受合规审计失败风险及评估行为偏差风险之后，根据模型就可以确定检查风险和定性风险。风险导向合规审计的基本步骤分为五个阶段：审计准备，风险评估，进一步审计程序，审计报告，审计成果应用。

复习思考题

1. 从审计客体的角度进行分类，审计业务有哪些？
2. 从审计内容的角度进行分类，审计业务有哪些？
3. 从审计目标的角度进行分类，审计业务有哪些？
4. 审计方式有哪些分类？
5. 什么是合规审计需求？
6. 合规审计的本质是什么？
7. 合规审计的目标是什么？
8. 什么是合规审计的客体？

9. 合规审计的内容是什么?
10. 什么是合规审计的主体?
11. 合规审计的方法有哪些?
12. 合规审计的环境是什么样的?
13. 数据式合规审计的基本思路是风险导向审计，其具体内涵是什么?
14. 数据式合规审计有哪些基本步骤? 各步骤的工作内容是什么?
15. 什么是事实发现型审计?
16. 什么是命题论证型审计?

第2章

数据式合规审计的核心要素

学习目标

1. 掌握合规审计风险的相关内容
2. 掌握合规审计重要性的相关内容
3. 掌握合规审计意见的相关内容
4. 掌握合规审计电子数据分析的基本过程

引导案例

部门预算执行审计发现问题金额比例与审计评价意见

被审计单位	审计金额（万元）	发现问题金额（万元）	问题金额比例（%）	审计评价意见
A	2 384 860.97	24 463.54＋3 568.08	1.18	预算执行基本遵守预算法及相关法律法规，财务管理制度比较健全，会计核算基本符合会计法和相关财务制度的规定。
B	971 761.72	58 606.57＋7 945.15	6.85	预算执行基本遵守预算法及相关法律法规，财务管理制度比较健全，会计核算基本符合会计法和相关财务制度的规定。
C	112 400.13	2 823.93＋1 323.17	3.69	预算执行基本遵守预算法及相关法律法规，财务管理和会计核算基本符合会计法和会计制度的规定。

续前表

被审计单位	审计金额（万元）	发现问题金额（万元）	问题金额比例（%）	审计评价意见
D	419 176.77	18.42+1 199.74	0.29	预算执行基本遵守预算法及相关法律规定，会计核算基本符合会计法和相关会计制度，内部管理和控制不断强化。
E	556 813.18	8 594.85+15 761.51	4.37	预算收支基本符合预算法和其他财经法规的规定，财务管理、会计核算基本符合会计法和其他财务制度的规定。
F	96 958.20	599.79+17 678.06	18.85	预算执行基本符合预算法及其他法律法规的规定，本级财务管理较为规范，注重加强预算、财务以及固定资产等方面的制度建设，提高预算执行及财务核算管理水平。
G	477 960.01	4 223.07+8 703.15	2.7	预算收支基本遵守预算法及相关法律法规，财务管理、会计核算基本符合会计法及相关制度的规定。
H	182 562.98	17 096.07+7 572.34	13.51	预算收支基本遵守预算法及相关法律法规，财务管理和会计核算基本符合会计法及相关制度的规定。
I	523 672.64	1 467.7+24 266.86	4.91	预算收支基本符合预算法和其他财经法规的规定，财务管理、会计核算基本符合会计法及有关财务制度的规定，不断完善内部控制制度。
J	2 559 544.25	8 039.78+1 364.8	0.37	预算收支基本符合预算法及其他相关规定，会计核算基本符合会计法和相关财务制度的规定。
K	349 118.91	11 297.2+1 779.87	3.75	预算收支基本符合预算法及相关法律法规，财务处理基本符合相关法律和财务制度的规定，建立了较完善的内部控制制度并予以执行。
L	608 432.71	24 738.19+193 225.75	35.82	预算执行基本遵守预算法及相关法律法规，财务管理和会计核算基本符合会计法及相关制度的规定。
M	62 309.45	2 680.52+668.52	5.37	预算执行基本遵守预算法及相关法律法规，财务管理和会计核算基本符合会计法等相关法律和财务制度的规定。
N	378 639.20	11 524.81+140.57	3.08	预算执行基本遵守预算法及相关法律法规，按照会计法及有关规定的要求进行会计处理，加强财务管理和内部审计监督，进一步完善经费管理相关制度。

续前表

被审计单位	审计金额（万元）	发现问题金额（万元）	问题金额比例（%）	审计评价意见
O	173 131.72	755.09＋4 633.71	3.11	预算收支基本遵守预算法及相关法律法规，会计核算基本符合会计法和有关财会制度的规定，及时制定有关财务管理制度。
P	295 784.09	28 341.28＋4 607.43	11.14	预算收支基本遵守预算法及相关法律法规，财务管理和会计核算基本符合有关财务制度的规定。
Q	53 209.62	44 317.68＋1 380	85.88	预算收支基本符合预算法和其他财经法规的规定，财务管理、会计核算基本符合会计法和其他财务制度的规定。
R	635 439.95	43 779.87＋239 152.40	44.53	预算收支基本符合预算法和其他财经法规的规定，财务管理、会计核算基本符合会计法和其他财务制度的规定。
S	195 121.06	3 252.00＋0.00	1.67	预算收支基本符合预算法和其他财经法规的规定，财务管理和会计核算基本符合会计法及有关财务制度的规定。
T	156 832.31	24 255.88＋6 056.94	19.33	预算执行基本符合预算法和相关法律法规，财务管理和会计核算基本符合会计法及相关制度的规定。
U	80 820.06	697.90＋1 988.59	3.32	预算收支基本遵守预算法及其他法律法规的规定，会计处理基本符合会计法及有关制度的规定。
V	69 352.31	166.41＋0	0.24	预算收支基本遵守预算法及其他法律法规的规定，财务管理和会计核算基本符合会计法及有关会计制度的规定。
W	39 799.62	744.71＋0	1.87	预算执行基本符合预算法和其他财经法规的规定，财务管理基本符合会计法和有关会计制度的规定。
X	431 671.30	13 560.73＋7 713.59	4.93	预算收支基本符合预算法和其他财经法规的规定，财务管理、会计核算基本符合会计法和其他财务制度的规定。
Y	1 645 730.75	68 122.04＋13 768.4	4.98	预算执行基本遵守预算法和相关法律法规，财务管理和会计核算基本符合会计法及相关制度的规定。
Z	97 200	3 711.86＋1 189.15	5.04	预算执行基本遵守预算法和相关法律法规，财务管理和会计核算基本符合会计法及相关制度的规定，逐步建立和完善相关内部控制制度。

思考题：从这些数据来看，预算执行审计中是否应用了审计重要性标准？对哪些审计主题发表了审计意见？从发表的审计意见来看，是合理保证审计意见还是有限保证审计意见？从现行审计实务来看，审计取证模式是否支持发表这种类型的审计意见？

数据式合规审计有一些要素贯穿审计的全过程，这些要素相关内容不适宜分不同的阶段介绍，本章将这些要素称为数据式合规审计的核心要素，它们包括：合规审计风险、合规审计重要性、合规审计意见、合规审计电子数据分析的基本过程。本章将对这些内容做一个系统的介绍。

第 1 节　合规审计风险

数据式合规审计以风险导向审计为基础，而风险导向审计的审计取证程序包括两个基本步骤，一是风险评估，二是进一步的审计程序。本节将对合规审计风险的相关内容做一个较全面的介绍。

一、合规审计风险的概念

关于什么是审计风险有不少的研究，不过，这些研究大多以审计人员从事的财务信息审计为背景，其结论对于合规审计不一定适用。关于什么是审计风险，有两种主流观点，一是不当意见论，二是损失可能论。不当意见论认为，审计风险是指审计人员发表与事实不符的审计意见的可能性；损失可能论认为，审计风险是指审计业务给审计主体带来损失的可能性。上述两种观点都不适用于合规审计风险。就不当意见论来说，合规审计意见有合理保证和有限保证两种情况。如果发表合理保证审计意见，则需要从样本推断总体，可能出现错误的审计意见；如果发表有限保证审计意见，仅就审计发现做出报告，并没有从样本推断总体，一般不会产生错误的审计意见。因此，根据不当意见论，发表有限保证审计意见的合规审计基本上没有审计风险。就损失可能论来说，在合规审计业务中，如果审计组织发表有限保证审计意见，则追究其责任较为困难，合规审计业务给审计组织带来损失的可能性很小。正是由于上述原因，我们认为，不当意见论和损失可能论都不适用于合规审计风险。

那么，什么是合规审计风险呢？这需要从风险说起。现有文献对风险的认识有损失论和目标偏离论两种主流观点。损失论认为，风险是损失的可能性或不确定性。目标偏离论认为，风险是实际结果与预期结果的偏离，或者是实际结果偏离预期结果的概率。事实上，损失论和目标偏离论具有兼容性，目标偏离论强调风险的原因，而损失论强调风险的结果，正是因为目标偏离了，才会有损失，如果目标达成了，损失也就不会出现。所以，损失论和目标偏离论是异曲同工。

基于对风险的上述认识，我们采用目标偏离论来界定合规审计风险。根据目标偏离论，合规审计风险是指合规审计的目标未能达成的概率。那么，合规审计的目标是什么呢？虽然各个国家、各个组织对合规审计目标的具体界定可能不同，但一般来说可以分为直接目标和终极目标，直接目标是审计人员在合规审计项目中的目标，而终极目标是合规审计利益相关者希望通过合规审计得到的结果。很显然，直接目标是终极目标的基础，没有直接目标的实现，终极目标就没有达成的基础。但是，二者存在重大差别，就直接目标来说，应该是找出偏差行为，并就其合规性发表意见；就终极目标来说，应该是通过合规审计促使被审计单位的行为越来越合规，相关行为的合规性越来越高。

根据上述对审计目标的理解，合规审计风险可以从审计人员角度和利益相关者角度分别界定。就审计人员来说，合规审计风险是指未能发现被审计单位存在的偏差行为，对行为合规性发表了错误的审计意见，具体有两种情形：一是审计人员未舞弊，但存在过失，未能发现被审计单位存在的偏差行为，这种审计风险称为审计失败风险；二是审计人员存在舞弊，没有发现或没有报告被审计单位存在的偏差行为，这种审计风险称为审计舞弊风险。很显然，审计人员的审计风险的这种界定类似于财务信息审计风险的不当意见论，但我们是以目标偏离论的逻辑得出这个结论的。因为审计人员的直接目标是找出已经存在的偏差行为，如果没有找出偏差行为，实质上就是审计目标没有达成，也就是目标偏离，所以，合规审计风险是以目标偏离论为基础的。同样，根据目标偏离论，就利益相关者来说，合规审计风险是指通过合规审计来抑制偏差行为的目标没有达成，具体也有两种情形：一是根本就没有委托或指派审计组织实施合规审计，被审计单位存在的偏差行为不能得到抑制，这种风险称为未审计风险；二是委托或指派审计组织实施合规审计，但被审计单位的偏差行为并未得到抑制，这种审计风险称为屡审屡犯风险。概括起来，合规审计风险类型如表2-1所示。

表2-1　合规审计风险类型

风险主体	审计目标	目标偏离的原因	审计风险类型
审计人员	发现被审计单位存在的偏差行为	审计人员存在过失	审计失败风险
	发现被审计单位存在的偏差行为	审计人员存在舞弊	审计舞弊风险
利益相关者	抑制被审计单位偏差行为	未委托或未指派审计组织实施合规审计	未审计风险
	抑制被审计单位偏差行为	委托或指派审计组织实施了合规审计，但未能抑制被审计单位偏差行为	屡审屡犯风险

表2-1显示，合规审计风险包括审计失败风险、审计舞弊风险、未审计风险、屡审屡犯风险。但是，现实生活中，从审计人员角度出发，主要关注审计失败风险，在合规审计中也就是合规审计失败风险，这种风险也称为狭义的合规审计风险，本书随后的内容从狭义角度来使用合规审计风险/合规审计失败风险。

二、合规风险评估的目的

数据式合规审计的基本思路仍然是风险导向审计，在合规风险评估阶段，由于审计意见类型不同，所以风险评估模型并不相同。在审计准备阶段，审计人员以初步业务活动为基础，确定总体审计策略，这其中就包括审计意见类型的选择，即发表有限保证审计意见还是合理保证审计意见，不同审计意见下，风险评估的思路有区别，从而风险评估的目的也有区别。

（一）合理保证审计意见下的合规审计风险评估目的

在合理保证审计意见类型下，合规审计风险评估模型如式（2－1）所示：

$$可接受合规审计失败风险=行为偏差风险\times 检查风险\times 定性风险 \quad (2-1)$$

对式（2－1）进行变换，得到式（2－2）：

$$检查风险\times 定性风险=\frac{可接受合规审计失败风险}{行为偏差风险} \quad (2-2)$$

根据式（2－2），审计人员要得到公式左边的“检查风险×定性风险”，就必须确定公式右边的“可接受合规审计失败风险”和“行为偏差风险”，这两项工作就是合规风险评估的主要内容。

“检查风险×定性风险”是设计进一步审计程序的基础，而“可接受合规审计失败风险”和“行为偏差风险”则是确定“检查风险×定性风险”的基础，所以，总体来说，风险评估的主要目的是为确定进一步审计程序奠定基础。这种奠定基础的实质就是寻找审计重点。这里的审计重点是用行为偏差风险来衡量的，行为偏差风险越高，越是审计重点。而进一步审计程序则体现了审计资源的配置，审计资源配置跟着审计重点走，实质上就是审计资源跟着行为偏差风险走，风险越高的事项，配置的审计资源越多。所以，从本质上来说，合规风险评估是解决合规审计如何抓重点的问题、如何配置审计资源的问题，也就是如何提高合规审计效率效果的问题。如果审计重点抓到了，以合理保证找到具有重要性的违规问题也就有了保障，合规审计失败风险自然也就控制了。所以，抓住审计重点与控制合规审计失败风险是同向同行的。

（二）有限保证审计意见下的合规审计风险评估目的

如果审计人员只发表有限保证审计意见，事实上只是对已经发现的偏差行为予以定性和报告，并不是根据已经发现的偏差来推断总体状况，所以，行为偏差风险评估的失败及未能找出具有重要性的偏差行为，事实上并不会形成实质性的审计失败风险。可能的审计风险是对找出的偏差行为做了不当的定性，这种情形下的合规审计失败风险简化为式（2－3）：

$$可接受合规审计失败风险=定性风险 \quad (2-3)$$

在这种情形下，合规风险评估并不需要为控制合规审计失败风险服务，最主要的目的是寻找审计重点，通过合规风险评估，找出进一步审计程序的重点领域，以提高审计效率、效果。

三、合规风险评估的对象

（一）不同层级的合规风险评估对象

就合规风险的评估对象来说，可以划分为专门项目层级风险（programme level）、特定行为及其标的层级风险和单位层级风险（entity level），这里的专门项目是独立运作且具有独立的法律法规、规章制度的专门事项或项目。一般来说，审计人员在合规审计中需要对专门项目整体合规性发表意见或报告审计发现，任何一个这类专门项目都需要特定的法律法规、规章制度，这类专门项目的利益相关者都会容忍一定程度的偏差，这就是该专门项目的可容忍合规风险，超出这个程度的偏差就是不可容忍的合规风险。这里的特定行为是营运专门项目的各类活动，一个专门项目可以分解为多个特定行为，对于某类特定行为，利益相关者也会容忍一定程度的偏差，这就是该特定行为的可容忍合规风险，超出这个程度的偏差就是不可容忍的合规风险。特定行为还要分解为审计标的，引起特定行为发生的交易或事项就是特定行为的审计标的，一个特定行为可能只有一个交易或事项，也可能有多个交易或事项。这里的单位就是被审计单位，在许多情形下，一个单位要遵守不少的法律法规、规章制度，会有多个专门项目，对于该单位整体也就存在一个可容忍最大偏差的问题，这是各个专门项目的偏差的集合。上述四个层级的风险评估对象形成四个层级的合规风险，它们之间是分解与集合的关系，如图 2-1 所示。

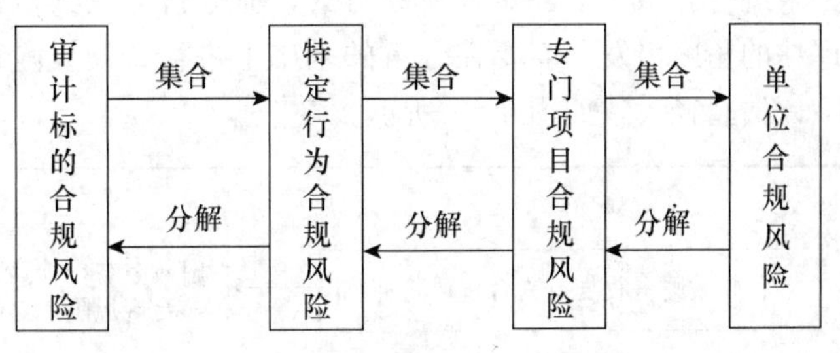

图 2-1　四个层级的合规风险评估对象

图 2-1 显示，四个层级的合规风险评估对象之间有集合和分解两种关系。从分解的路径来看，单位合规风险分解为若干专门项目合规风险，而每类专门项目合规风险又分解为若干特定行为合规风险，特定行为合规风险又分解为相应的审计标的合规风险。这里的关系是，单位分解为专门项目，专门项目分解为特定行为，特定行为分解为审计标的。从集合的路径来看则恰恰相反，若干审计标的合规风险集合起来形成特定行为合规风险，若干特定行为合规风险集合起来形成专

门项目合规风险，而一定单位的全部专门项目的合规风险集合起来就是该单位的合规风险。不同层级的合规风险评估对象之间的这种分解和集合关系告诉我们，合规风险评估有多个层级，并且各个层级之间密切关联，不能割裂不同层级的关联来评估合规风险。

（二）不同行为的合规风险评估对象

合规审计以行为作为审计主题，从内容来看，行为可以分为业务行为、财政财务行为和其他行为。

业务行为是履行本组织或本岗位职责所发生的行为。不同组织或不同岗位的人员具有不同的职责，从而具有不同的业务行为。

财政财务行为是与资金相关的各项行为。不同的组织或不同的岗位，其资金来源及使用不同，人员与资金相关的职责不同，从而具有不同的财政财务行为。对于企业单位来说，资金筹集、资金使用和利润分配是主要的财政财务行为。对于行政事业单位来说，财政财务行为主要包括预算管理、收入管理、支出管理、采购管理、资产管理、往来资金结算管理、现金及银行存款管理。

其他行为是业务行为和财政财务行为之外但与经管责任履行相关的其他各项行为。例如，对于企业来说，人力资源管理、环境管理、公益事业等都是与经管责任履行相关的行为。对于行政事业单位来说，人员招聘、政府采购、物业管理、公务接待等都是与经管责任履行相关的行为。

不少文献指出，审计内容是财政财务收支及相关经济活动，上述财政财务行为就是财政财务收支，而业务行为及其他行为就是相关经济活动。所以，两种表述并无实质差别。基于以上认识，按行为的内容，合规风险分为财政财务行为合规风险、业务行为合规风险和其他行为合规风险，合规风险评估也可以按上述三种类型来进行。事实上，财政财务行为、业务行为及其他行为还有多种类型，从风险评估的角度出发，需要在分解的基础上进行合规风险评估，所以，行为层级的风险评估路径大致如图 2－2 所示。

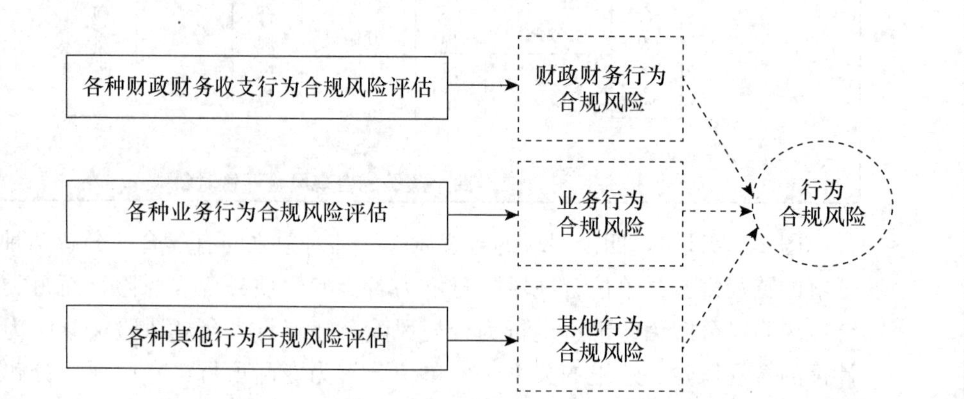

图 2－2 不同行为内容的合规风险评估对象

上述从行为内容角度界定的合规风险评估对象主要是基于特定行为层级，本节前面已经指出，某专门项目的所有特定行为的合规风险集合起来可以形成该专门项目的合规风险，而某单位所有专门项目的合规风险集合起来可以形成该单位的合规风险，所以，按行为内容进行风险评估是基础性的合规风险评估。

（三）细节层级的风险评估对象：特定行为的审计标的及审计具体目标

要使风险评估具有针对性，还必须按特定行为的审计标的进行风险评估，也就是确定不同审计标的不能实现审计具体目标的可能性。要进行这些层级的风险评估，必须确定特定行为的审计标的及其相应的审计具体目标。

特定行为的审计具体目标就是审计人员希望通过对该审计主题的审计得到什么结果。这种审计目标分两个层级，首先是审计总目标（审计标准在该审计主题上的体现），这是针对审计主题这个层级，特定行为的审计总目标是合规性。有了审计总目标，就有了审计的大方向。但是，要具体实施审计，还需要将总目标细分到具体的审计标的上，这里有两个细分，一是将特定行为分解为具体的审计标的，二是将审计总目标分解到具体的审计标的上，确定审计标的的审计具体目标（审计标准在该特定审计标的上的体现）。通过上述过程，就形成了审计标的及其相对应的审计具体目标所组成的审计内容体系。上述过程如图 2-3 所示。

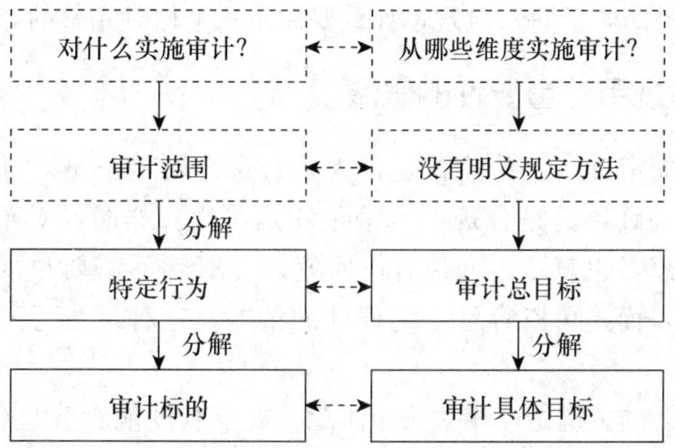

图 2-3　合规审计内容体系

如何确定特定行为的审计标的和审计具体目标？就审计标的来说，特定行为的审计标的就是导致该类行为发生的交易或事项；就审计具体目标来说，就是将审计总目标落实到审计标的上，一般包括发生性、完整性、准确性、截止、分类、范围、标准，发生性是指导致该类行为发生的交易或事项是真实的或不存在虚构；完整性是指所有导致该类行为发生的交易或事项不存在遗漏或低估；准确性是指导致该类行为发生的交易或事项的相关数据是正确的；截止是指导致该类行为发生的交易或事项已经记录于恰当的期间或不存在不同时期的张冠李戴；分类是指对导致该类行为发生的交易或事项分类正确或不存在不同类型行为之间的张冠李戴；范围是指导致该类行为发生的交易或事项确实属于该类行为的范围或不存在范围扩大或缩小；标准是指导致该类行为发生的交易或事项以规定的数量标准或质量标准发生或不存在提高或降低标准。以“三公经费”为例，其审计标的和审计具体目标如表 2-2 所示。

表 2-2 “三公经费”的审计标的和审计具体目标

特定行为	审计标的	审计具体目标
因公出国经费	因公出国行为	发生性，完整性，准确性，截止，分类，范围，标准
公务车购置及运行费	公务车购置行为、公务车运行支出	发生性，完整性，准确性，截止，分类，范围，标准
公务招待费	公务招待行为	发生性，完整性，准确性，截止，分类，范围，标准

第 2 节 合规审计重要性

合规审计重要性是合规审计总体策略的重要内容，在审计准备阶段，审计人员根据初步业务活动的结果初步确定重要性，在后续各审计阶段，都需要运用审计重要性。本节将对合规审计重要性做一个相对完整的介绍。

一、合规审计重要性的概念

合规审计主要关注特定行为是否符合既定标准，如果特定行为与既定标准的要求一致，就是合规，有偏差就是违规。然而，对于违规是否有容忍？如果是零容忍，也就是不允许有任何偏差，那就不需要重要性这个概念。如果不是零容忍，而是可以容忍一定程度的偏差，这种可容忍的最大程度就是合规审计重要性。

问题的关键是，相关法律法规、规章制度能否容忍偏差呢？我们认为，应该容忍一定程度的偏差，原因有三个方面：第一，相关法律法规、规章制度作为特定行为的既定标准需要特定主体遵守，利益相关者根据特定主体对这些既定标准的遵守情况来做出自己的决策。这些利益相关者对特定主体的特定行为可能存在一定的容忍度，也就是说，一些偏差的存在并不会改变利益相关者的决策，这就意味着合规审计可以有重要性判断。第二，就成本效益原则来说，如果对偏差行为零容忍，可能要花费较大的成本，却不能获得相应的边际价值，得不偿失。第三，相关法律法规、规章制度本身可能存在不完善之处，偏离这些既定标准不会影响这些既定标准的宗旨。

既然利益相关者对特定主体的特定行为偏差并不是零容忍，那么其可以容忍的最大程度就是合规审计重要性。进一步说，即使特定主体的特定行为存在不高于重要性程度的偏差，也认为特定主体的该特定行为是合规的，利益相关者不会改变其相关决策。但是，如果特定主体的特定行为偏差超出该重要性程度，则认为特定主体的该特定行为违规，利益相关者会改变其相关决策。

二、合规审计重要性的类型

从本质上说，合规审计重要性是可以容忍的最大偏差程度，在这个内涵的基础上，合规审计重要性具有丰富的外延，包含多种类型的重要性。

从合规审计重要性的相关主体来说，包括利益相关者和审计人员，前者是合规审计报告的使用者，后者是合规审计报告的生产者，根据这两种不同的相关主体，合规审计重要性分为客观重要性和估计重要性。客观重要性是会影响合规审计利益相关者理性判断或决策的重要性，也就是这些利益相关者的最大可容忍偏差。一般来说，不同的利益相关者可能会有不同的可容忍程度，所以，客观重要性具有多样性和客观性。同时，不同利益相关者的可容忍程度一般不为外界所熟知，所以，客观重要性具有不可确定性。估计重要性是审计人员在合规审计的各个阶段所使用的重要性，由于这种重要性是审计人员基于相关信息的估计，所以称为估计重要性。这种重要性可能与客观重要性存在差异，只有当审计人员的估计重要性接近利益相关者的客观重要性时，审计风险才较低；如果估计重要性高于客观重要性，则审计风险增大；如果估计重要性大大低于客观重要性，会导致审计效率降低。

从合规审计重要性的判断标准来说，合规审计重要性分为数量重要性和性质重要性。数量重要性主要从金额方面考虑重要性，有时从非金额的数量方面考虑重要性，这种重要性也称为重要性水平。性质重要性是从偏差行为的性质角度来考虑重要性，在某些情况下，某些偏差行为是否从数量方面来考虑可能并不重要，但是其性质特殊，可能对合规审计利益相关者的决策产生重要影响以至于改变其决策，这种偏差行为就具有性质重要性。所以，对于偏差行为，不能只是从数量上考虑其重要性，还要从性质上考虑其重要性。

从合规审计业务类型来说，合规审计重要性可以分为财务合规审计重要性、业务合规审计重要性和其他合规审计重要性。财务合规审计关注财务收支行为是否合规，财务合规审计重要性是可容忍的财务收支行为的偏差程度。业务合规审计关注业务行为是否合规，业务合规审计重要性是可容忍的业务行为的偏差程度。其他合规审计是财务收支行为、业务行为之外的其他各种行为是否合规的审计，其审计重要性是相应类型的行为的偏差程度。

从合规审计重要性的应用来说，可以按重要性的层级来划分，也可以按重要性的应用阶段来划分。按重要性的应用层级，合规审计重要性可以划分为专门项目层级重要性、特定行为层级和单位层级重要性，甚至还可以确定特定行为的审计标的层级的重要性。这里的专门项目是独立运作且具有独立的法律法规、规章制度的专门项目或事项，审计人员在合规审计中需要对专门项目整体合规性发表意见或报告其审计发现，任何一个这类专门项目都需要特定的法律法规、规章制度，这类专门项目的利益相关者都会容忍一定程度的偏差，这就是该专门项目的合规重要性；这里的特定行为是营运专门项目的各类活动，一个专门项目可以分解为专门项目相关的特定行为，对于某类特定行为，利益相关者也会容忍一定程度的偏差，这就是该特定行为的合规重要性。特定行为层级重要性受专门项目层级重要性的约束。这里的单位（entity）是被审计单位，在许多情形下，一个单位会有多个专门项目，需要遵守不少的法律法规、规章制度，对于该单位整体也就存在一个可容忍最大偏差的问题，这是各个专门项目的偏差之集合。

此外，按重要性应用阶段，合规审计的准备阶段、实施阶段和报告阶段都会用到重要性，所以，合规审计重要性可以划分为计划重要性、执行重要性和评价重要性。上述两种按重要性应用的分类方法结合起来，如表 2-3 所示。

表 2-3　　合规审计重要性的类型（按应用层级和应用阶段）

专门项目		不同审计阶段的重要性		
		计划重要性	执行重要性	评价重要性
不同应用层级（归属对象）的重要性	专门项目层级	√	√	√
	单位层级	√	√	√
	特定行为层级	◆	◆	◆

√表示必须有这种重要性。
◆表示可能有也可能没有这种重要性。

三、合规审计重要性的特征

要深刻理解合规审计重要性，还需要把握合规审计重要性的一些特征，正是这些特征使得对合规审计重要性的职业判断具有特色，并且不同的审计人员对合规审计重要性的判断呈现差异性。关于财务信息审计重要性的特征有不少的研究，借鉴这些研究，我们认为，合规审计重要性具有模糊性、相对性、系统性等特征。

（1）模糊性。合规审计重要性是由审计人员估计而得的，要估计重要性，审计人员必须对影响合规审计重要性的因素了然于胸。不同的审计人员对合规审计重要性的影响因素会产生认知差异，同时，对于特定的因素如何影响合规审计重要性也会有认知差异。正是这些认知差异的存在，再加上审计人员的利益动机不同，使得不同的审计人员对合规审计重要性有不同的估计，进而使得合规审计重要性不具有唯一性，呈现模糊性。

（2）相对性。合规审计重要性标准需要根据特定的环境因素来考虑，没有放之四海而皆准的重要性标准。不同单位的重要性有差异，不同专门项目的重要性有差异，不同特定行为的重要性也有差异，所以，合规审计重要性具有相对性。

（3）系统性。合规审计重要性在审计的全过程中都得到应用，但是，在审计的不同阶段，合规审计重要性有差别，从而形成了不同审计阶段的重要性，包括计划重要性、执行重要性和评价重要性。同时，合规审计不同应用层级也有不同的重要性，单位整体层级、专门项目层级和特定行为层级都有自己的重要性。尽管合规审计重要性有多种形态，但是，计划重要性、执行重要性和评价重要性三者密切关联，单位整体层级、专门项目层级和特定行为层级同样密切关联。这种多种类型、多种层级且密切关联的重要性，共同形成一个重要性系统。

四、合规审计重要性的用途

以上分析了合规审计重要性的概念、类型及特征，接下来的问题是，在合规审计中，审计重要性究竟有什么作用？对于这个问题，我们从三个角度来分析：合规审计重要性与合规审计目标，合规审计重要性与合规审计效率，合规审计重要性与合规审计风险。

（一）合规审计重要性与合规审计目标

合规审计的审计主题是相关行为，合规审计是为了鉴证相关行为是否符合既定标准，并将这种鉴证结果传递给利益相关者。就审计人员的审计目标来说，主要是鉴证相关行为的合规性，在鉴证合规性时，对于偏差行为会有一定的容忍程度，只有超过容忍程度的偏差行为才会确定为违规行为。事实上，也就是鉴证相关行为是否存在具有重要性的偏差，如果存在具有重要性的偏差，该行为就不合规；如果不存在具有重要性的偏差，该行为就是合规的。所以，合规审计的关键是寻找具有重要性的偏差，而某偏差是否具有重要性需要有一个判断标准，这个判断标准就是合规审计重要性。所以，合规审计重要性宽松程度与合规审计目标的范围域密切相关，合规审计重要性越宽松，合规审计目标的范围域就越宽大；反之亦然，即合规审计目标越细致，则合规审计重要性越严格。从逻辑上来说，应该是合规审计目标决定合规审计重要性，而合规审计重要性是实现合规审计目标的重要支撑之一，缺乏适宜的审计重要性，合规审计目标就难以实现。以上所述合规审计重要性与合规审计目标之间的关系如图 2-4 所示，合规审计目标越细致，合规审计重要性越严格。

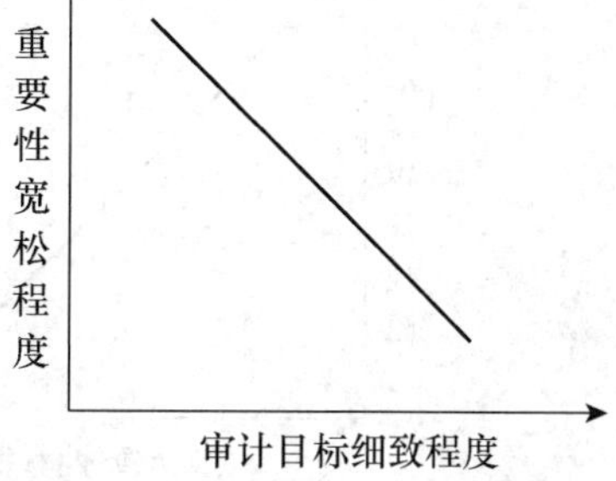

图 2-4　合规审计重要性宽松程度与审计目标细致程度的关系

（二）合规审计重要性与合规审计效率

合规审计的实施过程就是寻找具有重要性的偏差行为。某些偏差行为即使存在，也不影响行为的整体合规性。也就是说，如果某些偏差行为不具有重要性，这些偏差行为的审计程序就可以简化，在极端的情形下，甚至可以忽略。所以，合规审计重要性为合规审计确定审计重点、设计审计方案提供了指南，凡是具有重要性的偏差行为，应作为重点；凡是不具有重要性的偏差行为，可以简化审计程序。这样一来，相对于没有审计重要性指导的审计思路，在审计重要性指导下的审计思路就提高了审计效率。一般来说，合规审计重要性越宽松，可以简化审计程序的行为范围就越广，审计效率也就越高；反之，合规审计重要性越严格，可以简化审计程序的行为范围就越窄，审计效率也就越低。所以，总体来说，合规审计重要性宽松程度是合规审计效率的基础。上述合规审计重要性宽松程度与合规审计效率的关系如图 2－5 所示，合规审计重要性越宽松，审计效率越高。

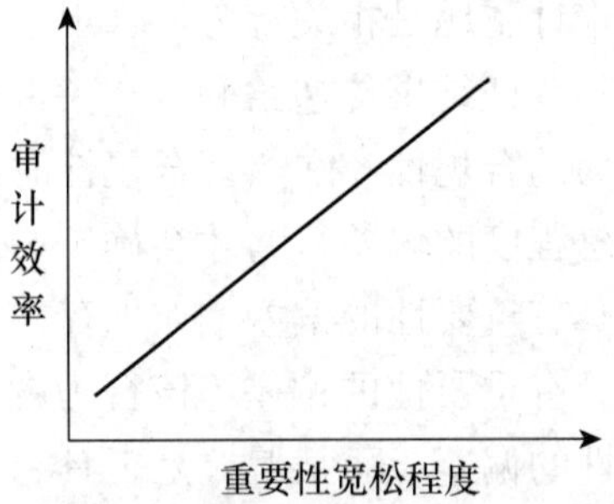

图 2－5　合规审计重要性宽松程度与审计效率的关系

（三）合规审计重要性与合规审计风险

合规审计重要性并不只是决定审计效率，与审计风险也密切关联，是控制合规审计风险的重要路径。如果将审计风险界定为最终审计风险，审计重要性界定为客观重要性，则审计重要性与审计风险是负相关关系，即客观重要性越宽松，最终审计风险越低，二者的关系如图 2－6 所示。

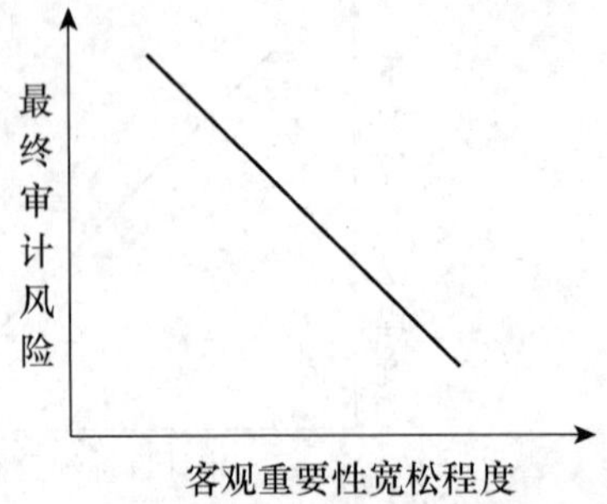

图 2－6　客观审计重要性与最终审计风险的关系

由于审计风险有多种类型，审计重要性也存在多种类型，所以，并不存在一个简单的结论，上述负相关关系并不适用于所有的审计重要性与审计风险之间的关系，财务信息审计如此，合规审计也是如此。下面我们来具体分析。

前已述及，合规审计重要性按相关主体可分为客观重要性和估计重要性，而合规审计重要性按应用阶段可以分为计划重要性、执行重要性和评价重要性。就合规审计风险来说，可以区分为审计人员评估的审计风险和审计人员选择的审计风险，前者是客观存在的，审计人员只是评估，它与审计重要性关联不大。而审计人员选择的审计风险包括可接受审计失败风险、检查风险、最终审计风险。各种合规审计风险及各种合规审计重要性的关系如表2-4所示，不同组合情形下，审计重要性与审计风险的关系可能不同。

表2-4 合规审计重要性与审计风险的组合情形

专门项目		合规审计重要性			
		客观重要性	估计重要性		
			计划重要性	执行重要性	评价重要性
合规审计风险	可接受审计失败风险	组合A1	组合B1	组合C1	组合D1
	检查风险	组合A2	组合B2	组合C2	组合D2
	最终审计风险	组合A3	组合B3	组合C3	组合D3

就组合A1，A2，A3来说，各种重要性都是利益相关者角度的重要性，也就是利益相关者对偏差行为的容忍程度，由于这些重要性是在审计人员之外客观存在的，所以，称为客观重要性。很显然，客观重要性越宽松，最终审计风险越低，二者是负相关关系。然而，就可接受审计失败风险和检查风险来说，客观重要性越宽松，意味着审计证据的证明力要求越低，所以，可接受审计失败风险、检查风险越高，审计风险与审计重要性之间是正相关关系，而不是负相关关系。

就组合B1，B2，B3来说，审计重要性已经不是客观重要性，而是审计人员在准备阶段估计的重要性，可接受审计失败风险、检查风险越低，要求审计证据的证明力越强，审计程序越谨慎，重要性越严格，二者是正相关关系；就最终审计风险来说，计划重要性越低，执行重要性也就越低，审计证据的证明力也就越强，最终审计风险也就越低，二者之间仍然是正相关关系。

就组合C1，C2，C3来说，审计重要性是执行重要性，由于它以计划重要性为基础，即按计划重要性的一定比例确定执行重要性，所以，审计重要性与各种审计风险之间的关系与组合B1，B2，B3相同，也是正相关关系。

就组合D1，D2，D3来说，组合D1，D2已经没有实质性意义，关键是组合D3——评价重要性与最终审计风险之间的关系。很显然，评价重要性越宽松，最终审计风险越高；也就是说，要求的最终审计风险越低，评价重要性越严格。所以，就组合D1，D2，D3来说，各种审计风险与审计重要性是正相关关系。

综合上述后三组组合，各种审计风险与各种估计重要性是正相关关系，如图 2-7 所示，估计重要性越宽松，审计风险越高；或者说，要求的审计风险越低，估计重要性越严格。

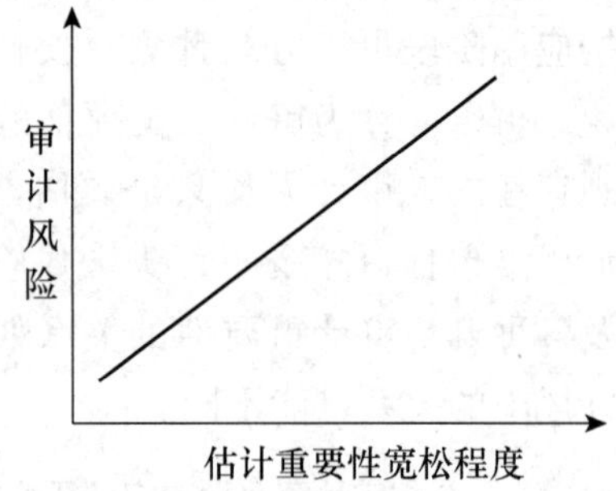

图 2-7 估计重要性宽松程度与审计风险的关系

五、如何应用合规审计重要性

既然合规审计重要性与审计目标、审计效率和审计风险都密切相关，那么接下来的问题是，如何应用合规审计重要性？合规审计重要性在合规审计各个阶段都有应用，在准备阶段，应用计划重要性确定审计策略；在实施阶段，应用执行重要性确定审计方案；在报告阶段，应用评价重要性得出审计结论。下面分别阐述各阶段重要性的具体应用。

（一）合规审计准备阶段如何应用重要性

在合规审计准备阶段，审计人员主要是估计重要性，数量重要性和性质重要性需要分别考虑。同时，还需要按单位层级、专门项目层级和特定行为层级分别估计重要性标准。

（1）无论是数量重要性还是性质重要性，都要站在利益相关者的角度来确定。某种行为偏差是否具有重要性，要从利益相关者的角度来判断，不能站在审计人员的角度来判断。由于合规审计的利益相关者并不披露，所以，审计人员并不知道利益相关者的重要性标准，也就是说，审计人员对合规审计的客观重要性并不知晓。在这种情形下，审计人员如何估计重要性标准？从逻辑上来说，有两种情形：一是合规审计主要是为特定利益相关者服务，在这种情形下，审计人员需要站在特定利益相关者的角度来估计重要性标准；二是合规审计并不是为特定利益相关者服务，而是具有较广泛的利益相关者，在这种情形下，审计人员要考虑各种利益相关者的需求，从中选择较为稳健的重要性标准。很显然，由于上述原因，合规审计重要性标准的选择更需要职业判断，可能出现差异性或不一致性。

（2）根据合规审计重要性应用层级，需要按单位层级、专门项目层级和特定行为层级分别估计重要性标准，可能还会涉及特定行为审计标的层级的重要性。然而，最基础的重要性是专门项目层级重要性，我们先来讨论这个层级的重要性标准如何估计。类比财务信息审计，这个层级的重要性类似于财务报表整体层级的重要性，其确定方法可以参照财务报表整体层级重要性的确定方法。从数量重要性来说，可以考虑一些影响重要性的因素，选择一些基准数据，按一定的比例确定专门项目层级重要性。目前，财务信息审计已经有一些应用广泛的基准数据和比率，然而，合规审计尚缺乏这些基准数据和比率。一般认为，合规审计应该比财务信息审计更加严格，也就是说，人们对偏差行为的容忍程度低于对财务信息错报的容忍程度。从性质重要性来说，主要是考虑法律法规、规章制度的明确要求，凡是涉嫌犯罪的偏差行为，一般都具有重要性；越是涉及违反硬性规定的偏差行为，越可能具有重要性；越是谋取个人利益、局部利益的偏差行为，越可能具有重要性。

（3）合规审计中，专门项目要分解为特定行为，在专门项目层级重要性确定之后，是否要为所有的特定行为都确定重要性，从逻辑上来说，具有可选择性：一是为所有的特定行为都确定重要性；二是为某些特定行为确定重要性，其他行为则不确定重要性。然而，审计方案设计需要重要性的指导，所以，通常情形下，需要为所有的特定行为都确定重要性，在确定某些利益相关者特别关注的特定行为的重要性时，要更加谨慎。那么，如何确定特定行为层级重要性呢？合规审计特定行为层级重要性的确定有两种方法，一是不分配的方法，二是分配的方法。不分配的方法是将各个行为视同独立的审计专门项目，根据相关的特定情形，单独确定其重要性；而分配的方法，一般是将专门项目层级重要性按一定的方法在组成专门项目的所有特定行为中进行分配，主流方法是差别比率法，也可以采用德尔菲法、层次分析法（AHP）等。在一些特定情形下，可能需要按上述思路确定特定行为的审计标的的重要性。

（4）当一个单位有多个专门项目时，如果需要对单位整体行为合规情况发表意见，就涉及单位层级重要性。例如，某事业单位有提供事业经费的一般预算，有提供科研经费的专项预算，还有建设实验室的基建预算，在这种情形下，一般预算、专项预算、基建预算分别形成专门项目，有各自的重要性，需要确定各专门项目内的特定行为层级的重要性。然而，该事业单位作为一个整体，还应该有单位层级的重要性。一般来说，以各专门项目的金额、地位、利益相关者关注程度、社会敏感性等为基础，确定各项权重，根据各专门项目的重要性，按加权平均的方法计算单位层级重要性。

（二）合规审计实施阶段如何应用重要性

在合规审计实施阶段（包括风险评估和进一步审计程序），审计人员需要将准备阶段估计的计划重要性转换为执行重要性，并体现在审计方案中。

（1）执行重要性不同于计划重要性，一般是以计划重要性的一定比例来确定执行重要性。例如，财务信息审计中，执行重要性占计划重要性一定的比例，IAASB 指南给出的参考比例是 60%～85%，不少审计组织的比例是 50%～75%。合规审计中，执行重要性占计划重要性的比例尚缺乏参考数据，一般来说，合规审计应该更为谨慎，所以，执行重要性占计划重要性的比例应该更低些。

(2) 合规审计中，既然有了计划重要性，为什么还要确定执行重要性？主要原因是，如果按计划重要性来实施合规审计工作，可能忽视这样一个事实，即许多不具有重要性的偏差行为汇总起来可能导致具有重要性的偏差行为。所以，在审计实施阶段，确定低于计划重要性的执行重要性，并将这个重要性体现在审计方案中，可以将专门项目层级、特定行为层级及单位层级未更正和未发现的偏差行为的汇总数超过该层级计划重要性所确定的偏差行为总数的可能性降到适当的低水平。

(3) 合规审计实施阶段，需要将专门项目层级执行重要性体现在审计方法中。审计实施是按审计方案来进行的，要使审计重要性得到应用，必须将其体现在审计方案中，否则，就没有应用路径。一般来说，专门项目层级执行重要性主要体现在风险评估方案中，以评估重大合规风险。而特定行为层级执行重要性主要体现在进一步审计程序的方案设计之中，影响进一步审计程序的性质、时间安排和范围。需要说明的是，在审计实施阶段，合规审计重要性主要关注数量重要性——也就是重要性水平，对于性质重要性并不特别考虑，原因是，由于审计程序固有的限制，通常难以通过常规审计程序发现在数量上不具有重要性但在性质上具有重要性的偏差行为。当然，这并不意味着在审计实施阶段可以对性质上具有重要性的偏差行为不予关注，审计人员在审计过程中应该保持应有的职业谨慎，只要发现性质上具有重要性的偏差行为的线索，就应该予以跟踪，以确认该类偏差行为是否真的存在。

(三) 合规审计报告阶段如何应用重要性

(1) 确定最终的评价重要性。在审计准备阶段及实施阶段，审计人员分别确定了计划重要性和执行重要性，在这两个阶段，审计人员对被审计单位尚未全面了解，所以，此时确定的重要性可能需要修订。在报告阶段结束后，审计人员已经全面掌握被审计单位的相关情况，此时要对重要性（包括数量重要性和性质重要性）重新做一次审视，以决定是否需要修订计划重要性和执行重要性，在此基础上确定最终决定审计结论类型的重要性标准。此时所确定的重要性标准就是最终的重要性标准，也是最可靠的重要性标准，由于它在审计报告阶段用于审计评价，也称为评价重要性。

(2) 要重视性质重要性。由于性质重要性一般不具有数量重要性，所以，设计专门的审计程序以发现仅因其性质而可能被评价为重大偏差行为的情况并不可行，但是审计人员在审计实施过程，如果发现了性质重要性的线索会予以跟踪，审计实施过程中也可能发现一些具有性质重要性的偏差行为。在审计报告阶段，审计人员根据已经掌握的审计证据，要考虑性质重要性对总体评价意见的影响，并体现在审计结论类型之中。

(3) 将数量重要性和性质重要性判断同时体现在审计结论——合理保证审计意见中。合规审计由于取证模式不同，审计意见类型有合理保证和有限保证两种，如果是发表合理保证审计意见，则可以参照财务信息审计的相关准则将数量重要性和性质重要性判断同时体现在审计意见类型中。合规审计评价中将数量重要性和性质重要性判断同时体现在审计意见中，并就专门项目层级和单位层级发表合理保证审计意见，大致有四种情形：

1）偏差行为的金额或性质不重要，对专门项目层级发表无保留意见就是恰当的；

2）特定行为的偏差，其金额或性质重要但不至于影响整个专门项目，可以对专门项目层级发表保留意见；

3）专门项目层级的偏差，其金额或性质超过专门项目整体评价重要性，需要根据情况对专门项目层级发表否定意见或是无法表示意见；

4）专门项目层级的偏差，其金额或性质重要，专门项目层级已经发表否定意见，但是该专门项目不至于影响整个单位，就可以对单位层级发表保留意见；如果该专门项目影响整个单位，则需要根据情况发表否定意见或是无法表示意见。

（4）将数量重要性和性质重要性判断同时体现在审计结论——有限保证审计意见中。如果发表有限保证审计意见，事实上是不需要根据样本来推断总体的，只需在审计报告中罗列已经发现的具有重要性的偏差行为。

第 3 节　合规审计意见

任何审计业务都需要将审计结果传递给利益相关者，审计意见就是审计人员传递审计结果的方式。合规审计关注特定行为是否符合相关法律法规、规章制度，审计意见就是对这种相符程度的专家判断。没有审计意见，合规审计结果就难以传递给利益相关者，也就难以为利益相关者提供决策相关信息，合规审计终极目标也就难以达成。所以，从某种意义上来说，合规审计意见是合规审计的核心构件之一。本节将对合规审计意见做一个全面介绍，包括五个基本问题：合规审计意见类型，合规审计意见与合规审计取证模式的关系，合规审计意见与合规审计重要性的关系，合规审计意见与合规审计风险的关系，合规审计意见与合规审计期望差的关系。

一、合规审计意见类型

合规审计的直接目标是寻找偏差行为，也就是判断相关行为与既定标准的相符程度，合规审计意见就是对这种相符程度的表述。从合规审计实施角度来说，合规审计可以分为单位层级、专门项目层级和特定行为及其标的层级，这里的专门项目是独立运作且具有独立的法律法规、规章制度的专门项目或事项，很显然，单位层级分解为专门项目层级，专门项目层级分解为特定行为层级，特定行为层级再分解为审计标的层级。从逻辑上来说，审计人员可以对上述四个层级发表意见，但是通常情况下，主要是对专门项目层级发表审计意见，在有些情形下，要求对单位层级发表审计意见。无论对哪个层级发表审计意见，我们都将发表意见的对象称为审计总体，这个总体是由许多具有共同属性的个体组成的，在许多情形下，合规审计只是对审计总体中的部分个体实施审计，我们称其为审计样本。

一般来说，审计意见分为合理保证审计意见和有限保证审计意见两种类型，合规审计也是如此。合理保证审计意见是根据审计样本推断审计总体，是对审计总体的行为偏差状况发表审计意见；而有限保证审计意见只是报告发现的问题，所以实质上是报告对审计样本的意见，并没有根据审计样本推断审计总体。无论是合理保证审计意见还是有限保证审计意见，都有多种类型。下面我们分别阐述。

(一) 合理保证审计意见

由于合规审计总体的行为偏差程度不同，合理保证审计意见可分为无保留意见和非无保留意见，二者各自有多种具体类型。

1. 无保留意见

无保留意见（unqualified）是指审计总体不存在具有重要性的偏差行为，审计总体的相关行为在所有重大方面都符合既定标准（相关法律法规、规章制度及合约，下同）的要求，审计总体的相关行为整体上具有合规性。具体包括两种类型，一是标准审计意见，二是带强调事项段的无保留意见。

(1) 标准审计意见。审计人员认为审计总体的相关行为在所有重大方面都符合既定标准的要求，审计总体的相关行为整体上具有合规性，不存在需要强调的事项。

(2) 带强调事项段的无保留意见。审计人员认为审计总体的相关行为在所有重大方面都符合既定标准的要求，审计总体的相关行为整体上具有合规性，但是存在需要强调的事项，以便于利益相关者更好地做出相关判断。例如，预算执行中，预算调整事项的说明；税务合规审计中，税收优惠政策的获取；采购合规审计中，救灾物资在特殊情形下的采购方式。

以上所述无保留意见的具体情形归纳如表 2-5 所示。

表 2-5　　合规审计的无保留意见（合理保证）

无保留意见类型	是否存在具有重要性的偏差行为	是否存在需要说明但不属于偏差行为的事项
标准审计意见	否	否
带强调事项段的无保留意见	否	是

2. 非无保留意见

非无保留意见（modified）是无保留意见之外的审计意见类型，包括保留意见、否定意见和无法表示意见。

(1) 保留意见（qualified）。保留意见有两种情形，一是审计人员发现了具有重要性的偏差行为，但是这种偏差行为并不影响审计总体的整体合规性，所以，对该偏差行为相关的特定项目持保留意见，但对审计总体持肯定意见，认为审计总体在整体上具有合规性。二是审计人员的审计范围受到限制，以致无法获取充分、适当的审计证据，但是这种审计范围并不影响对审计总体的合规性形成结论，所以，对受到审计范围限制的特定项目不发表意见，但对审计总体发表肯定意见，认为审计总体在整体上具有合规性。

（2）否定意见（adverse）。审计人员发现了具有重要性的偏差行为，并且这种偏差行为影响审计总体在整体上的合规性，在这种情形下，审计人员发表否定意见，认为审计总体在整体上不具有合规性。

（3）无法表示意见（disclaimer）。审计人员的审计范围受到限制，以致无法获取充分、适当的审计证据，并且这种审计范围限制所导致的审计证据缺乏影响对审计总体在整体上是否合规的判断，所以，审计人员无法对审计总体在整体上是否合规发表意见。

以上所述非无保留意见的具体情形归纳如表 2-6 所示。

表 2-6　合规审计的非无保留意见（合理保证）

导致非无保留意见的事项	导致非无保留意见的事项的可能影响	
	具有重要性但不影响审计总体	具有重要性且影响审计总体
存在偏差行为	保留意见	否定意见
审计范围受到限制	保留意见	无法表示意见

（二）有限保证审计意见

在有限保证意见下，审计人员只是报告其审计发现，一般不根据已经审计的样本来推断审计总体状况。我们将这种审计意见称为事实报告型审计意见，这是有限保证意见的主要情形。然而，现实世界是复杂的，如果根据已经审计的样本所发现的偏差行为足以认定审计总体在整体上不具有合规性，则审计人员在报告这种发现的同时，还应该对审计总体发表否定意见。这种否定意见并不存在根据审计样本推断审计总体状况，但是根据样本的状况足以对总体发表否定意见。总体来说，有限保证审计意见有两种情形，一是事实报告型审计意见，二是否定意见，归纳起来如表 2-7 所示。

表 2-7　合规审计的审计意见（有限保证）

审计意见类型	是否发现具有重要性的偏差行为	具有重要性的偏差行为是否导致审计总体不合规
事实报告型审计意见	是或否	否
否定意见	是	是

二、合规审计意见与合规审计取证模式的关系

无论何种审计业务类型，审计意见都需要审计证据来支持，审计证据的证明

力不同，审计意见的保证程度也就不同。所以，审计取证模式是审计意见类型的基础，合规审计也不例外。合规审计取证模式有两种类型，一是命题论证型取证模式，二是事实发现型取证模式。不同类型的取证模式支持发表不同类型的审计意见，命题论证型取证模式支持发表合理保证审计意见，而事实发现型取证模式支持发表有限保证审计意见。下面我们来具体分析。

采用命题论证型取证模式来实施合规审计，直接目标是以合理保证找出具有重要性的偏差行为，为此，命题论证型取证模式需要将一定审计主题的合规审计目标分解为一些具体审计目标。如果将审计目标作为大命题，则分解出来的具体审计目标就是小命题。命题论证型取证模式将大命题分解为小命题，这种分解具有周延性，小命题集合起来就组成大命题，通过对各个小命题的证明就能证明大命题。这种审计取证模式有两个逻辑过程：一是命题分解，就是从大命题到小命题；二是命题论证，就是从小命题到大命题。在这种取证模式下，由于小命题是大命题的分解，并且具有周延性，如果审计抽样方法恰当，那么可以根据审计样本的审计结果来推断审计总体状况。当然，这个论证过程可能较为复杂，需要较多的职业判断，多数情形下，分解出来的众多小命题的证明结果并不一致。有的小命题经过证明得到肯定性结论，而有的小命题经过证明得到否定性结论，这时，如果根据小命题的证明结果来形成大命题的结论，需要应用审计重要性，得到否定性结论的小命题如果对审计总体不具有重要性，则大命题就得到肯定性结论，否则就可能得到否定性结论。总体来说，由于这种取证模式对大命题分解出来的各个小命题提供了审计证据，可以根据小命题的证明结果来推断大命题的状况，所以，这种取证模式支持发表合理保证审计意见。

采用事实发现型取证模式来实施合规审计，直接目标也是寻找具有重要性的偏差行为，但是，究竟能找出多少客观存在且具有重要性的偏差行为没有一定的保证程度，找出多少算多少。在这种审计目标下，并不存在一个将一定审计主题的审计目标进行分解的过程，即使围绕审计目标提出一些需要关注的具体命题，这些具体命题的集合也不能形成具有该审计主题的审计目标。也就是说，即使存在命题分解，这种分解也不具有周延性。事实发现型取证模式不一定有命题分解和命题论证两个逻辑过程，可能会围绕审计目标提出一些需要关注的具体命题，但是这些具体命题不具有周延性，这些具体命题集合起来不能组成审计目标，围绕这些具体命题获取证据之后，根据这些具体命题的证明情况，并不能推断审计总体状况，所以，在这种情形下，即使存在命题分解和命题论证两个逻辑过程，也无法对审计总体发表意见。在另一种情形下，根本就没有命题分解，只是将审计目标作为大方向，围绕这个方向来实施数据分析及其他审计程序，根据这种情形下获取的审计证据，更无法对审计总体状况做出判断。所以，总体来说，在事实发现型取证模式下，无法根据获取的审计证据对审计总体状况做出推断，从而也就无法对审计总体发表意见，只能报告审计发现，这就是有限保证审计意见。本节前面已经提到，如果根据已经发现的偏差行为就足以确定审计总体在整体上不具有合规性，即便采用事实发现型取证模式，也可以对审计总体在整体上发表否定意见。这并不意味着根据审计样本推断审计总体，而是审计样本存在的偏差行为是如此之严重，不用考虑其他未发现或推断的偏差行为，就足以对审计总体发表否定意见。

三、合规审计意见与合规审计重要性的关系

前面提到，从实施角度来说，合规审计可以分为单位层级、专门项目层级和特定行为层级，相应地，合规审计重要性分为单位层级审计重要性、专门项目审计重要性和特定行为层级审计重要性。一般来说，审计人员只在单位层级和专门项目层级发表合规审计意见，不同层级的审计重要性对审计意见决策的影响不同，不同审计取证模式下，审计重要性的应用也不同。

（一）基于命题论证型取证模式

一个被审计单位可能存在多个项目，每个项目都可以分解为一些特定行为。审计人员需要对专门项目层级和单位层级发表审计意见，所以，审计意见与审计重要性的关系也会体现在这两个层级。

就专门项目来说，如果在特定行为层级没有发现具有重要性的偏差行为，则对专门项目发表标准审计意见，如果存在需要说明的特定事项（这些特定事项并不是偏差行为），则发表带强调事项段的无保留意见；如果在特定行为层级发现具有重要性的偏差行为，但是这种偏差行为并不影响专门项目作为一个整体的合规性，则发表保留意见，即专门项目整体是合规的，但是该特定行为不合规；如果在特定行为层级发现具有重要性的偏差行为，并且该偏差行为影响专门项目作为一个整体的合规性，则发表否定意见，即专门项目整体不合规。

就单位层级来说，如果一个单位有多个项目，对某专门项目发表了否定意见，而该项目对该单位整体合规性不具有重要性，则发表保留意见，即该单位层级整体是合规的，但是该项目不合规；如果一个单位有多个项目，对某专门项目发表了否定意见，并且该项目对该单位整体合规性具有重要性，则发表否定意见，即该单位层级整体不合规。

（二）基于事实发现型取证模式

即使采用事实发现型取证模式，审计重要性也具有价值：一是确定审计策略和选择审计重点时可以参考审计重要性；二是报告审计发现的偏差行为时，一般主要报告具有重要性的偏差行为。这些应用都与审计意见类型无关。然而，本节前面已经提到，如果根据已经审计的样本所发现的偏差行为足以认定审计总体在整体上不具有合规性，则审计人员在报告这种发现的同时还应该对审计总体发表否定意见。所以，在事实发现型取证模式下，审计人员需要判断已经发现的偏差行为是否对审计总体具有重要性，如果不具有重要性，则仅报告审计发现，并不对审计总体发表意见，如果具有重要性，则对审计总体发表否定意见。

四、合规审计意见与合规审计风险的关系

合规审计风险包括审计失败风险、审计舞弊风险、未审计风险、屡审屡犯风险，审计舞弊风险是一种特殊的审计失败风险，而未审计风险、屡审屡犯风险与审计意见关联不大，因此，这里仅讨论合规审计意见与审计失败风险的关系。尽管合规审计失败风险在本质上是未能发现具有重要性的偏差行为，但是在形式上类似于财务信息审计的不当意见论，是发表了错误的审计意见，出现了审计失败。就合规审计来说，审计失败有三种情形：一是对样本的审计失败，即未能发现样本中具有重要性的偏差行为；二是根据样本推断总体失败，即未能根据样本正确地推断总体存在具有重要性的偏差行为，从而未能对总体发表否定意见；三是审计定性失败，即未能对发现的偏差行为正确地定性，从而出现定性不当。在不同的审计取证模式下，在不同的审计意见类型下，上述审计失败发生的情形不同，基本情况如表 2-8 所示。

表 2-8　合规审计意见与合规审计风险

合规审计取证模式	合规审计意见类型	可能存在的审计失败情形		
		样本审计失败	推断总体状况失败	审计定性失败
命题论证型取证模式	标准审计意见	√	√	√
	带强调事项段的无保留意见	√	√	√
	保留意见	√	√	√
	否定意见	√	√	√
	无法表示意见	×	×	×
事实发现型取证模式	事实报告型审计意见	√	×	√
	否定意见	√	√	√

√表示可能存在该情形。
×表示不存在该情形。

五、合规审计意见与合规审计期望差的关系

合规审计期望差是审计人员的行为与利益相关者的期望存在的差距。就具体表现来说，是审计人员的审计行为与利益相关者的期望存在的差距，但是，审计人员的这种行为是根据审计准则来实施的，所以，并不是审计人员未能遵守审计准则而产生审计失败。合规审计期望差可能出现在多个方面，例如，对于合规审计目标，利益相关者可能既要关注相关行为的合规性，还希望关注相关行为的合理性，而审计准则基于可操作性的考虑，主要关注相关行为的合规性，并未将相关行为合理性作为审计目标，这样就会出现审计期望差。就合规审计意见来说，审计期望差主要出现在保证程度方面，也就是审计准则规定的审计意见与合规审计与利益相关者期望的保证程度不一致，低于或高于利益相关者期望的保证程度，

出现保证程度不足或保证程度过度。具体来说，合规审计意见与合规审计期望差如表 2－9 所示。

表 2－9　合规审计意见与合规审计期望差

		审计准则规定的保证程度	
		合理保证	有限保证
利益相关者期望的保证程度	合理保证	无期望差	保证程度不足
	有限保证	保证程度过度	无期望差

表 2－9 显示，合规审计意见与合规审计期望差有两种情形，第一，审计准则规定的是有限保证，而利益相关者期望的是合理保证，出现保证程度不足。现实生活中，许多不对总体发表意见的合规审计都属于这种情形，这可能有两方面的原因，一是审计技术不支持，二是审计准则制定者并未清楚了解利益相关者的需求。第二，审计准则规定的是合理保证，而利益相关者需要的是有限保证，出现保证程度过度，这可能会浪费审计资源。

第 4 节　合规审计电子数据分析的基本过程

电子数据分析是数据式合格审计的重要因素，包括两个方面的内容：一是电子数据分析的基本过程，也就是电子数据分析如何融入合规审计流程、服务于合规审计流程，而不是游离于审计流程之外；二是电子数据分析的关键技术，包括如何获取数据、如何整理数据、如何分析数据等内容。本节关注电子数据分析的基本过程，电子数据分析的关键技术将设置专门一章来介绍。

一、电子数据分析在合规审计不同阶段的应用

在风险导向模式下，合规审计包括以下主要步骤：初步业务活动，风险评估，进一步审计程序，审计报告，审计成果应用。电子数据分析作为信息化、大数据时代的分析性程序，在合规审计的各个阶段都可以应用。

初步业务活动的目的是确定总体审计策略和编制风险评估的具体方案，在这个阶段，可以进行一些总体层级的数据分析，包括单位层级和专门项目层级的数据分析。对于这些层级的分析对象，电子数据分析的思路主要是比较，例如，实际与预算进行比较、本期与前期进行比较、本单位与同行业进行比较等。这些比较为总体审计策略和编制风险评估的具体方案提供了有用信息。

风险评估是风险导向审计的关键步骤，其主要目标是评估特定行为及其审计标的的偏差风险。电子数据分析需要在细节层级进行，分析的思路可以多种多样。关键的问题是，这个阶段的电子数据分析的目的是寻找疑点，分析对象要到细节层级，包括特定行为及其分解形成的审计标的。

进一步审计程序有两类，一是控制测试，二是实质性测试，实质性测试又

分为分析性测试和细节测试。这个阶段的电子数据分析有两个方面的内容：一是对风险评估阶段识别的风险点做更加细致的数据分析，确认其是不是疑点；二是对风险评估未能确定为疑点的审计标的做数据分析，判断其是否处于正常状态。

在审计报告阶段，电子数据分析主要是做总体复核，对特定行为、专门项目、被审计单位这三个层级都进行数据总体分析，以确定是否存在不能解释的数据异常，如果不存在，则表明审计证据基本足够，如果存在不能解释的数据异常，则表明针对某些问题还要获取一些审计证据。

在审计成果应用阶段，电子数据分析主要用来判断审计成果的应用程度及其效果。一般来说，需要获取一些专门的数据来表明审计成果的应用程度，也需要获取专门的数据甚至是外部数据来表明审计成果的应用效果，通过对这些数据的分析，判断审计成果应用的情况。

在信息化、大数据时代，电子数据分析已经成为合规审计的主流程序，在审计的各个阶段都可以应用。

二、电子数据分析的基本过程

无论电子数据分析用于数据式合规审计的哪个阶段，为了避免影响被审计单位信息系统正常运行，规避审计风险，并保持审计的独立性，审计人员在进行电子数据分析时，一般不直接使用被审计单位的信息系统进行查询、检查，而是将所需的被审计单位的电子数据采集到审计人员的计算机中，结合其他来源的电子数据，利用审计软件进行分析。概括起来，电子数据分析的基本过程如图 2－8 所示。

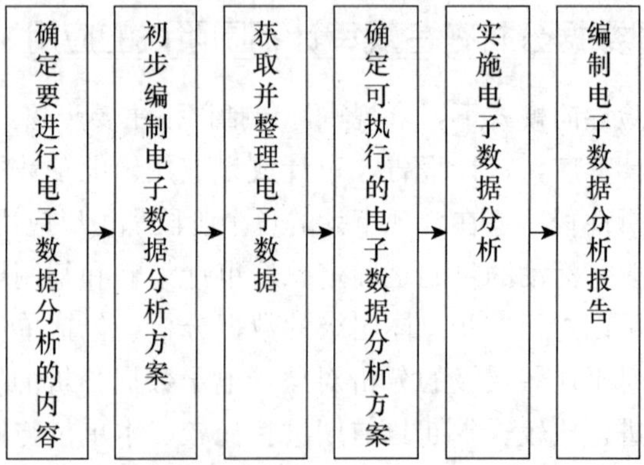

图 2－8　电子数据分析的基本过程

下面对图 2－8 显示的电子数据分析各阶段做一个简要介绍。

（一）确定要进行电子数据分析的内容

电子数据分析是问题导向的，通过数据异常来发现疑点，无论哪个审计阶段的电子数据分析都是这个思路。然而，问题导向的关键是寻找谁的问题、寻找什么样的问题，所以，需要事先确定进行电子数据分析的内容，围绕这些内容来设计电子数据分析方案。对于合规审计来说，在不同的审计阶段都是寻找不合规的疑点，然而，不同的阶段，寻找谁的不合规、哪些方面不合规，可能会出现差异。所以，不同的审计阶段，需要单独确定电子数据分析的内容。

了解审计客体及相关情况之后，需要将特定行为这种审计主题分解为审计标的（审计标的可以分解为审计事项，下同），并为每个审计标的确定审计具体目标。审计主题是同类事项的集合，是难以实施的审计内容，而具体的审计程序要针对可实施的审计内容。审计主题再分解就成为审计标的，而将关于审计主题的总目标分解到每个审计标的，就确定了审计标的的具体审计目标。这个过程犹如将审计总目标这个总命题分解为可具体论证的小命题，这种审计取证思路是命题论证式，而这个分解过程是这种取证模式的关键。后续的所有工作都是为了验证上述这些审计标的的审计命题（或具体审计目标）。

（二）初步编制电子数据分析方案

首先，按审计标的编制审计数据分析方案。以每个审计标的为对象，编制实现其具体审计目标可能涉及的数据分析方案，包括分析的问题及分析模型。如何建立数据分析模型是电子数据分析方案的重点内容，建立数据分析模型的方法有多种，依据法律法规的规定，根据业务的逻辑关系，依据数据钩稽关系，利用外部数据关联关系，基于业务规则，基于数据匹配技术，基于孤立点检测，基于数据规律，基于可视化技术，基于数据挖掘技术，基于数据流程，基于迭代式聚类等，都是可能的方法。其次，合并各审计标的的审计数据分析方案，删除重复程序，确定需执行的审计数据分析方案。由于为每个审计标的编制了数据分析方案，一次数据分析可能与多个具体审计目标相关，甚至与多个审计标的相关，这些数据分析无须多次执行。所以，需要合并各审计标的的审计数据分析方案，删除重复的数据分析方案，得到一个无重复的审计数据分析方案，这个方案称为需执行的审计数据分析方案。

（三）获取并整理电子数据

有了需执行的电子数据分析方案，向审计客体或相关部门及单位提出电子数据需求，通过一定的方式获取这些数据，并对数据进行整理，得到审计人员可以直接利用的数据。

（四）确定可执行的电子数据分析方案

获取并整理之后的电子数据，可能与审计人员编制审计数据分析方案时的期望有差别，因此，需要根据电子数据状况调整电子数据分析方案，确定可执行的审计数据分析方案。通过这个方案的确定选择电子数据分析模式——命题论证型数据分析或事实发现型数据分析。本节随后会较详细地阐述这个问题。

（五）实施电子数据分析

执行上个步骤确定的可执行的审计数据分析方案，对每个审计标的的每个具体审计目标（或小命题）进行初步验证，将验证为伪的分解命题初步确定为疑点。根据与疑点相关的审计标的的重要性，确定疑点的重要性。在此基础上编制审计数据分析报告。

（六）编制电子数据分析报告

电子数据分析报告主要是报告数据分析的发现，需要对不同的分析对象报告数据分析发现的异常。不同审计阶段的分析结果有不同的用途。初步业务活动阶段的数据分析结果不宜作为审计证据，而风险评估阶段的数据分析结果只能作为间接证据。实质性分析程序的分析结果可以作为主要的审计证据之一，但其性质仍然是间接证据，只有在相应的违规风险较低时，才可以根据这种分析结果得出关于该特定审计标的或审计具体目标的审计结论。

三、不同审计取证模式下的电子数据分析的区别

在审计准备阶段，审计人员需要根据初步业务活动中对被审计单位的了解，确定总体审计策略，其中包括审计取证模式的选择，即需要从命题论证型取证模式和事实发现型取证模式中做出选择。不同的取证模式，相应的审计程序会有较大的差异，电子数据分析这种审计程序也不例外。

前已述及，电子数据分析包括六个步骤：确定要进行电子数据分析的内容；初步编制电子数据分析方案；获取并整理电子数据；确定可执行的电子数据分析方案；实施电子数据分析；编制电子数据分析报告。无论选择何种审计取证模式，电子数据分析的前三个步骤差异不大，但是，这三个步骤执行之后所获得的电子数据可能存在较大的差异，大体有两种情形：一是电子数据形成完整的审计载体链，二是电子数据未形成完整的审计载体链。正是由于获得的电子数据不同，电子数据分析的后续三个步骤及其形成的分析结论也就产生了差异。

当有完整的审计载体链时，可以采用命题论证型取证模式，此时，可执行的电子数据分析方案就是基于命题论证型取证模式来确定的，对审计标的及其审计具体目标的分析具有周延性，如果抽样方法适当，则能够根据审计结果来推断总体状况，可以发表合理保证审计意见。由于可执行的电子数据分析方案基于命题论证型取证模式，后续的电子数据分析及分析报告也就体现了这种取证模式的要求。在这种情形下，电子数据分析是一个命题验证过程，是围绕已经确定的审计标的及其相应的审计具体目标来进行数据分析，数据分析的结果是对这些审计具体目标的回答。在这种技术属性下，电子数据分析究竟需要分析什么问题是清晰的，有一个具有周延性的数据分析逻辑框架，电子数据分析就围绕这个逻辑框架来进行。这个逻辑框架是对于特定的审计主题，将审计总目标分解到具体审计目

标（或审计命题）而形成的。在这种情形下，如何形成具有周延性的数据分析逻辑框架是电子数据分析的关键。电子数据分析只是实现各种审计具体目标或回答审计命题的手段，审计本身的技术逻辑没有改变，不同的是，电子数据分析替代了纸质信息审计。

当没有完整的审计载体链时，某些审计标的或审计具体目标没有电子数据，无法进行电子数据分析，此时的电子数据分析不具有周延性，只是从现有电子数据中寻找问题，是一个数据发掘过程。在这种情形下，不能根据数据分析结果来推断总体状况，只能报告数据分析的发现。作为发掘过程的电子数据分析，尽管只是罗列已经发现的问题，并不对审计总体发表意见，但是也有重要价值。首先，能发挥揭示功能。通过电子数据分析，能发现审计客体的一些问题，对这些问题确认之后，还可以进行处理处罚，从而发挥揭示功能。其次，能发挥抵御功能。除发现问题之外，通过电子数据分析可以追踪这些问题产生的体制、机制、制度及法律法规原因，可推动存在缺陷的体制、机制、制度及法律法规的优化，从而发挥抵御功能。最后，能发挥威慑功能。由于电子数据分析有可能发现被审计单位存在的问题，还可能会对问题的责任者进行处理处罚，所以，被审计单位在策划是否要违规或弄虚作假时，会考虑被审计人员发现的可能性及发现以后的结果，如果发现的可能性较大且后果较严重，则可能放弃违规或弄虚作假，在这种情形下，电子数据分析发挥了威慑功能。当然，作为发掘过程的电子数据分析，不对总体发表意见，可能会形成审计期望差。因为审计委托人或授权人关注的是总体状况，而审计意见回答的是发现了什么，并没有回答总体状况是怎样的，所以，审计人员并没有回答审计委托人或授权人关注的问题，这就是审计期望差，审计的社会价值可能会因此受到影响。

本章小结

本章介绍了数据式合规审计的核心要素，包括：合规审计风险、合规审计重要性、合规审计意见、合规审计电子数据分析的基本过程。

合规审计风险可以从审计人员角度和利益相关者角度分别界定。就审计人员来说，合规审计风险是未能发现被审计单位存在的偏差行为，对行为合规性发表了错误的审计意见。就利益相关者来说，合规审计风险是通过合规审计来抑制偏差行为的目标没有达成。就合规风险评估对象来说，可以划分为专门项目层级风险、特定行为及其标的层级风险和单位层级风险。合规审计具体目标一般包括发生性、完整性、准确性、截止、分类、范围、标准。

合规审计对于违规行为可以容忍一定程度的偏差，这种可容忍的最大程度就是合规审计重要性。根据不同的相关主体，合规审计重要性分为客观重要性和估计重要性。从合规审计重要性的判断标准来说，合规审计重要性分为数量重要性和性质重要性。从合规审计业务类型来说，合规审计重要性分为财务合规审计重要性、业务合规审计重要性和其他合规审计重要性。从合规审计重要性的应用来说，可以按重要性的层级来划分，也可以按重要性的应用阶段来划分。合规审计重要性具有模糊性、相对性、系统性等特征。合规审计重要性与合规审计目标、合规审计效率、合规审计风险密切相关。合规审计重要性在合规审计各个阶段都有应用，在准备阶段，应用计划重要性确定审计策略；在实施阶段，应用执行重要性确定审计方案；在报告阶段，应用评价重要性得出审计结论。

合规审计意见分为合理保证审计意见和有限保证审计意见两种类型。合理保证审计意见区分为无保留意见和非无保留意见，二者各自有多种具体类型。在有限保证审计意见下，审计人员只是报告其审计发现，一般不根据已经审计的样本来推断审计总体状况，这种审计意见称为事实报告型审计意见。命题论证型取证模式支持发表合理保证审计意见，而事实发现型取证模式支持发表有限保证审计意见。

电子数据分析作为信息化、大数据时代的分析程序，在合规审计的各个阶段都可以应用，其基本过程包括：确定要进行电子数据分析的内容、初步编制电子数据分析方案、获取并整理电子数据、确定可执行的电子数据分析方案、实施电子数据分析、编制电子数据分析报告。

复习思考题

1. 合规审计风险是什么？
2. 合规风险评估的目的是什么？
3. 合规风险评估的对象有哪些？
4. 与合规审计的审计标的相匹配的审计具体目标有哪些？
5. 合规审计重要性是什么？
6. 合规审计重要性有哪些类型？
7. 合规审计重要性有哪些特征？
8. 合规审计重要性与合规审计目标是什么关系？
9. 合规审计重要性与合规审计效率是什么关系？
10. 合规审计重要性与合规审计风险是什么关系？
11. 合规审计准备阶段如何应用重要性？
12. 合规审计实施阶段如何应用重要性？
13. 合规审计报告阶段如何应用重要性？
14. 合规审计意见类型有哪些？
15. 合规审计意见与合规审计取证模式是什么关系？
16. 合规审计意见与合规审计重要性是什么关系？
17. 合规审计意见与合规审计风险是什么关系？

18. 合规审计意见与合规审计期望差是什么关系?
19. 电子数据分析在合规审计的哪些阶段可以应用?
20. 电子数据分析的基本过程是怎样的?
21. 不同审计取证模式下的电子数据分析有什么区别?

第3章

合规审计的审计准备工作

学习目标

1. 掌握组建审计小组和发送审计通知书的相关内容
2. 掌握初步业务活动的相关内容
3. 掌握总体审计策略的相关内容
4. 掌握合规风险评估程序的具体方案的相关内容

引导案例

山东聊城首例审计人员玩忽职守、受贿案宣判

身为审计人员，不能抵制金钱诱惑，玩忽职守致使巨额国家财产遭到损失。9月24日，山东省聊城市东昌府区检察院侦查并起诉的张某因玩忽职守、受贿被法院判处有期徒刑六个月。

2006年，聊城市铃铛湖景区拆迁过程中，拆迁人员王某等人与四家被拆迁户勾结，想通过虚报房屋面积的办法多领补偿款。他们伪造好相关证件，签订了虚增面积的拆迁补偿协议书。协议书必须由审计部门盖章方能生效。于是他们开始向掌管公章的审计员李某“公关”。在“糖衣炮弹”（2 000元现金）面前，原来还坚持原则的李某“缴械投降”，明知协议书有假，却在上面盖了章，致使四家被拆迁户多领补偿款31万余元，由被拆迁户与拆迁人员私分。

资料来源：山东聊城首例审计人员玩忽职守、受贿案宣判. 正义网.（2008-09-26）. https://www.chinacourt.org/article/detail/2008/09/id/324145.shtml.

思考题：从审计小组的角度思考，为什么审计员李某明知协议书有假还在上面盖章？

本章基于数据式合规审计，对各类审计组织开展的合规审计的审计准备工作进行详细介绍，主要内容包括：组建审计小组和发送审计通知书、初步业务活动、总体审计策略、合规风险评估程序的具体方案。

第1节　组建审计小组和发送审计通知书

无论何种审计项目，审计准备都有不少工作，合规审计也不例外。从逻辑上来说，首先要组建审计小组，然后通知被审计单位，在此基础上开展其他的审计准备工作。本节以数据式合规审计为背景，介绍这两方面的内容。

一、组建审计小组

（一）组建审计小组的必要性

合规审计项目需要由审计小组而不是单个审计人员来完成，原因有两个方面，一是专业胜任能力的要求，二是审计风险防范的要求。从专业胜任能力来说，面对复杂多变的审计客体，每个审计人员的能力无论多么超群都是有限的，只有使本来分散的、具有不同能力和个性的审计人员携手作战，组成一个有共同目标的、相互协调的团队，才能具备足够的专业胜任能力。从审计风险防范来说，单个审计人员可能被俘获，而审计小组会大大降低被俘获的可能性，增加独立性和客观性。所以，每一个审计项目都以审计小组的方式来完成，审计小组的行为与效率对于保证审计目标的实现起着十分关键的作用。

（二）组建审计小组的要求

组建审计小组有两方面的要求，一是专业胜任能力，二是独立性。专业胜任能力是指审计组织应当合理配备审计人员，组成审计小组，确保其在整体上具备与审计项目相适应的职业胜任能力。不同的合规审计项目，由于被审计单位的业务活动不同、特征不同，合规审计的内容也不同，这就要求审计小组作为一个整体充分正确地理解被审计单位的业务营运及审计关注的特定行为，正确地选择审计标准，恰当地做出职业判断。通俗地说，合规审计是问题导向，要找出被审计单位存在的合规问题，审计人员必须具备足够的业务本领，这些业务本领就是专业胜任能力，没有“金刚钻”就别揽“瓷器活”。当然，专业胜任能力是对审计小组的要求，并不要求审计小组的每个成员都具备全部的专业胜任能力。然而，审计小组组长或主审必须对被审计单位的业务营运活动有足够的理解能力，并熟知被审计单位适用的法律法规及规章制度。

独立性是任何审计项目都必须遵守的基本要求，合规审计也不例外。没有独立性，就可能失去客观性，进而得出错误的审计结论。独立性要求主要体现在两个方面。第一，审计小组的人员不能存在有损独立性的因素。下列情形可能有损独立性：与被审计单位负责人或者有关主管人员有夫妻关系、直系血亲关系、三代以内旁系血亲以及近姻亲关系；与被审计单位或者审计项目有直接经济利益关系；对曾经管理或者直接办理过的相关业务进行审计；可能损害审计独立性的其他情形。第二，在审计过程中要保持独立性，主要是保持廉洁，不接受被审计单位任何方式的任何利益输送，始终处于不被俘获的状态。

（三）审计小组的构成

审计小组是各审计组织派出的，代表各审计组织行使审计职责与权限，为完成审计任务而组成的临时组织。审计小组由审计小组组长和成员组成。根据工作需要，审计小组还可以设立主审。通常情况下，审计小组实行组长负责制。一般来说，审计项目越重大，涉及范围越广，对审计小组组长和成员的业务能力和素质的要求就越高，对审计人员的数量和级别的要求也越多，审计小组应当根据审计项目的性质、特点和范围等要求来组建。对于合规审计项目，安排审计小组的人员时，应充分考虑年龄、能力、个性及性别等多方面的因素，具体来说，应当考虑以下方面：

（1）分析审计项目的难易程度和开展审计工作所需的总体时间，在此基础上配置相应的审计人员，确定审计小组的人员数量。

（2）从专业技能来看，在数据式合规审计模式下，审计小组通常需要配备一定数量的能够熟练掌握和运用计算机技能的计算机专业方面的审计人员，以便对被审计单位进行数据采集和数据分析；需要一定数量的熟悉被审计单位业务营运的相关专业的审计人员；需要一定数量的熟悉审计项目相关法律法规的人员；需要具有较强写作能力的文秘方面的审计人员；有时还需要高情商、善于沟通的审计人员。配置审计小组成员时应当体现专业互补、用人所长的原则，充分发挥 1＋1＞2 的审计合力。

（3）审计小组的构成还要考虑审计人员的年龄结构、能力结构和个性差异。从年龄结构看，审计小组中年龄差别较大的团队由于缺乏有效沟通，容易产生观念及理解上的冲突；而年龄过于接近的团队又容易因竞争而导致矛盾与冲突。因此，考虑好年龄结构，可减少摩擦与冲突的产生。从能力结构看，根据不同的审计项目对具备不同技能的人员进行合理的搭配极其重要。一个团队要充分发挥其潜能，需要三类成员：一是具有技术专长的人；二是具有解决问题和决策的技能，能够发现问题、提出建议并做出有效选择的人；三是善于聆听、反馈、解决冲突及搞好人际关系的成员。从审计人员的个性差异看，团队成员有其个性特质，应当注意成员之间的个性差异，取长补短，尽量减少或消除由于个性不合造成冲突而抵消力量的情况。

（4）特殊情形下，审计组织可以聘请外部人员参加审计小组，所聘请的外部人员应当根据其在审计小组中发挥的作用和角色，成为审计项目小组的成员，参加审计业务活动或者提供技术支持、专业咨询、专业鉴定。

（四）审计小组的产生方式

审计小组是由派出审计小组的审计组织产生的，具体产生方式有多种。通常情况下，审计小组的人选由审计业务部门确定，重大审计项目的审计小组也可以由审计组织的最高管理层确定。

还有其他一些方式产生审计小组，例如，在某些审计组织中，对于特别重要的审计项目，审计小组组长通过竞聘方式产生，由小组组长来选择审计小组成员。又如，某审计组织推出“三层动态审计模式”，这是由于审计组织普遍存在业务人员少、工作任务重的矛盾，该审计组织改变过去按业务部门分工的做法，尝试了一种全新的开放式工作组合模式，即“三层动态组合审计项目组”模式，其主要内容是：作为第一层的审计小组组长一律由审计组织的领导班子成员担任，直接分管审计项目，从审计进点到审计撤点，在审计现场直接负责与管理，拒绝遥控指挥；作为第二层的项目主审不再由业务部门负责人担任，而是从全部审计人员中挑选作风硬、业务精的审计人员来担任，打破原业务部门之间的界限；作为第三层的审计小组一般成员不受各自所在业务部门的限制，采取全体审计人员集中统一调配，组员在审计期间只向主审负责，原先的职务及级别不发挥作用。后来“三层动态组合”发展为“三制”：审计小组组长民主推荐制，项目主审竞争上岗制，一般成员双向选择制。

二、发送审计通知书

审计组织在实施审计前应当向被审计单位发送审计通知书，要求其做好审计准备工作，如有特殊情况，可以直接持审计通知书实施审计，特殊情况包括：办理紧急事项、被审计单位涉嫌严重违法违规、其他特殊情况。

（一）审计通知书的内容

审计通知书的内容主要包括：被审计单位名称，审计依据，审计范围，审计起始时间，审计小组组长及成员名单，被审计单位配合审计工作的要求。同时，还应当告知被审计单位审计小组的审计纪律要求。具体来说，审计通知书的内容应注意以下重点：

（1）审计通知书应载明被审计单位全称，即准确指明被审计单位名称，也就是审计的是谁，以规范审计客体选择的合理性和必要性，规范审计行为。

（2）审计通知书应简要说明实施审计的依据，即解释为什么审计，依据什么法律法规或规章制度，以规范审计职责权限。

（3）审计通知书应当简要说明实施审计的方式和范围，即审计什么、怎么审，审计通知书需要载明审计方式、审计涉及的时间跨度等。

（4）为了进一步规范审计人员的资格和审计权力的行使，审计通知书应载明审计小组主要成员，包括审计小组组长、主审、一般成员等，方便审计实施时工作对接。

(5) 审计通知书应说明被审计单位配合工作的要求。

(6) 审计通知书应载明审计实施过程中被审计单位的法律责任。

(7) 审计通知书应载明审计小组的审计纪律要求。

(二) 审计通知书发送时间要求

确定好审计小组成员后，审计小组开始审计准备工作，此时可能需要被审计单位配合，在此之前必须发出审计通知书，也就是说，审计通知书在审计小组开展初步业务活动之前就要发送给被审计单位，而不是在审计准备阶段结束正式开展审计时才发送。现实生活中，有些审计组织在审计准备阶段不发送审计通知书，而是到了审计准备结束正式开始审计时才发送审计通知书，所以，将审计准备称为审前准备。这种做法的缺陷是，在审计准备阶段，没有审计通知书，被审计单位的配合似乎处于非正式状态。当然，对于一些特殊类型的合规审计，可以持审计通知书直接到被审计单位开展审计。

(三) 审计通知书发送方式

审计通知书由审计组织负责人签发，审计小组负责发送给被审计单位。一般是直接送达，也可以邮寄送达或者其他方式送达。直接送达的，以被审计单位在送达回执上注明的签收日期或者见证人证明的收件日期为送达日期；邮寄送达的，以邮政回执上注明的收件日期为送达日期；以其他方式送达的，以签收或者收件日期为送达日期。

第 2 节　初步业务活动

审计组织通过审计小组给被审计单位发送审计通知书之后，接下来的问题是，如何审计被审计单位的特定行为以实现审计目标？在数据式合规审计模式下，首先需要确定总体审计策略并编制合规风险评估方案，这是审计准备阶段的主要工作。然而，总体审计策略和合规风险评估方案不是凭空想象的，需要基于对被审计单位一定的了解。了解被审计单位的活动称为初步业务活动，本节将介绍初步业务活动的相关内容。

一、初步业务活动的目的和程度

(一) 初步业务活动的目的

初步业务活动主要是对被审计单位及相关情况进行初步的了解，由于在风险评估阶段还会对被审计单位及相关情况进行了解，所以在审计准备阶段的了解是初步的，称为初步业务活动。初步业务活动的目的是为审计准备服务，而审计准备是为风险评估程序服务的，所以，初步业务活动的目的有两个：一是为确定总体审计策略服务，使得总体审计策略更符合被审计单位的实际情况，从而提高整个审计项目的审计效率，防范审计风险；二是为编制合规风险评估方案服务。应该说，获取审计证据的第一道程序就是风险评估，如果对被审计单位的相关情况不了解，风险评估方案就没有针对性，按这种方案实施的风险评估就不精准，风险评估程序本身的效率和效果就存在问题，后续的审计程序也就存在问题。为此，必须制定有针对性的风险评估方案，这依赖于初步业务活动中对被审计单位的了解程度。

（二）初步业务活动的程度

初步业务活动是对被审计单位及相关情况进行了解，了解到什么程度呢？基本原则是了解到足够确定总体审计策略和编制合规风险评估方案的程度，如果感觉到确定总体审计策略或编制合规风险评估方案还缺乏相关信息，则表示对被审计单位及相关情况的了解还不够。具体来说，初步业务活动中，对被审计单位及相关情况的了解受到一些因素的影响：

（1）如果审计组织事先编制了年度审计项目计划，在编制这个年度审计项目计划时，对被审计单位做了一些了解，这些了解到的情况可以作为确定总体审计策略和编制合规风险评估方案的依据之一，从而减少审计准备阶段的初步业务活动的工作量。

（2）如果是连续审计或者以前年度对该被审计单位进行过审计，则以前年度的审计档案可以提供有用信息，这也可以减少审计准备阶段的初步业务活动的工作量。

但是，无论如何，在审计准备阶段都要开展初步业务活动，在一定程度上对被审计单位及相关情况进行了解。即使前期的了解足够确定总体审计策略和编制合规风险评估方案，也需要确认前期了解到的情况是否发生了变化。

二、初步业务活动的内容

作为确定总体审计策略和编制合规风险评估方案的基础，需要了解被审计单位什么情况呢？在合规审计中，审计小组在初步业务活动中对被审计单位及相关情况的了解应该包括下列内容：

（1）管理体制、组织结构及职责分工；

（2）主要业务开展及管理情况；

（3）与审计项目相关的法律法规和政策，特别是与拟审计的特定行为相关的法律法规及政策；

（4）财政收支、财务收支及管理情况；

（5）相关的信息系统及其电子数据情况，特别是拟审计的特定行为的相关载体情况；

（6）管理和监督机构的监督检查情况及结果；

（7）以前年度审计情况。

以上列示的是合规审计时需要了解的一般内容，不同的合规审计内容还需要更有针对性，例如，财政财务收支合规审计与业务行为合规审计，或者是综合性的合规审计，需要了解的内容就存在差异。

三、初步业务活动的审计程序

在合规审计的初步业务活动中，用什么方法对被审计单位及相关情况进行了解？开展初步业务活动时，审计人员对被审计单位及相关情况进行了解的常用方法包括询问、分析性程序（电子数据分析）、观察、审阅和调查等。

询问是通过个别口头询问被审计单位管理层及相关人员或与相关人员召开座谈会等形式，了解被审计单位及相关情况。

分析性程序（电子数据分析）是指通过数据分析来了解被审计单位及相关情况。在数据式合规审计模式下，电子数据分析正在成为主流方法，审计人员通过数据分析可以准确了解被审计单位业务活动的变化情况以及环境变化对其业务和财务活动的影响，为确定总体审计策略及编制合规风险评估方案提供指引。一般来说，电子数据分析包括六个步骤：确定要进行电子数据分析的内容，初步编制电子数据分析方案，获取并整理电子数据，确定可执行的电子数据分析方案，实施电子数据分析，编制电子数据分析报告。

观察是指到被审计单位的相关现场进行察看，以了解被审计单位及相关情况。

审阅是指通过阅读被审计单位的相关书面材料以了解被审计单位及相关情况。

调查是指到对被审计单位具有管理和监督职责的相关部门了解被审计单位及相关情况。总体来说，本节前面提到的了解被审计单位及相关情况可以采用的审计程序如表 3-1 所示。

表 3-1　　初步业务活动的内容及审计程序

初步业务活动的内容	可能的审计程序
管理体制、组织结构及职责分工	询问，观察，审阅
主要业务开展及管理情况	询问，分析性程序，观察，审阅，调查
与审计项目相关的法律法规和政策，特别是与拟审计的特定行为相关的法律法规及政策	询问，观察，审阅
财政收支、财务收支及管理情况	询问，分析性程序，观察，审阅
相关的信息系统及其电子数据情况，特别是拟审计的特定行为的相关载体情况	询问，观察，审阅
管理和监督机构的监督检查情况及结果	调查，询问，审阅
以前年度审计情况	询问，审阅，调查

第 3 节　总体审计策略

通过初步业务活动，审计人员对被审计单位及相关情况有了一定的了解，接下来，就要以此为基础确定总体审计策略和编制合规风险评估方案，本节将介绍总体审计策略。总体审计策略是关于合规审计项目作为一个整体的一些策略性选择，主要包括确定审计范围、选择审计取证模式、选择审计意见类型、初步确定审计重要性、初步确定可接受风险水平、初步确定审计重点等内容。

一、确定审计范围

审计范围是指针对特定审计客体开展的审计活动在空间上所达到的广度。由于审计目标是审计行为的出发点和归宿点，确定合规审计范围时离不开审计目标的要求。合规审计范围可以从两个维度来考虑：

（1）特定行为的类型范围，也就是说，哪些特定行为要纳入本次合规审计。从理论上来说，合规审计关注财政财务收支行为、业务经营行为和其他行为是否合规，审计范围应当包括涉及财政财务收支、业务经营及其他行为的一切相关行为，是合规行为和缺陷行为的集合。对特定行为的再分类可以有效界定合规审计的范围。同时，如果某类特定行为引起审计人员的高度重视，或者是成为利益相关者关注的重点问题，那么，为了彻底搞清楚该问题，就可能将所有涉及该问题的事项纳入重点审计范围。总体来说，从特定行为所涉及的范围来说，合规审计有四种情形：一是财政财务收支合规审计；二是业务行为合规审计；三是其他行为合规审计；四是综合性合规审计（也就是将财政财务收支、业务行为及其他行为都纳入审计范围）。对于特定的合规审计项目来说，需要列出一个纳入本次审计的特定行为的清单。

（2）特定行为涉及的单位范围，也就是说，被审计单位内部的哪些机构要纳入本次审计的范围。一般来说，只要是与本次需要审计的特定行为相关的内部机构都要纳入审计范围。当某个问题或某些问题在很多单位或部门都存在时，这个或这些问题就具有了普遍性，与这个或这些问题有关的单位或部门都可能纳入重点审计范围。对这些单位或部门进行重点审计或调查，以便从整体上搞清楚问题状况，判断特定行为是否合规。

上述两方面的范围确定之后，通常可以列出一个审计范围清单，可能出现的情形如表 3-2 所示。

表 3-2　合规审计范围

		内部机构范围				
		甲机构	乙机构	丙机构	丁机构	…
行为类型范围	A行为	√	√	√	√	√
	B行为	√	√	√	√	√
	C行为	√	√	√	√	√
	D行为	√	√	√	√	√
	…	√	√	√	√	√

√表示可能出现的情形。

二、选择审计取证模式

确定了特定行为类型及涉及的内部机构之后，“审计什么”的问题也就解决了，接下来的问题是“如何审计”，解决这个问题的首要步骤是选择审计取证模式。前已述及，本书是以数据式合规审计为背景的，在这个条件下，审计取证模式都是基于风险导向审计模式的，具体的审计取证模式有两种选择，一是命题论证型取证模式，二是事实发现型取证模式，根据初步业务活动中对被审计单位及相关情况的了解，必须从这两种取证模式中做出选择。这种选择要考虑两方面的因素，一是需要发表的审计意见类型，二是纳入审计的特定行为的审计载体状况。

审计意见分为合理保证审计意见和有限保证审计意见，前者是对特定行为的整体是否合规发表意见，后者只是报告对特定行为的审计发现。如果需要对特定行为的整体合规性发表意见，则需要选择合理保证审计意见；如果只是报告审计发现，则可以选择有限保证审计意见。合规审计意见类型的选择会影响合规审计取证模式的选择，如果选择合理保证审计意见，需要根据审计样本的结果来推断审计总体的状况，必须选择命题论证型取证模式；如果选择有限保证审计意见，只是报告审计发现，并不需要根据审计样本的结果来推断总体状况，可以选择事实发现型取证模式。

审计取证模式的选择还需要考虑不同审计取证模式的实施条件是否具备，这就需要考虑特定行为的审计载体情况。审计载体是关于特定行为的记录记载情况，当被审计的特定行为存在完整且可追索的审计载体时，审计主题、审计标的及审计事项的相关信息形成一个完整的信息链，通过次级信息可以验证高层级信息，此时，就可以采用命题论证型取证模式；当被审计的特定行为并不存在系统且有支撑的载体时，审计主题、审计标的及审计事项的相关信息并未形成一个完整的信息链，此时适用事实发现型取证模式。我国大多数审计组织采用事实发现型审计取证模式，一方面可能是受到审计载体的影响，另一方面可能是受到审计意见需求的影响。如果不需要合理保证审计意见，而审计载体是完整的信息链，则采用事实发现型取证模式具有更高的效率。

以上所述合规审计取证模式的选择，归纳起来如表 3－3 所示。

表 3－3 合规审取证模式的选择

		审计载体状况	
		有完整的载体链	无完整的载体链
审计意见类型	合理保证审计意见	命题论证型取证模式	不适用
	有限保证审计意见	事实发现型取证模式	事实发现型取证模式

三、选择审计意见类型

在合规审计准备阶段，审计人员不能确定发表何种审计意见，但要对审计意见类型的需求和可能性进行判断。合规审计意见分为合理保证审计意见和有限保证审计意见。根据初步业务活动中对被审计单位及相关情况的了解，审计人员首先要判断本次合规审计需要发表的审计意见类型，是发表合理保证审计意见还是发表有限保证审计意见。也就是要判断是否根据样本来推断总体状况，如果需要，则一般选择合理保证审计意见，如果不需要推断总体状况，则可以考虑有限保证审计意见。

合规审计意见类型的需求是一个方面，另一个重要的方面是提供不同审计意见类型的可能性，这依赖于审计载体状况及相应的审计取证模式。当没有完整的载体信息链时，只能选择有限保证审计意见，当存在完整的载体信息链时，可以选择合理保证审计意见，也可以选择有限保证审计意见。

以上所述合规审计意见类型的选择，归纳起来如表3-4所示。

表3-4　合规审计意见类型的选择

		审计载体状况（审计取证模式）	
		有完整的载体链（命题论证型取证模式）	无完整的载体链（事实发现型取证模式）
审计意见类型的需求	合理保证审计意见	√	×
	有限保证审计意见	√	√

√表示可能出现这种情形。
×表示不可能出现这种情形。

四、初步确定审计重要性

在风险导向审计模式下，审计重要性贯穿审计全过程。在合规审计准备阶段，审计人员主要是基于初步业务活动中对被审计单位的了解，估计审计重要性。由于重要性分为数量重要性和性质重要性，而重要性需要按不同的层级来估计，所以，在合规审计准备阶段，需要估计审计重要性的基本情形如表3-5所示。

表3-5　需要估计审计重要性的基本情形

		估计审计重要性	
		数量重要性	性质重要性
层级	单位层级	√	√
	专门项目层级	√	√
	特定行为层级	√	√
	特定行为标的层级	×	×

√表示需要估计这种层级的重要性。
×表示可以有但不是必需的重要性。

（1）无论是数量重要性还是性质重要性，都要站在利益相关者的角度来确定，这里的利益相关者也就是审计报告使用者。因为能否容忍某种程度的行为偏差是审计报告使用者的判断，而不是审计人员的判断。当审计报告使用者已知时，就需要站在审计报告使用者的角度来估计重要性；当审计报告使用者未知时，首先需要预测审计报告使用者的范围和类型，在此基础上站在这些预测审计报告使用者的角度来估计重要性。

（2）从数量重要性来说，不同层级的数量重要性估计存在两种情况，一是不分配的方法，二是分配的方法。不分配的方法是指各个层级视同独立的项目，根据相关的特定情形单独确定其重要性，一般是基于一些基准数据和比率来估计数量重要性。在这种情形下，不同层级的数量重要性并不存在一定的数量关系。分配的方法一般是将高层级的数量重要性在低层级的对象中进行分配，主流方法是差别比率法，也可以采用德尔菲法、层次分析法（AHP）等。

从性质重要性来说，主要是考虑法律法规、规章制度的要求，通常要以特定行为或特定行为分解形成的审计标的为对象来确定重要性。

五、初步确定可接受风险水平

由于固有限制，合规审计不能保证将所有具有重要性的偏差行为都找出来，所以，审计人员必须接受一定的合规审计风险，即审计人员未能发现被审计单位存在的偏差行为，对行为合规性发表了错误的审计意见。风险导向合规审计的核心内容是将这种审计风险控制在可容忍的水平。

在审计准备阶段，审计人员需要根据初步业务活动中对被审计单位及相关情况的了解做出两种判断，一是初步确定可接受的审计风险水平，二是初步评价行为偏差风险。无论是采用命题论证型取证模式还是事实发现型取证模式，都需要做出上述两方面的判断。

可接受审计风险是指审计活动完成后，审计人员准备承担或可以接受的审计风险。审计人员需要基于初步业务活动中对被审计单位的了解，考虑一些相关因素：一是审计报告使用者的情况。审计报告使用者素质越高、知识范围越广、对审计报告的利用程度越高，可接受审计风险就越低。二是审计组织的风险承受能力。审计组织的风险承受能力越强，可接受审计风险就可以越高。而审计组织的风险承受能力则主要取决于审计组织的规模、经济实力以及法律地位和法律责任等。三是审计资源限制。确定了可接受合规审计失败风险，也就确定了检查风险。而检查风险是决定审计资源需求的基础性因素，因此，确定的可接受审计风险越高，检查风险也就越高，进而审计资源需求也就越少。四是行业竞争情况。审计组织之间的竞争越激烈，可接受审计风险就越低。当然，在审计准备阶段可接受审计风险水平只是初步确定，随着后续审计程序中对被审计单位及相关情况的进一步了解，可能修正这个可接受审计风险水平。

审计人员根据初步业务活动中了解到的被审计单位及相关情况，以纳入审计的特定行为及其审计标的为对象，判断其发生偏差的可能性。可以将特定行为偏差风险分解为固有风险和控制风险，前者是指在没有内部控制的情形下，特定行为发生偏差的可能性，后者是指相关的内部控制不能抑制偏差的可能性。当然，也可以不分解为固有风险和控制风险，而将二者结合起来进行综合评价。初步评价行为偏差风险的主要目的是确定重要审计事项，偏差风险高的领域被确定为重要审计事项的可能性大。

六、初步确定审计重点

为了提高审计效率、效果，需要找出审计重点。在数据式合规审计中，导致特定行为发生的交易或事项称为审计标的。不同的特定行为及其审计标的在合规审计中会有不同的关注程度，重点关注的就是审计重点。一般来说，审计人员需要根据初步业务活动中对被审计单位及相关情况的了解，从两个维度来判断特定行为及其审计标的是不是审计重点：一个维度是特定行为及其审计标的的偏差风险，以风险评估为基础来确定审计重点，通常是风险越高，与此相关的特定行为及其审计标的越要成为审计重点。另一个维度是特定行为及其审计标的的重要程度，一是从特定行为及其审计标的在被审计单位的重要程度来判断其重要程度；二是从利益相关者、相关领导及公众对特定行为及其审计标的的关注程度来判断其重要程度；三是从特定行为及其审计标的资金和资产规模来判断其重要程度。上述三方面的判断在较大程度上体现了合规审计数量重要性和性质重要性的初步应用。

通常需要将风险判断和重要程度判断结合起来，以确定哪些特定行为及其审计标的是审计重点，基本情况如表 3－6 所示。

表 3－6　审计重点的判断

		特定行为及其审计标的的偏差风险	
		高	低
特定行为及其审计标的的重要程度	高	A	C
	低	B	D

表 3－6 所示的四种组合中，情形 A 一般是审计重点，情形 D 一般不是审计重点，而情形 B 和情形 C 是否作为审计重点是需要选择的，无论如何，其作为审计重点的可能性低于情形 A 但高于情形 D。

第 4 节　合规风险评估程序的具体方案

合规审计的初步业务活动有两个成果：一是确定审计的大政方针，这就是总体审计策略；二是确定下一个审计步骤的具体方案，这就是合规风险评估程序的具体方案。本节将阐述第二方面的内容。

一、合规风险评估程序

针对不同层级的合规风险评估对象，如何评估行为偏差风险呢？主要的程序是了解被审计单位及相关情况，然后将了解到的情况与不同层级的合规风险评估对象相联系，评估各层级的合规风险。相关内部控制、相关信息系统都是被审计单位及相关情况的组成部分，同时，在数据式合规审计中，电子数据分析（也是信息化、大数据时代的一种分析性程序）是合规风险评估的主流方法。所以，总体来说，数据式合规风险评估程序有四个步骤：一是确定风险评估的具体对象；二是了解被审计单位及相关情况；三是电子数据分析；四是将了解到的被审计单位及相关情况以及数据分析发现与不同层级的合规风险评估对象相联系，估计各层级对象的合规风险。

实施合规风险评估的结果应用于两个方面：一是根据被审计单位及其相关情况，确定合规审计风险模型中的“可接受合规审计失败风险”，这主要是对审计准备阶段初步确定的可接受审计风险进行修正或调整；二是根据被审计单位及其相关情况确定合规审计风险模型中的“行为偏差风险”，在此基础上确定“检查风险”“定性风险”，为进一步审计程序的总体方案和实施方案奠定基础。

二、合规风险评估的具体方案

在合规审计准备阶段，审计人员要根据初步业务活动中对被审计单位及相关情况的了解，编制合规风险评估的具体方案，这个方案需要针对合规风险评估的不同步骤来编制。

（一）确定风险评估对象的具体方案

合规风险评估对象分为单位层级、专门项目层级、特定行为及其审计标的层级，在合规风险评估的具体方案中，要确定究竟哪些内部机构、哪些专门项目、哪些特定行为应纳入本次审计的范围，对于纳入审计范围的对象要制定一个清单。在此基础上，特定行为还要分解为不同的审计标的并确定其审计具体目标，同时，根据初步业务活动中了解到的电子数据可获得情况，确定可实施电子数据分析的审计具体目标和不可实施电子数据分析的审计具体目标。如果这些审计具体目标未达成，就是审计风险，也就是需要评估的违规风险维度，基本情况如表 3－7所示。

表 3－7　　审计标的及其风险评估维度

特定行为	审计标的	审计具体目标（风险维度）	可实施电子数据分析的维度	不可实施电子数据分析的维度
甲行为	A 审计标的	发生性、完整性、准确性、截止、分类、范围、标准		
	B 审计标的			
	…			
乙行为	C 审计标的			
	D 审计标的			
	…			
…	…			

（二）了解被审计单位及相关情况的具体方案

了解被审计单位及相关情况包括的内容较多，内部控制和信息系统也是其中的组成部分，但是，由于这两部分相对独立，且需要一些专门的方法，所以通常单独确定其适用程序。另外，运用分析性程序来分析相关数据也是了解被审计单位及相关情况的一种方法。但是，在数据式合规审计模式下，分析性程序发展成为电子数据分析，其内容较为丰富，所以，一般作为独立的内容来设计具体方案。一般来说，除了电子数据分析之外的其他各种程序，其具体方案大致如表3-8所示。

表3-8　了解被审计单位及相关情况的具体方案

了解的内容	了解的具体方法	涉及的内部单位	实施时间	实施人员
单位性质、组织结构				
业务范围、业务活动、业务管理体制、相关法律法规及其执行情况				
财政财务活动、财政财务状况、财政财务管理体制、相关法律法规及其执行情况				
除业务活动及财政财务活动之外的其他活动的范围、管理体制、相关法律法规及其执行情况				
相关内部控制及其执行情况				
相关信息系统及其执行情况				
所在行业重要的法律法规、业务活动及财务活动情况、违规行为发生情况				
监管机构的监督检查情况及已经掌握的被审计单位违规事实或者线索				
以往接受审计和监管及其整改情况				
需要了解的其他情况				

（三）电子数据分析的具体方案

在数据式合规审计模式下，电子数据分析是识别行为偏差的主要方法。根据初步业务活动的结果，审计人员已经知道可能获得的电子数据类型，在此基础上编制电子数据采集方案、数据清理方案及分析方案。电子数据采集的目的是从被审计单位及相关部门或单位获取电子数据，由于这些数据所在的信息系统不同、存储状态不同，需要有针对性的数据采集方案。数据清理是指对被审计数据进行检查，以控制审计数据的质量，将与审计工作无关的或者冗余的数据删除，为后续的数据分析奠定基础。针对不同的数据，需要采用不同的数据清理方法。电子数据分析是从电子数据中找异常，从异常中找疑点，这里的疑点也就是违规风险。

从数据中找异常的思路有多种，前文已有介绍。此外，电子数据分析的具体方案还受到取证模式的影响。

本章小结

本章介绍合规审计的审计准备工作，包括：组建审计小组和发送审计通知书、初步业务活动、总体审计策略、合规风险评估程序的具体方案。

合规审计项目需要由审计小组而不是单个审计人员来完成，原因有两个方面，一是专业胜任能力的要求；二是审计风险防范的要求。组建审计小组有两方面的要求，一是专业胜任能力；二是独立性。安排审计小组的人员构成时，应充分考虑年龄、能力、个性及性别等多方面的因素。

审计通知书的内容主要包括：被审计单位名称，审计依据，审计范围，审计起始时间，审计小组组长及成员名单，被审计单位配合审计工作的要求。同时，还应当告知被审计单位审计小组的审计纪律要求。审计小组在开展初步业务活动之前就要将审计通知书发送给被审计单位，由审计组织负责人签发，审计小组负责发送给被审计单位。

审计准备阶段，为了确定总体审计策略和编制合规风险评估方案而了解被审计单位的活动称为初步业务活动。初步业务活动的目的有两个，一是为确定总体审计策略服务；二是为编制合规风险评估方案服务。初步业务活动的主要内容是初步了解被审计单位及相关情况，以作为确定总体审计策略和编制合规风险评估方案的基础。初步业务活动的常用方法包括询问、分析性程序（电子数据分析）、观察、审阅和调查等。

总体审计策略是关于合规审计项目作为一个整体的一些策略性选择，主要包括确定审计范围、选择审计取证模式、选择审计意见类型、初步确定审计重要性、初步确定可接受风险水平、初步确定审计重点等。

数据式合规风险评估程序有四个步骤：一是确定风险评估的具体对象；二是了解被审计单位及相关情况；三是电子数据分析；四是将了解到的被审计单位及相关情况以及数据分析发现与不同层级的合规风险评估对象相联系，估计各层级对象的合规风险。上述四个步骤都应该有具体方案。

复习思考题

1. 为什么要组建审计小组？组建审计小组有哪些要求？
2. 审计小组的产生方式有哪些？
3. 审计通知书包括哪些内容？
4. 审计通知书的发送有哪些要求？

5. 初步业务活动的目的是什么?
6. 初步业务活动包括哪些内容?
7. 初步业务活动的审计程序有哪些?
8. 总体审计策略中如何确定审计范围?
9. 总体审计策略中如何选择审计取证模式?
10. 总体审计策略中如何选择审计意见类型?
11. 总体审计策略中如何初步确定审计重要性?
12. 总体审计策略中如何初步确定可接受风险水平?
13. 总体审计策略中如何初步确定审计重点?
14. 合规风险评估程序有哪些步骤?
15. 合规风险评估的具体方案包括哪些内容?

第4章

合规审计的风险评估程序

学习目标

1. 掌握了解被审计单位及相关情况的内容和审计程序
2. 掌握了解和评估被审计单位相关内部控制的内容和审计程序
3. 掌握了解和评估相关信息系统的内容和审计程序
4. 掌握评估合规风险的过程
5. 掌握进一步审计程序的总体方案和实施方案的设计

引导案例

一份承包合同牵出的“小金库”

湖北省襄阳市审计局在审计市直A机关财务收支情况时，以一份承包合同为突破口，一举查处该单位私设长达四年之久的“小金库”，金额33.74万元。

疑点初现

在审计进点会上，A机关领导在介绍单位基本情况时，提到为了盘活资产，从2007年开始把原来的内部招待所对外出租，出租收入已经按规定上缴市预算外资金管理局，严格实行了收支两条线，随后提供了承包合同。审计人员在审计核实时发现单位的账务处理与单位领导介绍的情况一致。但在审前调查时，审计组从A机关相关科室那里了解到招待所已经经营了好几年。当审计人员向计财科长询问具体情况时，计财科长解释道，审前调查时有关人员介绍的情况有误，并信誓旦旦地说，前几年招待所一直闲置，没有租出去。审计人员暗下决心，一定要把问题弄个水落石出。

重点突破

按照审计实施方案，审计组分为两个小组：一个小组审计A机关，另一个小组审计A机关下属二级单位B服务站。审计进点后的第二天上午，两个小组同时对A机关和B服务站的现金进行了突击盘点。账实虽然没有出入，但是B服务站保险柜里的一份承包合同引起了审计人员的注意。这是一份刘某2004年与B服务站签订的承包下属公司的合同。原来，早在1997年B服务站就成立了C公司，于2002年上半年转给个人承包，每年收取一定数额的承包费。2007年上半年，承包期满。由于经营形势不好，刘某没有续约，C公司处于停业状态。然而，审计人员却没有在B服务站账上看到刘某上缴的承包费。另外，审计A机关的审计人员通过外调，发现A机关的招待所于2004年就对外承包给了王某，王某每年向A机关上缴承包费，但是A机关的账上也没有反映这部分承包收入。那么，刘某和王某的承包费到底交到哪里去了？

针锋相对

审计人员立即分别询问A机关和B服务站的会计人员。B服务站的会计先是说合同签了但由于经营情况不好，没有收到承包款，后来在审计证据面前又说承包款上交给A机关；A机关的财务人员说没有收到B服务站的承包款，也不清楚机关收招待所承包款的事情。看来，审计人员只有直接与A机关领导交锋了。刚开始，分管财务的领导还是那句话，招待所是从2007年才承包出去的，收入都入账了，但是在充足的审计证据和国家有关政策法规面前，该领导认识到问题的严重性，最后不得不让出纳交出记录收取刘某和王某承包款的“小金库”。

真相大白

审计组经过对“小金库”的清理，查明A机关2004—2007年将收取的刘某和王某承包款25.36万元及其他收入8.38万元，合计33.74万元存放账外，未纳入机关财务账内核算，截至审计之日共支出33.14万元，其中：发放干部职工春节补助27.49万元，发放干部子女就业补贴2.5万元，其他支出3.15万元，结余0.6万元。

资料来源：一份承包合同牵出的“小金库”. 中国内部审计.（2017-12-15）. http://www.sohu.com/a/210608857_653379.

思考题：根据该案例，评估合规风险对进一步审计程序的总体方案和实施方案有什么影响。

在合规审计的准备阶段，审计人员已经开展了初步业务活动，并以此为基础确定了总体审计策略及合规风险评估的具体方案。本章将介绍如何实施这个合规风险评估方案，评估被审计单位的行为偏差风险，以确定进一步审计程序的总体方案和实施方案。具体包括以下内容：了解被审计单位及相关情况，了解被审计单位相关内部控制和相关信息系统，评估合规风险并确定进一步审计程序的总体方案和实施方案。

第1节　了解被审计单位及相关情况

合规风险评估就是了解被审计单位及相关情况（包括电子数据分析），并将了解到的情况与不同层级的合规风险评估对象相联系以评估各层级的合规风险，本节将介绍被审计单位及相关情况的内容及了解的方法。

一、被审计单位及相关情况的内容

了解被审计单位及相关情况是合规风险评估的基础，那么，从哪些方面来了解被审计单位及相关情况呢？很显然，不同的审计主题下，需要了解的内容不同，不同的审计目标下，需要了解的内容也不同。从行为是否合规出发，审计人员可以从下列十个方面了解被审计单位及相关情况：

（1）单位性质、组织结构；

（2）业务范围、业务活动、业务管理体制、相关法律法规及其执行情况；

（3）财政财务活动、财政财务状况、财政财务管理体制、相关法律法规及其执行情况；

（4）除业务活动及财政财务活动之外的其他活动的范围、管理体制、相关法律法规及其执行情况；

（5）相关内部控制及其执行情况；

（6）相关信息系统及其执行情况；

（7）所在行业重要的法律法规、业务活动及财务活动情况、违规行为发生情况；

（8）监管机构的监督检查情况及已经掌握的被审计单位违规事实或者线索；

（9）以往接受审计和监管及其整改情况；

（10）需要了解的其他情况。

上述内容可以分为被审计单位本身的相关情况以及被审计单位所在行业的相关情况，下面我们分别阐释每一方面的具体内容。

（一）单位性质与组织结构

单位性质也就是单位的属性，一般从设立者和设立目标两个角度来考虑。从设立者来考虑，有私立单位和公共单位；从设立目标来考虑，有营利性组织和非营利组织。将设立者和设立目标组合起来，单位性质大致可以分为以下类型：党政机关，事业单位，国有企业，非国有企业，国有金融机制，非国有金融机构，非政府组织。当然，最直接体现单位性质的是单位所有权结构。对被审计单位所有权结构的了解，有助于审计人员识别关联方关系并了解被审计单位的决策过程及适用的法律法规。审计人员应当了解所有权结构以及投资者与其他人员或单位之间的关系，考虑关联方关系是否被识别。

在了解单位性质的基础上，再了解单位的组织结构，包括高层组织结构和中基层组织结构。高层组织结构也称为治理结构，良好的治理结构有助于对被审计单位的业务运营和财务运作实施有效的监督，从而降低行为偏差风险。审计人员应当了解被审计单位的治理结构。中基层组织结构是被审计单位除了治理结构之外的组织结构，审计人员应当了解被审计单位的这种组织结构，考虑复杂组织结构可能导致的行为偏差风险。

（二）业务范围、业务活动、业务管理体制、相关法律法规及其执行情况

业务范围是被审计单位设立时确定的业务活动范围，也可能表现为组织职责。在该业务范围内，从事业务活动是被审计单位实现组织目标的主要活动。了解被审计单位的业务活动有助于审计人员识别预期在被审计单位审计的主要行为类型。

任何业务活动都有政府监督部门，需要遵守相关的法律法规及规章，所以，还需要了解被审计单位从事的业务活动由哪些政府机构监督，这些业务活动需要遵守的相关法律法规及规章有哪些，由哪些政府机构来监督这些法律法规及规章的执行，监督的结果如何。了解这些法律法规及规章，有助于审计人员识别被审计单位违反法规的行为。审计人员应当了解被审计单位需要遵守的相关法律法规及规章，主要包括：

（1）适用的会计准则、会计制度和行业特定惯例；

（2）对业务活动产生重大影响的法律法规及监管活动；

（3）对开展业务产生重大影响的政府政策，包括货币、财政、税收和贸易等政策；

（4）与被审计单位所处行业和所从事业务活动相关的环保要求。

（三）财政财务活动、财政财务状况、财政财务管理体制、相关法律法规及其执行情况

被审计单位为了从事业务活动以实现其组织目标，必须有财务资源的保障，所以必须开展财政财务活动。了解被审计单位财政财务活动，有助于审计人员识别被审计单位有哪些财政财务行为。在了解被审计单位财政财务活动的基础上，了解其财政财务状况，收支相抵状况、有助于审计人员识别被审计单位可能存在的财政财务违规行为。

任何被审计单位的财政财务都有其源头，所以要了解被审计单位的财政财务管理体制，这对于审计人员判断被审计单位所执行的财政财务相关法律法规最为重要。在此基础上，了解被审计单位在财政财务活动中所执行的相关法律法规，有助于审计人员识别被审计单位可能有哪些财政财务违规行为。

（四）除业务活动及财政财务活动之外的其他活动的范围、管理体制、相关法律法规及其执行情况

合规审计关注行为是否符合相关法律法规及规章制度，这里的行为除了业务活动和财务活动之外，还可能有其他活动。如果审计主题包括这些活动，则在合规风险评估阶段，必须了解这些活动的范围、管理体制、相关法律法规及其执行情况。了解这些情况有助于审计人员识别被审计单位可能存在的违规行为。

（五）相关内部控制及其执行情况

内部控制是由组织内部全体管理层和员工实施的旨在实现控制目标的过程。其目标是合理保证业务活动、财务活动及其他活动合法合规、资产安全，财务报告及相关信息真实完整，提高业务营运效率和效果，促进组织战略的实现。

很显然，合规审计相关的目标是合理保证业务活动、财务活动及其他活动合法合规、资产安全，这方面的内部控制越健全，违规风险就越低。所以，了解相关内部控制及其执行情况，有助于审计人员识别被审计单位可能存在的违规行为。本章随后专门阐述这部分内容。

（六）相关信息系统及其执行情况

在信息化背景下，许多被审计单位的业务流程已经信息化，业务流程中的内部控制自然也就信息化了。在这种情形下，相关信息系统既是业务流程，也是内部控制。很显然，业务活动、财务活动及其他活动合法合规、资产安全通过信息系统来保障，这方面的信息系统越是健全有效，违规风险越低。所以，了解相关信息系统及其执行情况，有助于审计人员识别被审计单位可能存在的违规行为。本章随后专门阐述这部分内容。

（七）所在行业重要的法律法规、业务活动及财务活动情况、违规行为发生情况

在许多情形下，违规行为的发生具有行业特征，审计人员除了要了解被审计单位本身的情况，还要了解被审计单位所在行业的一些相关情况，了解这些相关情况有助于审计人员识别与被审计单位所处行业有关的行为偏差风险。一般来说，审计人员应当了解被审计单位的行业状况，主要包括：

（1）所处行业的主要业务活动类型及财务活动类型；

（2）所处行业的主要单位开展上述业务活动和财务活动的情形；

（3）所处行业需要遵守的重要的法律法规；

（4）所处行业发生违规行为的主要类型及发生情况。

（八）监管机构的监督检查情况及已经掌握的被审计单位违规事实或者线索

被审计单位的业务活动、财政财务活动及其他活动都要遵守相关的法律法规及规章制度，都有相关政府机构对于被审计单位的各类活动是否遵守相关的法律法规进行监管；对于行政事业单位及国有企业，还有国家纪检监察机关及内部的类似机构进行监管。从上述这些监管机构处了解被审计单位及其成员遵守法律法规的情况，特别是这些监管机构已经掌握的被审计单位违规事实或者线索，有助于审计人员识别被审计单位可能存在的违规行为。

（九）以往接受审计和监管及其整改情况

以往发现的违规行为要么是专门负责某类行为监管的监管机构发现的违规行

为，要么是以往各类审计中发现的违规行为。一般来说，被审计单位以往发生的违规行为及其整改情况对于其现在的违规行为有一定的预测价值，了解这些情况有助于审计人员识别被审计单位可能存在的违规行为。

（十）需要了解的其他情况

需要了解的其他情况主要有两个方面：一是对于某个特定审计项目，审计委托人特别关注但又不属于上述各部分的内容。例如，对于某审计项目，有高层领导指示要特别关注某问题，这个问题如果不属于上述各部分的内容，则属于需要了解的其他情况。二是审计人员根据职业判断，在总体审计策略中确定的需要了解的重要内容，这部分内容也不属于上述各部分的内容。

二、了解被审计单位及相关情况的审计程序

以上介绍了需要了解的被审计单位及相关情况的内容，审计人员用什么方法来了解被审计单位及相关情况呢？一般来说可以采取下列方法：

（1）书面或者口头询问被审计单位内部和外部相关人员；

（2）审阅有关文件、记录、报告、内部管理手册、信息系统的技术文档、操作手册及外部相关信息；

（3）观察有关业务活动及其场所、财务活动及其场所、其他活动及其场所，以及相关内部控制的执行情况；

（4）追踪有关交易的处理过程；

（5）分析相关数据（电子数据分析）。

（一）书面或者口头询问被审计单位内部和外部相关人员

书面或者口头询问被审计单位内部和外部相关人员是审计人员了解被审计单位及其环境的一个重要信息来源。对于内部人员，审计人员除了询问管理层和对相关行为负有责任的人员外，还应当考虑询问内部审计人员、业务人员、财务人员等其他人员以及不同级别的员工，以获取对识别违规风险有用的信息。对于外部人员，审计人员可以询问与被审计单位业务活动、财务活动及其他活动有关的外部单位相关人员及对被审计单位业务活动、财务活动及其他活动进行监管的相关部门的人员。

在确定向被审计单位内部及外部的哪些人员进行询问以及询问哪些问题时，审计人员应当考虑何种信息有助于其识别和评估违规风险。

（二）审阅有关文件、记录、报告、内部管理手册、信息系统的技术文档、操作手册及外部相关信息

审阅程序可以印证对被审计单位内部和外部相关人员询问的结果，并可提供有关被审计单位及其环境的信息。审计人员应当实施下列审阅程序：审阅被审计单位执行的文件、形成的会议记录和纪要；审阅被审计单位向外部提交的报告及

下级单位提交的报告，关注这些报告的批复情况；审阅由被审计单位管理层和治理层编制的工作报告及财务报告；审阅内部管理手册、信息系统的技术文档和操作手册，以了解被审计单位内部控制和信息系统设计情况；审阅外部相关信息，这有助于审计人员了解被审计单位及其环境，外部相关信息包括外部监管机构出具的有关被审计单位及其所处行业的监管报告，以及政府部门或民间组织发布的行业报告和统计数据等。

（三）观察有关业务活动及其场所、财务活动及其场所、其他活动及其场所，以及相关内部控制的执行情况

观察程序可以印证对被审计单位内部和外部相关人员询问的结果，提供有关被审计单位及其环境的信息。审计人员应当实施下列观察程序：观察被审计单位的有关业务活动及其场所以及相关内部控制的执行情况；观察被审计单位的有关财务活动及其场所以及相关内部控制的执行情况；观察被审计单位的有关其他活动及其场所以及相关内部控制的执行情况。

（四）追踪有关交易的处理过程

追踪交易有关活动的处理过程也称为穿行测试，是审计人员了解被审计单位业务流程及其相关控制时经常使用的一种方法。通过追踪交易的处理过程，可以证实审计人员对内部控制及信息系统的了解、评价内部控制及信息系统设计的有效性并确定内部控制及信息系统是否得到执行，具体来说包括以下三个方面：确认对处理过程的了解是否准确和完整；评价内部控制及信息系统设计是否能及时预防或发现并纠正重大错报；确定内部控制及信息系统是否得到执行。

（五）分析相关数据（电子数据分析）

在数据式合规审计模式下，数据分析是核心的审计技术。在合规风险评估阶段，数据分析是指审计人员通过研究不同财务数据之间、财务数据与非财务数据之间的内在关系，以及内部数据与外部数据之间的关系，识别行为偏差风险。审计人员实施数据分析有助于识别异常的交易或事项，对审计重点判断产生影响的金额、比率和趋势。在实施数据分析时，审计人员应当预期可能存在的合理关系，并与被审计单位记录的金额、计算的比率或趋势相比较。如果发现异常或未预期到的关系，审计人员应当在识别行为偏差风险时考虑这些比较结果。

第 2 节　了解被审计单位相关内部控制和相关信息系统

合规审计关注行为是否合规，与行为是否合规相关的内部控制和信息系统是被审计单位及相关情况的组成部分，由于这部分内容较多，所以单列一节介绍。

一、了解和评估被审计单位相关内部控制

（一）需要了解的相关内部控制的内容

审计人员可以从下列方面了解被审计单位相关内部控制及其执行情况：

（1）控制环境，即高层基调、治理结构、组织结构、人力资源政策、组织文化等；

（2）风险评估，即被审计单位确定、分析与实现内部控制目标相关的风险，以及采取的应对策略；

（3）控制活动，即根据风险评估结果采取的控制措施，包括不相容职务分离控制、授权审批控制、实物措施控制、预算控制、业绩分析和绩效考评控制等；

（4）信息与沟通，即收集、处理、传递与内部控制相关的信息，并能有效沟通的情况；

（5）对控制的监督，即对各项内部控制设计、职责及其履行情况的监督检查。

（二）对内部控制了解的深度

审计人员在初步业务活动中已经对被审计单位的内部控制有所了解，在风险评估阶段对内部控制了解的深度，是指在了解被审计单位及其环境时对内部控制了解的程度，包括评价内部控制的设计，并确定其是否得到执行，但不包括对控制是否得到一贯执行的测试（这是进一步审计程序的任务）。

1. 评价内部控制的设计

审计人员在了解内部控制时，应当评价控制的设计，并确定其是否得到执行。评价控制的设计是指考虑一项控制单独或连同其他控制是否能够有效防止或发现并纠正具有重要性的行为偏差。控制得到执行是指某项控制存在且被审计单位正在使用。设计不当的控制可能表明内部控制存在重大缺陷，审计人员在确定是否考虑控制得到执行时，应当首先考虑控制的设计，如果控制设计不当，就不需要考虑控制是否得到执行。

2. 获取内部控制设计和执行的审计证据

审计人员通常实施下列风险评估程序，以获取有关控制设计和执行的审计证据：

（1）询问被审计单位的相关人员，当然，询问本身并不足以评价控制的设计以及确定其是否得到执行，审计人员应当将询问与其他风险评估程序结合使用；

（2）观察特定控制的运用；

（3）检查相关的文件和报告；

（4）追踪交易在业务流程或信息系统中的处理过程（穿行测试），这个程序是风险评估程序在了解被审计单位内部控制方面的具体运用。

3. 了解内部控制与测试控制运行有效性的关系

除非存在某些可以使控制得到一贯运行的自动化控制，否则审计人员对控制的了解不能代替对控制运行有效性的测试。

（三）了解内部控制各要素的要求

1. 对控制环境的了解

审计人员应当充分了解控制环境的构成要素，并考虑内部控制的实质及其综合效果，以了解管理层和治理层对内部控制及其重要性的态度、认识以及所采取的措施。

在评价控制环境各个要素时，审计人员应当考虑控制环境的各个要素是否得到执行。因为管理层也许建立了合理的内部控制，但未有效执行。

在确定构成控制环境的要素是否得到执行时，审计人员应当考虑将询问与其他风险评估程序相结合以获取审计证据。

控制环境对具有重要性的行为偏差风险的评估具有广泛影响，审计人员应当考虑控制环境的总体优势是否为内部控制的其他要素提供了适当的基础，并且未被控制环境中存在的缺陷所削弱。

控制环境本身并不能防止或发现并纠正各类行为层级的具有重要性的偏差，审计人员在评估具有重要性的行为偏差风险时，应当将控制环境连同其他内部控制要素产生的影响一并考虑在内。

2. 对风险评估过程的了解

在评价被审计单位风险评估过程的设计和执行时，审计人员应当确定管理层如何识别与审计主题相关的风险，如何估计该风险的重要性，如何评估风险发生的可能性，以及如何采取措施管理这些风险。如果被审计单位的风险评估过程符合其具体情况，了解被审计单位的风险评估过程和结果有助于审计人员识别具有重要性的行为偏差风险。

审计人员在对被审计单位整体层面的风险评估过程进行了解和评估时，可以通过了解被审计单位及其环境的其他方面信息，评价被审计单位风险评估过程的有效性。

审计人员应当询问管理层识别出的行为偏差风险，并考虑这些风险是否可能导致具有重要性的行为偏差。

在审计过程中，如果发现与行为偏差有关的风险因素，审计人员可通过向管理层询问和检查有关文件来确定被审计单位的风险评估过程是否也发现了该风险因素。在审计过程中，如果识别出管理层未能识别的具有重要性的行为偏差风险，审计人员应当考虑被审计单位的风险评估过程为何没有识别出这些风险，以及评估过程是否适合该具体环境。

3. 对信息与沟通的了解

了解相关信息系统是因为，自动化程序和控制可能降低了发生无意识错误的风险，但是并没有消除个人凌驾于控制之上的风险。

对与财务报告相关的沟通的了解，即了解被审计单位内部如何就与行为偏差相关的重大事项进行沟通，管理层与治理层之间的沟通，以及被审计单位与外部（包括与监管部门）的沟通。

4. 对控制活动的了解

在了解控制活动时，审计人员应当重点考虑一项控制活动单独或连同其他控制活动是否能够以及如何防止或发现并纠正各类行为层级中具有重要性的偏差。审计人员的工作重点是识别和了解针对这些偏差可能发生的领域的控制活动。如果多项控制活动都能够实现同一目标，审计人员不必了解与该目标相关的每项控制活动。

5. 对内部控制监督的了解

审计人员在对内部控制的监督进行了解和评估时，应考虑一些主要因素。被审计单位可能会使用内部审计人员或具有类似职能的人员对内部控制的设计和执行进行专门的评价，找出内部控制的优点和不足，并提出改进建议。管理层可能会考虑与审计人员就内部控制进行沟通，通过与外部信息的沟通发现内部控制存在的问题，以便采取纠正措施。

值得注意的是，上述用于监督活动的很多信息都由被审计单位的信息系统产生，这些信息可能会存在错报，从而导致管理层从监督活动中得出错误的结论。因此，审计人员应当了解与被审计单位监督活动相关的信息来源，以及管理层认为信息具有可靠性的依据。如果拟利用被审计单位监督活动使用的信息（包括内部审计报告），审计人员应当考虑该信息是否具有可靠的基础，是否足以实现审计目标。

（四）在整体层面了解内部控制

一般来说，合规审计的审计对象分为专门项目层级、特定行为层级和单位层级，特定行为层级组成专门项目层级，专门项目层级组成单位层级。所以，这里的整体层面既可以是专门项目层级，这种内部控制对属于该专门项目的特定行为都有影响；也可以是单位层级，这种内部控制对属于该单位的特定行为都有影响，例如，控制环境、信息系统的一般控制、对控制的监督等。

在整体层面对被审计单位内部控制的了解和评估，通常由项目组中对被审计单位情况比较了解且较有经验的成员负责，同时需要项目组其他成员的参与和配合。对于连续审计，审计人员可以重点关注整体层面内部控制的变化情况，包括由于被审计单位及其环境的变化而导致内部控制发生的变化以及采取的对策。审计人员还需要特别考虑因舞弊而导致重大违规行为的可能性及其影响。

审计人员可以考虑将询问被审计单位人员、观察特定控制的应用、检查文件和报告以及执行穿行测试等风险评估程序相结合，以获取审计证据。在了解上述内部控制的构成要素时，审计人员需要特别注意这些要素是否得到执行。

在了解内部控制的各构成要素时，审计人员应当对被审计单位整体层面的内部控制的设计进行评价，并确定其是否得到执行。审计人员应当考虑管理层的理念和态度、实际设计和执行的控制，以及他们对业务活动、财务活动及其他活动的密切参与是否能够实现控制的目标。

审计人员应当将对被审计单位整体层面内部控制各要素的了解要点和实施的风险评估程序及其结果等形成审计工作记录，并对影响审计人员对整体层面内部控制有效性进行判断的因素加以详细记录。

专门项目层级及单位层级的具有重要性的行为偏差风险很可能源于薄弱的控制环境，因此，审计人员在评估具有重要性的行为偏差风险时，应当将被审计单位整体层面的内部控制状况和了解到的被审计单位及其环境其他方面的情况结合起来考虑。

整体层面的内部控制是否有效将直接影响重要业务流程层面控制的有效性，进而影响审计人员拟实施的进一步审计程序的性质、时间和范围。

（五）在业务流程层面了解内部控制

一般来说，被审计单位针对不同的特定行为有不同的业务流程，所以，业务流程层面的内部控制也就是特定行为层级的内部控制。

在评估合规风险以确定进一步审计程序时（也称为初步计划审计工作），审计人员需要确定被审计单位可能存在具有重要性偏差的特定行为及其相关认定。为实现此目的，通常采取下列步骤：

（1）确定被审计单位的重要业务流程和重要交易类别（不同的交易含有不同的行为，这里的交易类别也就是行为类型，下同）；

（2）了解重要交易流程并进行记录；

（3）确定可能发生行为偏差的环节；

（4）识别和了解相关控制；

（5）执行穿行测试以证实对交易流程和相关控制的了解；

（6）对控制的初步评价和合规风险评估。

在实务中，上述步骤可能同时进行，例如，在询问相关人员的过程中，同时了解重要交易的流程和相关控制。

1. 确定重要业务流程和重要交易类别

在实务中，将被审计单位的各类相关行为划分为几个重要的交易循环，有助于审计人员更有效地了解和评估重要业务流程及相关控制。一般来说，合规审计将被审计单位的相关行为划分为不同的专门项目，各类专门项目之下再按相关行为的类型来确定重要业务流程和重要交易类别。例如，对于高校的科研经费，通常要划分为纵向课题和横向课题两个专门项目，再将纵向课题和横向课题分别按财务收支行为的类型确定重要业务流程和重要交易类别。被审计单位性质不同，所划分的交易循环也不同。

2. 了解重要交易流程并进行记录

在确定重要的业务流程和交易类别后，审计人员便可着手了解每一类重要交易在信息技术或人工系统中生成、记录、处理及在财务报表中报告的程序，即重要交易流程。这是确定在哪个或哪些环节可能发生行为偏差的基础。

审计人员可以通过下列方法获得对重要交易流程的了解：检查被审计单位的手册和其他书面指引；询问被审计单位的适当人员；观察所运用的处理方法和程序；穿行测试。

审计人员可以通过检查被审计单位的手册和其他书面指引获得有关信息，还可以通过询问和观察来获得全面的了解。向适当人员询问通常是比较有效的方法。需要注意的是，很多重要交易流程涉及被审计单位的多个部门。向负责管理具体业务人员的上级进行询问通常更加有效，因为这些人员很可能对其分管的整个业务流程十分熟悉。

在了解过程中，审计人员通常还能注意到许多正在执行的控制。在询问过程中，审计人员可以检查并在适当的情况下保存部分被审计单位的文件（如流程图、程序手册、职责描述、文件、表格等）的复印件，以帮助其了解交易流程。通常，审计人员会获得某些信息系统的文件资料。

获取此类资料的最根本目的是帮助审计人员确定哪个环节可能发生行为偏差，因此，审计人员要注意记录以下信息：输入信息的来源；所使用的重要数据档案，如客户清单及价格信息记录；重要的处理程序，包括在线输入和更新处理；重要的输出文件、报告和记录；基本的职责划分，即列示各部门所负责的处理程序。

在连续审计下，审计人员通常只是针对每一年的变化修改记录流程的工作底稿，除非被审计单位的交易流程发生重大改变。然而，无论业务流程与以前年度相比是否有变化，审计人员每年都需要考虑上述注意事项，以确保对被审计单位的了解是最新的，并已包括被审计单位交易流程中相关的重大变化。

3. 确定可能发生行为偏差的环节

审计人员需要确认和了解被审计单位应在哪些环节设置控制，以防止或发现并纠正各重要业务流程可能发生的行为偏差。审计人员所关注的控制，是那些能通过防止行为偏差的发生，或者通过发现和纠正已有行为偏差，从而确保每个环节中业务活动的具体流程能够顺利运转的人工或自动化控制程序。

尽管不同的被审计单位为确保相关行为合规而会对业务流程设计和实施不同的控制，但设计控制的目的都是实现某些控制目标。对于每个重要交易流程，审计人员都会考虑这些控制目标。评价这些目标是否实现的重要标志是：是否存在控制来防止行为偏差的发生，或发现并纠正行为偏差，然后重新提交到业务流程处理程序中进行处理。

4. 识别和了解相关控制

通过对被审计单位的了解，包括在整体层面对内部控制各要素的了解，以及在上述程序中对重要业务流程的了解，审计人员可以确定是否有必要进一步了解在业务流程层面的控制。在某些情况下，审计人员之前的了解可能表明被审计单位在业务流程层面针对某些重要交易流程所设计的控制是无效的，或者审计人员并不打算信赖控制，这时审计人员就没有必要进一步了解在业务流程层面的控制。需要注意的是，如果认为仅通过实质性程序无法将相关认定层次的检查风险降至可接受的水平，审计人员就应当了解和评估相关的控制活动。

如果审计人员计划对业务流程层面的有关控制进行进一步的了解和评价，那么针对业务流程中容易发生行为偏差的环节，审计人员应当确定：被审计单位是否建立了有效的控制，以防止或发现并纠正这些行为偏差；被审计单位是否遗漏了必要的控制；审计人员是否识别出可以最有效测试的控制。

（1）明确控制的类型。控制包括被审计单位使用并依赖且用以在交易流程中防止行为偏差发生或在发生行为偏差后发现与纠正行为偏差的所有政策和程序。有效的控制应与行为偏差发生的环节相关，并能降低行为偏差风险。通常将业务流程中的控制划分为预防性控制和检查性控制，下面分别予以说明。

预防性控制通常用于正常业务流程的每一项交易，以防止行为偏差的发生。在流程中防止行为偏差是信息系统的重要目标。缺少有效的预防性控制增加了发生行为偏差的可能性，在相关行为及认定存在较高重要性的行为偏差风险时更是如此。预防性控制可能是人工的，也可能是自动化的。

建立检查性控制的目的是发现流程中可能发生的行为偏差（尽管有预防性控制还是会发生的行为偏差）。被审计单位通过检查性控制监督其流程和相应的预防性控制能否有效地发挥作用。检查性控制通常是管理层用来监督实现流程目标的控制。检查性控制可以由人工执行，也可以由信息系统自动执行。检查性控制通常并不适用于业务流程中的所有交易，而是适用于一般业务流程以外的已经处理或部分处理的某类交易，可能一年只运行几次，也可能每周运行甚至一天运行几次。

业务流程中重要交易类别的有效控制应同时包括预防性控制和检查性控制，因为如果没有相应的预防性控制，检查性控制就不能充分发挥作用。

（2）识别和了解相关控制。业务流程中对重要交易类别的有效控制通常同时包括预防性控制和检查性控制。缺乏有效的预防性控制增加了产生行为偏差的风险，因此需要建立更为敏感的检查性控制。通常，审计人员在识别检查性控制的同时，也记录重要的预防性控制。

审计人员应当获取有关控制的充足的信息，以此识别控制，了解各种控制如何执行、由谁执行，以及执行中所使用的数据报告、文件和其他材料。此外，审计人员也需要确认，执行控制之后所形成的实物证据是什么，以及该控制是否足够敏感，能够及时防止或发现并纠正具有重要性的行为偏差。

识别和了解控制采用的主要方法是询问被审计单位各级别的负责人员。业务流程越复杂，审计人员越有必要询问信息系统人员，以辨别有关的控制。通常，应首先询问那些级别较高的人员，再询问级别较低的人员，以确定他们认为应该运行哪些控制，以及哪些控制是重要的。这种“从高到低”的询问方法使审计人员能迅速地辨别被审计单位重要的控制，特别是检查性控制。如果审计人员打算信赖控制，就要实施控制测试。

对于从级别较低的人员处获取的信息，应向级别较高的人员核实其完整性，以确定它们是否与级别较高的人员所理解的预定控制相符。这一步骤不仅可以向审计人员提供有关实际执行的控制的信息，而且可以使审计人员了解管理层对控制运行情况的熟悉程度。

需要指出的是，审计人员并不需要了解与每一个控制目标相关的所有控制活动。在了解控制活动时，审计人员应当重点考虑某一项控制活动单独或连同其他控制活动是否能够以及如何防止或发现并纠正各类相关的具有重要性的行为偏差。如果多项控制活动能够实现同一个目标，审计人员就不必了解与该目标相关的每项控制活动。

控制与认定直接或间接相关。关系越间接，控制对防止或发现并纠正行为偏差的效果越小。审计人员应考虑识别和了解与认定关系更直接、更有效的控制。

如果在之后的穿行测试和评价中，审计人员发现已识别的控制实际上并未得到执行，则应当重新针对该项控制目标识别是否存在其他的控制。

(3) 记录相关控制。如果审计人员对重要业务流程的记录符合下列条件，则可以认为记录是充分的：该记录识别了所有重要交易类别；该记录指出了在业务处理流程中"在什么环节可能出现偏差"，即在什么环节需要控制；该记录描述了针对"在什么环节可能出现偏差"建立的预防性控制与检查性控制，而且指出了这些控制由谁执行以及如何执行。

5. 执行穿行测试以证实对交易流程和相关控制的了解

为了解各类重要交易在业务流程中发生、处理和记录的过程，审计人员通常会每年执行穿行测试。执行穿行测试可获得下列方面的证据：确认对业务流程的了解；确认对重要交易的了解是完整的，即在交易流程中相关行为可能发生行为偏差的所有环节都已识别；确认所获取的有关流程中的预防性控制和检查性控制的信息的准确性；评估控制设计的有效性；确认控制是否得到执行；确认之前所做的书面记录的准确性。

需要注意的是，如果不打算信赖控制，审计人员仍需要执行穿行测试以确认以前对业务流程及可能发生行为偏差环节的了解的准确性和完整性。

对于重要的业务流程，不管是人工控制还是自动化控制，审计人员都要执行穿行测试，涵盖交易从发生到结束的整个过程。当某个重要的业务流程有显著变化时，审计人员应当根据变化的性质及其对发生具有重要性的行为偏差的影响程度，考虑是否需要对变化前后的业务都执行穿行测试。

在执行穿行测试的过程中，审计人员应当在每一个要执行处理程序或控制的环节上询问被审计单位的员工，以了解他们对岗位职责的理解，并设法判断处理程序和控制是否得到执行。

审计人员应将对业务流程和相关控制的穿行测试情况记录于工作底稿中。记录的内容包括穿行测试中查阅的文件，穿行测试的程序以及审计人员的发现和结论。

6. 对控制的初步评价和合规风险评估

(1) 对控制的初步评价。在识别和了解控制后，根据执行上述程序获取的审计证据，审计人员需要评价控制设计的合理性并确定其是否得到执行。

审计人员对控制的评价结论可能是：所设计的控制单独或连同其他控制能够防止或发现并纠正具有重要性的行为偏差，并得到执行；控制本身的设计是合理的，但没有得到执行；控制本身的设计是无效的或缺乏必要的控制。

对控制的了解和评价是在穿行测试完成后、测试控制运行有效性之前进行的，因此，上述评价结论只是初步结论，可能随控制测试后实施实质性程序的结果而发生变化。

（2）合规风险评估需考虑的因素。审计人员对控制的评价，以及对具有重要性的行为偏差风险的评估需考虑以下因素：相关行为特征及已识别的具有重要性的行为偏差风险；对整体层面控制的评价，即将在整体层面获得的了解和结论，与在业务流程层面获得的有关重大交易流程及其控制的证据结合起来考虑。

（3）评价决策。在对控制进行初步评价后，审计人员需要利用实施上述程序获得的信息回答以下问题：

第一，控制本身的设计是否合理。审计人员需要根据上述因素判断，如果识别的控制设计合理，该控制在重要业务流程中单独或连同其他控制能否有效地实现特定控制目标。

第二，控制是否得到执行。如果设计合理的控制没有得到执行，该控制就不会发挥应有的作用。因此，审计人员需要获取审计证据，评价这类控制是否确实存在且正在使用。

第三，是否更多地信赖控制并实施控制测试。如果认为被审计单位的控制设计合理并得到执行，能够有效防止或发现并纠正具有重要性的行为偏差，那么，审计人员通常可以信赖这些控制并减少拟实施的实质性程序。如果拟更多地信赖这些控制，则需要确认所信赖的控制在整个拟信赖期间都有效地发挥了作用，审计人员应对这些控制在该期间内是否得到一贯运行进行测试。拟信赖该控制的期间可能是整个年度，也可能是其中某一时段。如果控制测试的结果进一步证实内部控制是有效的，审计人员可以认为相关行为及认定发生具有重要性的行为偏差的可能性较低，对相关行为及认定实施实质性程序的范围将缩小。

有时，审计人员可能认为控制是无效的，包括：控制本身设计不合理，不能实现控制目标，或者尽管控制设计合理，但没有得到执行。在这种情况下，审计人员不需要测试控制运行的有效性，可以直接实施实质性程序。但在评估具有重要性的行为偏差风险时，需要考虑控制失效对相关行为合规及审计的影响。

审计人员应当将认定层次的控制因素和其他因素相结合，评估认定层次的具有重要性的行为偏差风险，以确定进一步审计程序的性质、时间和范围。

需要再次指出的是，除非存在某些可以使控制得到一贯运行的自动化控制，否则审计人员对控制的了解和评价不能代替对控制运行有效性的测试。

二、了解和评估相关信息系统

在信息化背景下，内部控制与信息系统高度相关，所以，以上所介绍的了解被审计单位相关内部控制也包括了解相关信息系统的内容。然而，信息系统还有一些独特的内容，下面予以介绍。

（一）需要了解的相关信息系统的内容

审计人员可以从以下方面了解被审计单位信息系统的控制情况：

（1）一般控制，即保障信息系统正常运行的稳定性、有效性、安全性等方面的控制；

（2）应用控制，即保障信息系统产生的数据的真实性、完整性、可靠性等方面的控制。

（二）了解和评估相关信息系统的审计程序

伴随信息系统审计的发展，大致产生了如下三个方面的信息系统审计方法：利用传统审计方法进行信息系统审计，利用计算机技术进行信息系统审计，利用程序监控和智能技术对信息系统进行审计。

1. 利用传统审计方法进行信息系统审计

传统审计的经验和方法在信息系统审计中依然有重要作用，下面介绍几种常见的用于信息系统审计的传统审计方法。

（1）观察、查看与穿行测试。审计人员到信息系统相关部门观察技术人员工作情况以了解其内部控制执行是否到位，上机查看以证实有关计算机是否发挥相应功能，查阅系统日志和运行维护记录以了解系统在最近一段时间内是否发生错误。同时，索取并检查业务文档资料，如系统规划方案、数据字典、运行维护记录、说明文档及相关合同等以了解信息系统的相关情况。这里的穿行测试是指审计人员亲自完成一个业务办理过程。比如，高速公路收费审计中，审计人员在不通知被审计单位的情况下，亲自驾车体验高速公路收费合理性；又如，审计人员以普通人员身份试图进入对方核心机房，以检测被审计单位信息系统物理访问控制的安全性等。穿行测试是通过追踪交易在信息系统中的处理过程，来证实审计人员对控制的了解，评价控制设计的有效性，确定控制是否得到执行。

（2）调查问卷。审计人员合理编制信息系统审计调查表、调查提纲、控制矩阵等，内容包括软硬件环境、网络结构以及岗位设置、人员角色及AB岗等，提交给被审计单位信息系统及有关业务部门，以了解信息系统的基本情况、总体架构与业务流程，并发现有价值的线索。另外，可函证（或走访）与审计项目有关的单位与个人，并把函证的结果与被审计单位的有关情况进行对比分析。

（3）询问。好的沟通可以发现审计线索，审计人员需要重视与被审计单位相关人员进行沟通的技巧。主要方法有：与被审计单位人员召开各种业务会议，与不同的人员（技术人员、业务人员等）进行座谈等，在聊天中发现问题。

2. 利用计算机技术进行信息系统审计

计算机技术主要包括基于数据分析的方法和基于程序分析的方法等，这些方法的综合使用使得对信息系统的审计更加有效，在一段时间内，这些审计方法是信息系统审计的主要手段。

（1）黑白盒测试法。黑盒测试也称功能测试或数据驱动测试，它是在已知软件应具有的功能的情况下，通过测试来确认每个功能是否能正常使用。在测试时，把程序看作一个不能打开的黑盒子，在完全不考虑程序内部结构和内部特性的情况下，审计人员只检查程序是否能按照需求规格说明书的规定正常使用，是否能适当地接收输入数据并产生正确的输出信息，保持外部信息（如数据库或文件）的完整性。黑盒法是穷举输入测试，只有把所有可能的输入都作为测试情况使用，才能查出程序中所有的错误。白盒测试也称结构测试或逻辑驱动测试，它是在清楚软件内部结构和工作过程的基础上，按照程序内部的结构测试程序，检验程序中的每条通路是否都能按预定要求正确工作，而不考虑它的功能。白盒测试的主要方法有逻辑驱动、基路测试等。

（2）数据测试与平行模拟数据测试法。审计人员利用被评估信息系统对一批预先设计好的测试数据加以处理，并把处理的结果与预期结果做比较，以确定被评估信息系统的处理和控制功能是否恰当有效。测试数据包含下列两类：一是正常的、有效的业务数据，以确定被评估信息系统对有效数据的处理是否正确；二是不正常、无效的业务数据，以确定被评估信息系统是否可以将这些无效业务数据检测出来，拒绝接受并给出错误信息，以便修改。这种方法的优点是简单易行，对审计人员的计算机技术水平要求不高，应用范围比较广泛。这种方法的缺点是与黑盒测试类似，可能不能发现程序中所有的错弊。如果审计人员没有预想到程序中的某些错弊，没有针对它们设计测试数据进行测试，则这种审查方法不可能发现这些错弊。

（3）数据分析测试法。通过对电子数据的审查，来推断信息系统本身存在的缺陷。

1）抽样数据法。审计人员从被审计单位抽取若干业务数据，检查信息系统的处理结果是否正确，以确定系统控制是否得到有效的执行。如税务审计中，可以通过对不同类型纳税人纳税数据进行抽样审核，检查系统对纳税数据处理的正确性与及时性。

2）数据结构验证法。结合数据字典，检查数据之间的逻辑关系以验证输入数据的正确性和保存数据的完整性，包括业务数据与财务数据对比验证，各业务数据表间勾稽关系核对。

3）参数法。检查设置的相关参数是否与实际时点所发生业务的数据一致。

4）利用外部关联数据法。外部关联数据是指存在于被审计单位信息系统以外，但是与该系统的数据具有内在联系，能够帮助审计人员对被审计单位的业务数据和财务数据进行有序处理的电子数据。将外部关联数据与被审计单位信息系统中的数据进行对比分析，可以发现单独根据被审计单位的数据无法发现的信息系统的问题。

（4）受控处理法与受控再处理法。受控处理法是指审计人员通过监控被评估信息系统对实际业务的处理，查明被评估信息系统的处理和控制功能是否恰当有效。审计人员首先对输入的数据进行查验并进行控制，然后亲自处理或监督处理这些数据，最后将处理结果与预期结果加以比较分析，判别被评估信息系统的处理和控制功能是否符合设计要求。

受控再处理法是指在被审计单位正常业务处理以外的时间，由审计人员亲自进行或在审计人员监督下，被审计单位人员对某批处理过的业务进行再处理，比较两次处理结果，以确定被评估信息系统是否被非法篡改，以及被评估信息系统的处理和控制功能是否恰当有效。

（5）程序检查法。程序是信息系统的核心，信息系统对业务的处理是否合法、合规、正确，都体现在应用程序中。实践证明，程序是差错、舞弊最容易发生的地方。

程序流程图检查法，是利用信息系统的程序流程图来检查程序的控制功能是否可靠，业务处理逻辑是否正确的方法。

程序编码审查法，是对应用系统的编码进行详细审查的一种技术。通过审查程序编码，审计人员可识别出程序中的错误代码和非法代码等。另外，可用跟踪方法进行逐行代码诊断。

程序编码比较法，是指比较两个独立保管的被评估信息系统版本，以确定被评估信息系统是否经过修改，并对发现的任何程序的改动评估其后果。

（6）程序运行记录检查法。程序运行记录是由系统自动做的，包含操作的起止时间、中断、故障等方面的信息。通过对运行记录的审查，可以推测被评估信息系统的程序化控制措施是否存在和可靠，如果记录出现中断，则说明程序可能存在语法或逻辑错误。

3. 利用程序监控和智能技术对信息系统进行审计

（1）程序监控。嵌入审计模块技术是指在一个应用系统中长久驻存一个审计模块，该模块检查输入系统的每一笔事务，并识别出其中不符合预定义标准的事务。审计人员可以对这些识别出的事务进行实时或定期的审查。嵌入审计模块技术一般用于处理大数据量的系统中。另有一种程序跟踪法，是对给定的业务跟踪被评估信息系统处理步骤的审查技术，一般可由追踪软件来完成，也可利用某些高级语言或管理系统中的跟踪指令跟踪被评估信息系统的处理。

（2）智能技术。随着计算机技术的逐步发展，信息系统的审计将逐渐转换到智能化审计，大量智能技术将在这个阶段得到充分应用。

第 3 节 评估合规风险并确定进一步审计程序的总体方案和实施方案

合规风险评估有两个逻辑步骤，一是了解被审计单位及相关情况；二是将了解到的情况与不同层级的合规风险评估对象相联系，估计或评估合规风险。本章前述各节都聚焦于了解被审计单位及相关情况（包括电子数据分析），本节将聚焦于估计或评估合规风险。在风险导向审计模式下，合规风险评估的目的是确定进一步审计程序，本节将介绍不同审计取证模式下，基于合规风险评估结果的进一步审计程序的总体方案和实施方案。

一、评估合规风险

（一）评估合规风险严重程度时要考虑的因素

审计人员需要将对被审计单位及相关情况的了解与特定的风险相联系，在评估合规风险严重程度时，应该考虑下列因素，越是属于这些情形，合规风险越严重：

（1）是否属于涉嫌犯罪的问题；

（2）是否属于法律法规、政策和规章制度禁止的问题；

（3）是否属于故意行为所产生的问题；

（4）涉及的数量或者金额是否较大；

（5）是否涉及政策、体制或者机制的严重缺陷；

（6）是否属于信息系统设计缺陷；

（7）相关领导及公众的关注程度；

（8）需要关注的其他因素。

（二）评估合规风险的过程

前已述及，合规风险评估有四个层级的评估对象，一是特定行为分解的审计标的层级，二是特定行为层级，三是专门项目层级，四是单位层级。评估合规风险也需要按这四个层级来进行。在识别和评估具有重要性的行为偏差风险时，审计人员应当实施下列审计程序：

（1）考虑电子数据分析发现的疑点。在数据式合规审计模式下，电子数据分析成为主流方法，即电子数据分析在合规审计的各个阶段都能发挥重要的作用。在合规风险评估阶段，无论是采用事实发现型取证模式还是命题论证型取证模式，通过数据分析程序，都会形成可直观展示的分析成果。审计人员应该分析已经形成的成果，对于有价值、可以进一步核查的分析结果寻找数据疑点线索，评估行为偏差风险。如果将这些疑点评定为需要核实的行为偏差风险点，则需要将作为某层级的风险点纳入进一步审计程序的实施方案。在合规风险评估阶段，由于不少的审计组织主要依赖数据分析来发现疑点，数据分析成为风险评估的主要程序，所以，一些人将这种审计范式总结为“总体分析、系统研究、发现疑点、分散核实”，这里的“总体分析、系统研究、发现疑点”就是通过电子数据分析来进行行为偏差风险评估，而这里的“分散核实”属于进一步审计程序，是以风险评估为基础，现场审核风险评估发现的疑点是不是偏差行为。

根据本章的内容，在合规风险评估阶段的电子数据分析，是了解被审计单位及相关情况的多种审计程序之一，进一步审计程序的总体方案和实施方案并不只是依赖于数据分析程序，还依赖于其他各种程序。然而，不能否认的是，在数据式合规审计模式下，数据分析是合规风险评估的主流手段。

(2) 在了解被审计单位及其环境的整个过程中识别风险，并关联到相关的风险评估对象。审计人员应当运用各项风险评估程序，在了解被审计单位及其环境的整个过程中识别风险，并将识别的风险与不同层级的风险评估对象相联系。

(3) 将识别的风险与相关特定行为的审计标的及可能出现偏差行为的审计具体目标或具体命题相联系。

(4) 根据风险后果的严重程度，考虑识别的风险是否具有重要性以及是否重大。

(5) 识别多个层次具有重要性的行为偏差风险。以特定行为及其审计标的为对象，对具有重要性的行为偏差风险进行识别和评估后，审计人员应当确定识别的具有重要性的行为偏差风险只是与某项特定行为及其标的相关，还是与多项特定行为广泛相关。某些具有重要性的行为偏差风险可能只与某项特定行为及其标的相关，而某些具有重要性的行为偏差风险可能与多项特定行为广泛相关，进而影响多项特定行为，形成专门项目层级甚至单位层级的合规风险。

(6) 考虑内部控制的控制环境对评估专门项目层级和单位层级具有重要性的行为偏差风险的影响。专门项目层级和单位层级具有重要性的行为偏差风险很可能源于薄弱的控制环境。薄弱的控制环境带来的风险可能对多项特定行为产生广泛影响，难以限于某类特定行为，审计人员应当采取总体应对措施。

(7) 考虑内部控制的控制活动对评估特定行为的审计标的及其审计具体目标层次具有重要性的行为偏差风险的影响（也就是特定行为的审计标的层级的风险评估）。在评估具有重要性的行为偏差风险时，审计人员应当将所了解的控制活动情况与特定行为的审计标的及其审计具体目标相联系。控制活动可能与某一审计标的的审计具体目标直接相关，也可能与某一审计标的的审计具体目标间接相关。关系越间接，控制活动防止或发现并纠正该审计标的的审计具体目标层次行为偏差的作用越小。审计人员可能识别出有助于防止或发现并纠正特定审计标的的审计具体目标发生偏差的控制活动。在确定这些控制活动是否能够实现上述目标时，审计人员应当将控制活动和其他要素综合考虑。审计人员应当考虑对识别的各类特定行为的审计标的层次具有重要性的行为偏差风险予以汇总和评估，以确定进一步审计程序的性质、时间和范围。

（三）评估重大违法行为

合规审计中，审计人员在进行合规风险评估时，还可以通过关注下列情况判断可能存在的重大违法行为：具体经济活动中存在的重大异常事项；财务和非财务数据中反映出的重大异常变化；有关部门提供的线索和群众举报；公众、媒体的反映和报道；其他情况。

（四）评估仅通过实质性程序无法应对的行为偏差风险

作为风险评估的一部分，如果认为仅通过实质性程序获取的审计证据无法将特定行为标的层级的行为偏差风险降至可接受的低水平，审计人员应当评价被审计单位针对这些风险设计的控制活动，并确定其执行情况。在被审计单位对日常交易采用高度自动化处理的情况下，审计证据可能仅以电子形式存在，其充分性和适当性通常取决于自动化信息系统相关控制的有效性，审计人员应当考虑仅通过实施实质性程序不能获取充分、适当的审计证据的可能性。

二、基于命题论证型取证模式的进一步审计程序的总体方案和实施方案

根据风险导向审计的思路，评估合规风险的目的是确定进一步审计程序的总体方案和实施方案，而它们是以检查风险和定性风险为基础的，所以，首先需要确定检查风险和定性风险。在事实发现型取证模式和命题论证型取证模式下，操作方法有所区别。我们先介绍命题论证型取证模式下的操作方法。

（一）进一步审计程序的设计依据：确定检查风险和定性风险

在合理保证审计意见类型下，合规审计风险模型如式（4－1）所示：

$$\text{可接受合规审计失败风险}=\text{行为偏差风险}\times\text{检查风险}\times\text{定性风险} \quad (4-1)$$

对式（4－1）进行变换，得到式（4－2）：

$$\text{检查风险}\times\text{定性风险}=\frac{\text{可接受合规审计失败风险}}{\text{行为偏差风险}} \quad (4-2)$$

事实上，上述合规审计风险模型需要分别在特定行为的审计标的层级、特定行为层级、专门项目层级及单位层级应用，以分别确定不同层级的检查风险和定性风险，但是，直接指导进一步审计实施方案的是特定行为的审计标的层级的应用。

在式（4－2）中，行为偏差风险通过合规审计风险评估程序已经确定，所以，为了确定"检查风险×定性风险"，需要确定可接受合规审计失败风险，主要通过主观判断的方法确定。通常情况下，审计人员确定可接受审计风险时主要考虑以下因素：第一，审计报告的使用情况。审计报告的使用者素质越高、范围越广，对审计报告的依赖程度越高，可接受审计风险就越低。第二，审计组织的风险承受能力。审计组织的风险承受能力越强，可接受审计风险就可以越高。审计组织的风险承受能力则主要取决于审计组织的规模、经济实力以及法律责任的承担能力等。第三，审计资源限制。确定了可接受合规审计失败风险，也就确定了检查风险，而检查风险是决定审计资源需求的基础性因素，因此，确定的可接受审计风险越高，检查风险也就越高，进而审计资源需求也就越少。第四，行业竞争情况。审计组织之间的竞争越激烈，可接受审计风险就越低。事实上，在审计准备阶段，根据在初步业务活动中对被审计单位及相关情况的了解，审计人员初步确定了可接受合规审计失败风险，在风险评估阶段只是修正或调整原来确定的水平。

到此为止，在式（4－2）中，通过合规风险评估已经确定了行为偏差风险，通过主观判断已经确定了可接受合规审计失败风险，所以，"检查风险×定性风

险”也就确定了。是否需要将“检查风险×定性风险”再分解为检查风险和定性风险呢？通常，为稳健起见，直接将定性风险设定为 100%，从而“检查风险×定性风险”就简化为检查风险。

（二）整体层面（专门项目层级和单位层级）行为偏差风险的总体应对措施

如果专门项目层级和单位层级这两个整体层面的行为偏差风险较高，进而检查风险较低，则需要采取总体应对措施，主要包括：

（1）向项目组强调在收集和评价审计证据过程中保持职业怀疑态度的必要性。

（2）分派更有经验或具有特殊技能的审计人员或借助外部专家的工作。

（3）提供更多的督导。对于专门项目层级和单位层级行为偏差风险较高的审计项目，项目组的高级别成员，如项目负责人、项目经理等，要为其他成员提供更详细、更经常、更及时的指导和监督并加强项目质量复核。

（4）在选择进一步审计程序时，应当注意使某些程序不被管理层预见或事先了解。在实务中，审计人员可以通过以下方式提高审计程序的不可预见性：第一，对某些未测试过的低于设定的重要性水平或风险较小的细分行为和审计具体目标实施实质性程序；第二，调整实施审计程序的时间，使被审计单位不可预期；第三，采取不同的审计抽样方法，使当期抽取的测试样本与以前有所不同；第四，选取不同的地点实施审计程序，或预先不告知被审计单位所选定的测试地点。

（5）对拟实施审计程序的性质、时间和范围做出总体修改。如果控制环境存在缺陷，审计人员在对拟实施审计程序的性质、时间和范围做出总体修改时应当考虑：第一，主要依赖实质性程序获取审计证据。良好的控制环境是其他控制要素发挥作用的基础。控制环境存在缺陷通常会削弱其他控制要素的作用，导致审计人员可能无法信赖内部控制，而主要依赖实施实质性程序获取审计证据。第二，修改审计程序的性质，获取更具说服力的审计证据。修改审计程序的性质主要是指调整拟实施审计程序的类别及组合，而调整审计程序的性质可能意味着更加严格的检查。第三，扩大审计程序的范围。例如，扩大样本规模，或采用更详细的数据实施分析程序。

（三）进一步审计程序的总体方案

进一步审计程序的总体方案依赖于检查风险及内部控制（包括信息系统）的可依赖程度。检查风险是指被审计单位存在行为偏差，该行为偏差单独或连同其他行为偏差是重大的，但审计人员未能发现这种错报的可能性。简单地说，检查风险是指审计人员通过预定的审计程序未能发现被审计单位存在的具有重要性的行为偏差的可能性。检查风险独立存在于整个审计过程中，不受行为偏差风险的影响，是审计风险模型中唯一可以通过审计人员的审计程序进行控制和管理的风险要素。审计人员通过收集充分恰当的证据来降低检查风险，从而把合规审计风险保持在可接受的水平上。检查风险水平和审计重要性共同决定了审计人员需要实施的实质性测试的性质、时间和范围以及所需收集证据的数量。

审计人员以检查风险为基础，可实施的进一步审计程序有两种类型：一是控制测试，就是测试内部控制的有效性；二是实质性程序，就是面向特定行为及其审计标的的相关审计载体，获取关于特定行为及其审计标的的审计具体目标的审计证据。审计人员对上述两类审计程序如何选择呢？这就是进一步审计程序的总体方案。

拟实施进一步审计程序的总体方案包括实质性方案和综合性方案。其中，实质性方案是指审计人员实施的进一步审计程序以实质性程序为主；综合性方案是指审计人员在实施进一步审计程序时，将控制测试与实质性程序结合使用。在数据式合规审计模式下，在“总体分析、系统研究、发现疑点、分散核实”中，进一步审计程序的总体方案就是确定“分散核实”的总体方案。

一般来说，由于实质性程序就是面向特定行为及其审计标的的相关审计载体，获取关于特定行为及其审计标的的审计具体目标的直接审计证据，所以，这种审计程序是必须的。而控制测试获取的只是间接证据，不一定是必需的，选择这种审计程序主要是出于审计效率的考虑。进一步审计程序的总体方案的基本思路如图 4-1 所示。

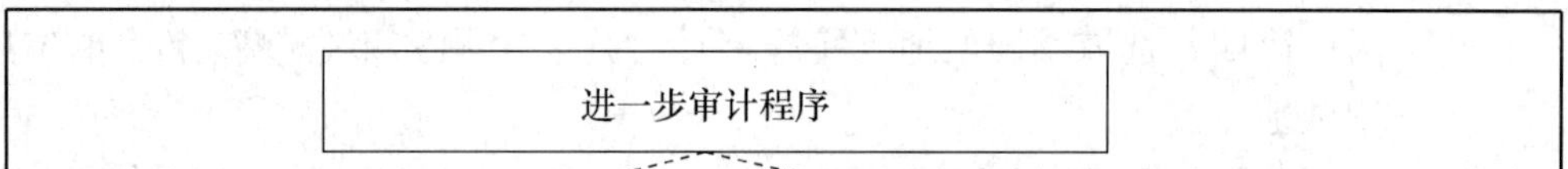

图 4-1　进一步审计程序的总体方案

图 4-1 中，路径一是实质性方案，即实施实质性测试，直接获取关于特定行为及其审计标的的是否存在偏差的证据；路径二是综合性方案，即先进行控制测试和实质性数据分析，根据这两个程序的结果实施细节测试。从审计重点来说，路径一没有进一步确认审计重点，而路径二实施的控制测试和实质性数据分析是在

进一步寻找和确认审计重点，针对审计重点实施细节测试。从审计效率来说，如果以图形的面积表示审计效率，面积越大，审计效率越低，则路径二中的细节测试面积 D 显然小于路径一中的面积 A。但是，路径二中增加了控制测试面积 B 和实质性数据分析面积 C，只有 D＋B＋C＜A，才能提高路径二的审计效率。也就是说，只有通过控制测试和实质性数据分析，确认或找到了审计重点，大大降低了细节测试的工作量，路径二才是有效的。如果内部控制是有效的，这种条件就是具备的。所以，控制测试和实质性测试的组合在多数情形下是有效的。

那么，究竟在什么情形下选择控制测试呢？审计人员认为存在下列情形之一的，应当测试相关内部控制的有效性：

（1）某项内部控制设计合理且预期运行有效，能够防止重要问题的发生；

（2）仅实施实质性审查不足以为发现重要问题提供适当、充分的审计证据。

审计人员决定不依赖某项内部控制的，可以对审计标的直接进行实质性审查。被审计单位规模较小、业务比较简单的，审计人员可以对审计标的直接进行实质性审查。

审计人员认为存在下列情形之一的，应当检查相关信息系统的有效性、安全性：

（1）仅审计电子数据不足以为发现重要问题提供适当、充分的审计证据；

（2）电子数据中频繁出现某类差异。

审计人员在检查被审计单位的信息系统时，可以利用被审计单位信息系统的现有功能或者采用其他计算机技术和工具，检查中应当避免对被审计单位相关信息系统及其电子数据造成不良影响。

（四）进一步审计程序的实施方案

进一步审计程序的实施方案以特定行为及其审计标的层级的风险评估为基础，还受到总体审计方案的制约，一般来说，检查风险越低，要求审计证据证明力越强，审计程序越谨慎。在数据式合规审计模式下，在“总体分析、系统研究、发现疑点、分散核实”中，进一步审计程序的实施方案就是确定“分散核实”的实施方案。从核心内容来说，进一步审计程序的实施方案主要解决审计什么和怎么审计的问题。

关于以什么为审计重点，我们通过合规风险评估确定检查风险，这样就找到了审计重点。那些行为偏差风险较高或检查风险较低的特定行为及其审计标的就是审计风险，也表述为审计重点。

关于怎么审计，主要是确定进一步审计程序的性质、时间、范围及审计人员，审计程序的性质是指采用什么审计程序来获取证据，这要根据检查风险来确定。检查风险越低，要求审计程序获取的审计证据证明力越强，通常包括实质性分析程序和细节测试两种类型，细节测试又有多种方法。审计程序的时间包括两个含义，一是审计证据涵盖的时间长短，二是审计取证的实施时点。这两个时间维度都与检查风险相关，检查风险越低，要求涵盖的时间越长，实施审计程序的时点越接近截止日。审计程序的范围主要是指审计取证样本量的大小，检查风险越低，要求审计样本量越大。至于审计人员，是指由什么样的审计人员来实施确定的审计程序。一般来说，在分配审计资源时，应当为重要审计事项分派有经验的审计人员并安排充足的审计时间，还要评估特定审计事项是否需要借助外部专家的工作。

三、基于事实发现型取证模式的进一步审计程序的总体方案和实施方案

以上介绍了命题论证型取证模式下检查风险的确定及进一步审计程序的总体方案和实施方案，在事实发现型取证模式下，上述操作有相同之处，也有差异之处。

（一）进一步审计程序的设计依据：评估的行为偏差风险

在事实发现型取证模式下，审计人员只是发表有限保证审计意见，实质上是只报告已经发现的偏差行为，并不根据这些偏差行为来推断总体状况，所以并不会形成实质性的审计失败风险，这种情形下的合规审计风险模型简化为式（4-3）：

可接受合规审计失败风险＝定性风险　　(4-3)

式（4-3）显示，在这种审计模式下，未能发现偏差行为并不会导致审计失败风险，而对已经发现的偏差行为定性不当才会导致审计失败风险。在这个模型中，并没有检查风险。那么进一步的审计程序应如何设计呢？

我们认为，尽管没有检查风险，但在合规风险评估阶段评估的行为偏差风险显示了何种风险较高，而这些高风险之处恰恰是审计重点。所以，在事实发现型取证模式下，不是根据检查风险而是根据评估的行为偏差风险来设计进一步审计程序。

（二）整体层面（专门项目层级和单位层级）行为偏差风险的总体应对措施

在事实发现型取证模式下，同样需要评估专门项目层级和单位层级这两个整体层面的行为偏差风险。如果行为偏差风险较高，也需要采取总体应对措施，其具体应对措施与命题论证型取证模式基本相同，同样包括五个方面：向项目组强调在收集和评价审计证据过程中保持职业怀疑态度的必要性；分派更有经验或具有特殊技能的审计人员，或利用外部专家的工作；提供更多的督导；在选择进一步审计程序时，应当注意使某些程序不被管理层预见或事先了解；对拟实施审计程序的性质、时间和范围做出总体修改。

（三）进一步审计程序的总体方案

在事实发现型取证模式下，进一步审计程序的总体方案同样是对控制测试和实质性程序的选择，而实质性程序同样包括实质性数据分析和细节测试。总体方

案同样包括实质性方案和综合性方案。选择何种总体方案同样要依赖内部控制（包括相关信息系统）的可靠性。但是，在命题论证型取证模式下，还依赖检查风险的高低，检查风险越低，越倾向于实质性方案，检查风险越高，越倾向于综合性方案；而在事实发现型取证模式下，由于没有确定检查风险，影响进一步审计程序总体方案选择的，除了内部控制（包括相关信息系统）的可靠性，还有评估的行为偏差风险。评估的行为偏差风险越高，越倾向于实质性方案，评估的行为偏差风险越低，越倾向于综合性方案。通常会选择实质性方案。

（四）进一步审计程序的实施方案

在命题论证型取证模式下，进一步审计程序实施方案的设计依据是特定行为及其审计标的的审计具体目标的检查风险。在事实发现型取证模式下，需要将行为偏差风险确定到其特定行为及其审计标的上，根据这种行为偏差风险来设计进一步审计程序的实施方案。在事实发现型取证模式下，进一步审计程序实施方案的核心内容仍然是审计什么和怎么审计。审计什么也就是寻找审计重点，这由行为偏差风险确定，行为偏差风险越高，越是需要作为审计重点；怎么审计是通过进一步审计程序的性质、时间、范围及审计人员来体现的，这里不再赘述。

本章小结

本章介绍合规审计的风险评估程序，包括：了解被审计单位及相关情况；了解被审计单位相关内部控制和相关信息系统；评估合规风险并确定进一步审计程序的总体方案和实施方案。合规风险评估就是了解被审计单位及相关情况并将了解到的情况与不同层级的合规风险评估对象相联系，以评估各层级的合规风险。需要了解的相关内部控制包括控制环境、风险评估、控制活动、信息与沟通、对控制的监督，通常需要在整体层面和业务流程层面来了解。审计人员还需要了解被审计单位信息系统控制情况。合规风险评估有两个逻辑步骤，一是了解被审计单位及相关情况，二是将了解到的情况与不同层级的合规风险评估对象相联系，估计或评估合规风险。合规风险评估有四个层级的评估对象，一是特定行为分解的审计标的层级，二是特定行为层级，三是专门项目层级，四是单位层级。评估合规风险也需要按这四个层级来进行。在合规风险评估的基础上，审计人员需要分别基于命题论证型取证模式和事实发现型取证模式分别制定进一步审计程序的总体方案和实施方案。

复习思考题

1. 审计人员需要从哪些方面了解被审计单位及相关情况？

2. 审计人员可以采用哪些审计程序来了解被审计单位及相关情况?

3. 审计人员可以从哪些方面了解被审计单位相关内部控制?

4. 审计人员如何考虑对内部控制了解的深度?

5. 审计人员对内部控制各要素的了解有何要求?

6. 审计人员如何在整体层面了解内部控制?

7. 审计人员如何在业务流程层面了解内部控制?

8. 审计人员需要了解的相关信息系统的内容有哪些?

9. 审计人员了解和评估相关信息系统的审计程序有哪些?

10. 审计人员评估合规风险严重程度时要考虑的因素有哪些?

11. 审计人员评估合规风险的过程是怎样的?

12. 基于命题论证型取证模式的进一步审计程序的总体方案和实施方案如何设计?

13. 基于事实发现型取证模式的进一步审计程序的总体方案和实施方案如何设计?

第5章

合规审计的进一步审计程序

学习目标

1. 掌握合规审计的进一步审计程序及其目的
2. 掌握合规审计的内部控制测试
3. 掌握合规审计的实质性程序

引导案例

阜平县三审计人员玩忽职守被立案侦查

阜平县审计局三名工作人员因玩忽职守导致国家损失60余万元，日前，检察机关以涉嫌玩忽职守罪对三人立案侦查。

经初查查明：在阜平县政府2008年和2011年开展全县农村义务教育“普九”债务化解和“查漏补缺”工作中，负责审计该县大台乡大台村、大连地村债务工作的审计局工作人员段某、孟某、刘某没有认真履行审计人员职责，致使60余万元的虚假“普九”债务被核销，给国家造成巨大损失。段某、孟某、刘某的行为已涉嫌玩忽职守罪。目前，这三名工作人员已被检察机关依法立案侦查。案件正在进一步侦办中。

资料来源：阜平县三审计人员玩忽职守被立案侦查．保定资讯网．(2015-05-01)．http://www.sohu.com/a/13310181_148815.

思考题：从进一步审计程序的角度考虑，为什么段某、孟某、刘某没有认真履行审计人员职责，致使60余万元的虚假“普九”债务被核销？

数据式合规审计以风险导向审计为基础，合规风险评估是为后续审计程序服务的，这种服务体现在两个方面，一是确定进一步审计程序的总体方案，二是确定进一步审计程序的具体方案。本章阐述的主题是数据式合规审计的进一步审计程序，主要内容包括：合规审计的进一步审计程序及其目的、合规审计的内部控制测试、合规审计的实质性程序。

第1节 合规审计的进一步审计程序及其目的

本节将对合规审计的进一步审计程序做一个简要介绍，包括合规审计的进一步审计程序的概念、类型、目的及审计载体对进一步审计程序的影响。

一、合规审计的进一步审计程序的概念和类型

合规审计的主要目的是鉴证经管责任中的代理人是否存在缺陷行为。由于自利、有限理性、多目标中的理性选择、环境不确定性的存在等多种因素，代理人有不遵守相关的法律法规及规章制度的冲动，因此，合规审计成为监督机制中的重要部分，主要关注代理人的相关行为是否符合相关法律法规、规章制度。从审计取证的逻辑框架来看，合规审计采用风险导向审计模式，其审计取证过程包括两个步骤，一是风险评估，二是进一步审计程序。

进一步审计程序是相对于风险评估程序而言的，也就是审计取证时先进行风险评估，然后再根据风险评估的结果所实施的必要审计程序。合规审计的风险评估程序是在了解被审计单位及其环境的基础上，对行为偏差风险进行估计；进一步审计程序是在风险评估的基础上，根据不同层级的行为偏差风险，选择所需实施的进一步审计程序的组合、性质、范围和时间，并实施这些审计程序。

合规审计的进一步审计程序主要有两类：一是内部控制测试；二是实质性程序。一般来说，在风险评估阶段，如果认为被审计单位的相关内部控制值得依赖，就要选择综合审计策略，也就是将内部控制测试和实质性程序结合起来，先对拟依赖的内部控制进行测试，然后再实施实质性程序。如果发现被审计单位的相关内部控制不值得依赖，则采用以实质性程序为主的审计策略，也就是不实施内部控制测试，直接实施实质性审计程序。无论是内部控制测试还是实质性程序，都有具体的审计方法或程序，都需要从基本的审计程序中选择合适的具体审计程序。

二、合规审计的进一步审计程序的目的

总体来说，合规审计的进一步审计程序是为了实现特定审计主题的审计目标而采取的一系列取得审计证据的方法。或者说需要一个审计取证模式来获取审计证据以完成既定主题的既定审计目标。具体来说，一是通过实施内部控制测试确定内部控制运行的有效性，将其作为进一步选择实质性程序的基础，据此确定实质性程序的性质、范围、时间；二是通过实施实质性程序发现违规的现象，目的是对被审计单位特定行为发表合理保证或有限保证的审计意见。从某种意义上来

说，进一步审计程序获取的是证明特定行为偏差状况的审计证据，内部控制测试获取的是间接证据，而实质性程序中的细节测试获取的是直接证据，分析性程序获取的可能是直接证据，也可能是间接证据。这些证据组合起来，形成关于特定行为及其审计标的的审计结论或审计发现。

合规审计的实质性程序的目的是取得审计人员赖以做出审计结论的足够的审计证据，确定各类与行为相关的审计目标是否均已实现。无论是内部控制测试还是实质性程序，有些审计方法是相同的，如检查、观察、询问、分析性程序等。

合规审计的内部控制测试是根据审计准备阶段及风险评估阶段获得的信息，初步判断内部控制设计是否合理并得到执行，为了进一步获取内部控制运行有效性的证据而实施的审计程序，是对内部控制是否健全、执行是否有效进行的检查验证。在有系统化的审计载体且有原始记录支持的命题论证型审计取证模式中，内部控制测试是进一步审计程序中实质性程序的前一步骤。在有系统化的审计载体但没有原始记录支持的事实发现型审计取证模式中，内部控制测试也是重要的取证方法或提供证据的技术之一，内部控制测试的主要目的是为实质性程序审计方案提供准备。值得注意的是，合规审计的内部控制测试与风险评估阶段的了解内部控制有所不同，两者的区别主要有：

(1) 程序所属的类型不同。了解内部控制属于风险评估程序，内部控制测试属于进一步审计程序。

(2) 目的不同。了解内部控制的目的是评价内部控制的设计是否合理及是否得到执行，而内部控制测试的目的主要是评价内部控制的执行效果。

(3) 程序有所不同。了解内部控制可以采取多种方法，而内部控制测试的主要方法是穿行测试、重新执行等。

(4) 必要性不同。了解内部控制是必要程序，而内部控制测试是有条件的程序，不是必要程序。有系统化的审计载体时，内部控制测试可以实施，没有系统化的审计载体或没有记录支持时，将实施其他的替代审计程序。

(5) 程序的范围不同。在了解内部控制时，只需抽取少量交易或观察某几个时点，而内部控制测试是测试内部控制运行的有效性，需要抽取足够数量的交易或观察多个时点。

上述差异归纳起来如表5-1所示。

表5-1 了解内部控制与内部控制测试的比较

差异	了解内部控制	内部控制测试
所属类型	风险评估程序	进一步审计程序
程序目的	了解内部控制的设计及执行	评价内部控制的执行效果
具体程序	多种方法	穿行测试、重新执行
必要性	必要程序	有条件的执行
审计范围	抽取少量交易或观察某几个时点	抽取足够数量的交易或观察多个时点

三、审计载体对进一步审计程序的影响

合规审计的进一步审计程序在一定程度上依赖于审计载体，即审计活动直接实施的资料、实物和人。对于特定行为来说，审计载体有三种情形，审计载体的不同情形对采取的审计程序有较大的影响。

（一）有系统化的审计载体且有原始记录支持时，可采用命题论证型审计取证模式

当特定行为及其审计标的有系统化的审计载体且有原始记录支持时，审计取证过程主要包括风险评估和进一步审计程序。在进一步审计程序中，根据风险评估的情况决定是否依赖内部控制测试。由于有系统的审计载体且有原始记录支持，因此，实质性程序是对小命题（审计标的的审计具体目标，下同）进行验证，通过一系列审计程序得到关于小命题的审计证据。最后，根据小命题的证明情况，对大命题（审计主题的审计总目标，下同）做出结论，对总体形成审计意见，发表合理保证审计意见。上述逻辑框架如图 5－1 所示。

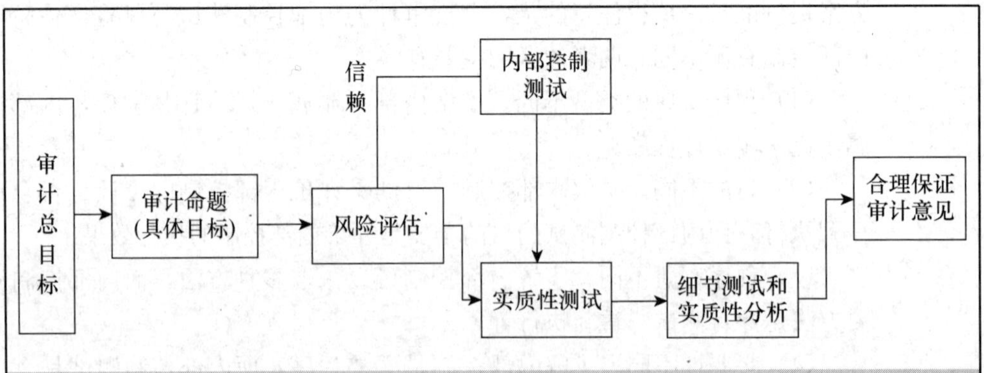

图 5－1 有系统化载体且有记录的审计程序

（二）有系统化的审计载体但没有记录支持时，采用事实发现型审计取证模式

当特定行为及其审计标的有系统化的审计载体但无原始记录支持时，进一步审计程序受到较大限制，此时，一般应同时以电子数据分析和内部控制测试为基础确定审计重点，并通过一定的实质性程序发现特定行为及其审计标的的某些方面的事实真相。由于可实施的审计程序受到限制，一般不能用样本推断总体，故审计人员只对发现的事实发表有限保证审计意见。上述逻辑框架如图 5－2 所示。

（三）没有系统化的审计载体时，采用事实发现型审计取证模式

当特定行为及其审计标的没有系统化的审计载体时，尽管从概念上能确定审计总体、审计个体、审计命题，但是，由于没有系统化的审计载体，只能采用事实

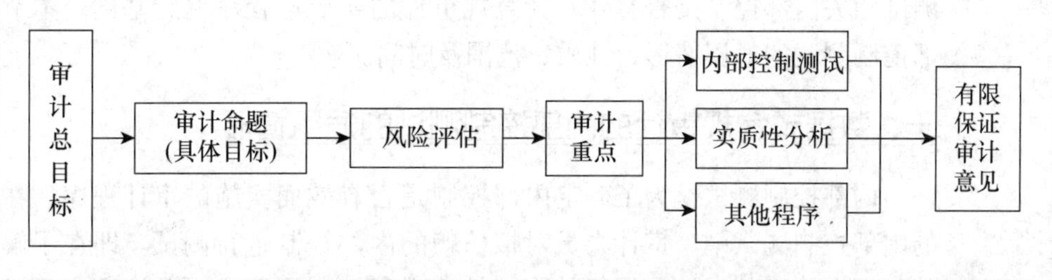

图 5-2　有系统化载体但无记录的审计程序

发现型取证模式，犹如渔夫撒网，先分析、判断、选择撒网的地点，然后再撒网。这种取证模式有现代风险导向审计的基因，也是有重点的，但是，由于审计载体的限制，对于某些判断出的重点可能无法实施审计程序。所以，审计程序包括风险评估，寻找重点，围绕有审计载体的重点采取适宜的审计程序来获取审计证据。在这种情况下，审计人员只能发表有限保证审计意见，也就是说，只能就已经发现的审计事实形成结论，不能根据审计发现的事实来推断总体。上述逻辑框架如图 5-3 所示。

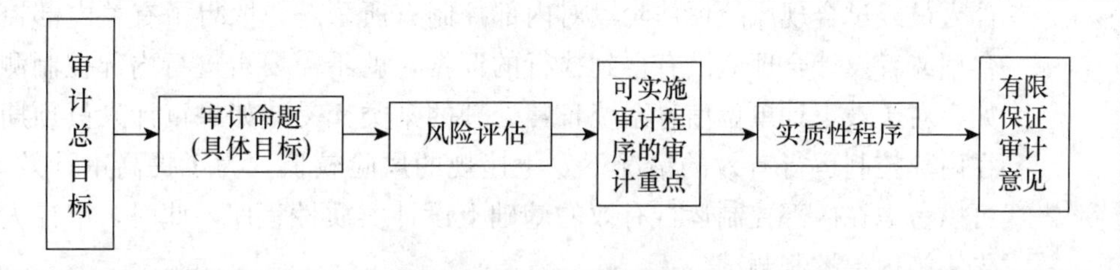

图 5-3　无系统化载体的审计程序

综上所述，审计载体及其支持记录的情况不同，审计取证模式就不同，从而审计程序也各有不同。审计载体、审计取证模式、审计程序的关系归纳起来如表 5-2 所示。

表 5-2　审计载体、审计取证模式、审计程序三者的关系

系统化载体	支持记录	审计取证模式	审计程序类型
有	有	命题论证型取证模式	风险评估，内部控制测试，实质性分析，细节测试
有	无	事实发现型取证模式	风险评估，实质性分析，内部控制测试及其他适宜的审计程序
无	无	事实发现型取证模式	风险评估，适宜的审计程序

第 2 节　合规审计的内部控制测试

内部控制测试是合规审计的进一步审计程序的一个重要环节，审计人员需要

测试相关内部控制是否有效，为合规审计的实质性程序奠定基础。本节将阐述内部控制测试的适用情形、性质、范围及时间。

一、数据式合规审计的内部控制测试的适用情形

内部控制测试是为了确定内部控制是否有效而实施的审计程序。在合规审计的内部控制测试中，审计人员对拟信赖的内部控制进行测试，即在了解内部控制的基础上确定其设计和执行的有效性。内部控制测试主要关注两方面，一是评价内部控制的设计，二是确定内部控制是否得到有效执行。一般来说，在初步业务活动及风险评估程序之后，如果认为相关的内部控制可以依赖，才会在进一步审计程序中考虑内部控制测试，否则，就没有内部控制测试。

当审计项目存在下列情形之一时，审计人员在执行实质性程序前应当实施内部控制测试：

(1) 拟依赖内部控制。合规风险评估阶段之后，如果根据相关的信息预期被审计单位的内部控制设计及运行是有效的，那么审计人员应当实施内部控制测试，就内部控制在相关期间或时点的运行有效性获取充分、适当的审计证据。如果审计人员经过合规风险评估阶段对内部控制有所了解，取得了有关内部控制设计不合理或者设计合理但没有得到执行的证据，就不需要再进行内部控制测试了。例如，对于被审计单位信息系统日常处理的某类交易，如果审计人员预期此类交易在内部控制运行有效的情况下发生违规的风险较低，为了提高审计效率、效果，可以考虑在内部控制运行有效的基础上设计实质性程序，此时，审计人员就需要先实施内部控制测试。

(2) 出于成本效益的考虑。审计人员在了解内部控制后，只对那些准备信赖的内部控制进行测试，而不是检查被审计单位所有的内部控制。只有当信赖内部控制而减少的实质性程序的工作量大于增加的内部控制测试的工作量，从而有利于提高审计工作的效率、效果时，内部控制测试才是必要的、经济的。

(3) 仅仅实施实质性程序不足以为判断特定行为是否合规提供充分、适当的审计证据。

二、数据式合规审计的内部控制测试程序的性质

内部控制测试的性质是指内部控制测试所使用的审计程序的类型及其组合。审计人员应当选择适当类型的审计程序以获取有关内部控制运行有效性的证据，通常包括穿行测试和重新执行等程序。

（一）穿行测试

穿行测试是一种重要的内部控制测试程序。它不是单独的一种程序，而是将多种程序按审计需要进行结合。穿行测试是通过追踪交易在业务系统、信息系统中的处理过程，验证审计人员对内部控制的了解并确定内部控制是否得到执行。这种审计程序既可以用于了解内部控制，也可以用于评价内部控制执行的有效性，

所以，也称为双重目的测试。

（二）重新执行

重新执行是指审计人员亲自执行被审计单位的内部控制程序，通常内部控制相关当事人并不知道审计人员在进行这种测试。重新执行的成本较高，通常只有当询问、观察和检查等程序结合在一起仍无法获得充分的证据时，审计人员才考虑通过重新执行来证实内部控制是否有效运行。

（三）其他程序

在内部控制测试中，除了穿行测试和重新执行这些审计程序，还可以考虑一些其他的审计程序。

（1）询问或访谈被审计单位的适当人员。审计人员可以向被审计单位相关人员询问或访谈，获取与内部控制运行情况相关的信息。然而，仅仅通过询问不能为内部控制运行的有效性提供充分的证据，审计人员通常需要印证被询问者的答复，如向其他人员询问和检查执行内部控制时所使用的报告、手册或其他文件等。因此，虽然询问是一种有用的手段，但它必须和其他测试手段结合使用才能发挥作用。在询问与访谈的过程中，审计人员应当保持职业怀疑态度。

（2）观察与内部控制相关的活动。观察是测试内部控制执行情况的有效方法。一些内部控制活动不会留下证据线索，导致无法获得内部控制是否得以执行的审查证据，此时，观察与内部控制相关的活动可以获取内部控制执行情况的证据。当然，对于留下证据线索的内部控制活动，如果需要，也可以采用观察法来测试内部控制执行情况。通常情况下，审计人员通过观察直接获取的证据比间接获取的证据更可靠。

（3）检查内部控制执行的相关书面文件。检查交易和有关事项的凭证这种方法非常适合于实质性程序，同样，通过重要的书面文件也能了解内部控制的执行情况。书面说明、复核时留下的记号、偏差报告中的标志都可以当作内部控制运行情况的证据。

内部控制测试的程序有多种，审计人员应注意选用那些对证明内部控制政策或内部控制程序的有效性提供最可靠证据的程序。上述几种程序既可单独使用，也可结合起来使用。

三、数据式合规审计的内部控制测试程序的范围

一般来说，内部控制测试的范围是指内部控制测试的样本量大小。内部控制测试范围的大小取决于内部控制测试的拟信赖程度、内部控制风险估计水平、审计取证的方法模式等多种因素。在合规审计中，内部控制测试的范围应根据审计目标、审计主题、审计标的、违规行为的影响程度等确定。内部控制测试的范围越大，所能提供的有关内部控制政策或程序执行有效性的证据就越充分。当然，审计人员执行内部控制测试的范围并不是越大越好，而是要从最经济有效地实现

审计目标的总体需要出发，合理地确定内部控制测试的范围。

审计人员在确定合规审计内部控制测试的范围时，应考虑以下因素：

(1) 审计目标和审计主题。审计目标是审计行为的出发点，是审计活动要达到的境地。审计人员根据合规审计的项目目标确定内部控制的总体目标，再确定每一类行为的不同内部控制环节的一个或多个具体审计目标。不同的审计主题、审计标的、审计具体目标具有不同的风险，需要不同的内部控制测试样本，以此进一步确定内部控制测试的范围与重点。基本的分析框架如图 5-4 所示。

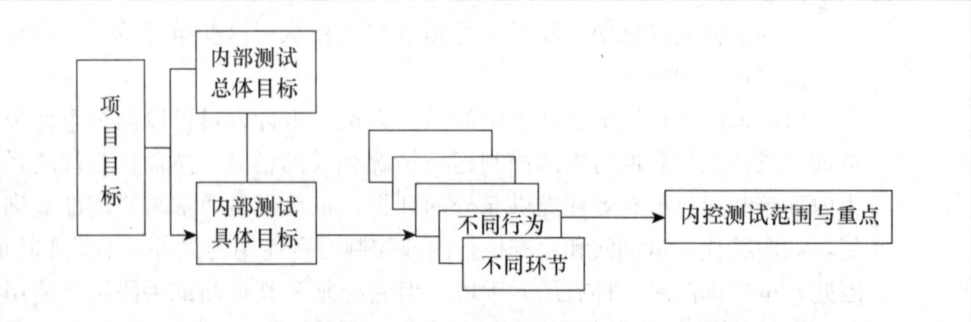

图 5-4　内部控制测试范围的确立

(2) 内部控制所涉及的特定行为及其审计标的的重要程度。某特定行为及其审计标的的重要程度越高，越需要可靠的内部控制测试，从而需要的样本量越大。

(3) 以前年度审计中发现的问题及内部控制执行的情况。以前年度审计中发现的问题越多，表明本次审计中的内部控制测试越要细致广泛。

(4) 内部控制风险。从正面来说，就是内部控制适当设计和有效执行的可能性；从反面来说，就是内部控制不健全或没有有效执行的可能性。内部控制风险越高，对样本的需求量越大。

(5) 内部控制特定环节涉及的交易量。内部控制的每个环节都涉及特定行为及其审计标的或特定的交易，一般来说，交易量越大，内部控制测试所需要的样本量也就越大。

四、数据式合规审计的内部控制测试程序的时间

合规审计的内部控制测试程序的时间包含两层含义：一是审计人员何时实施内部控制测试；二是内部控制测试适用的时点或期间。

(一) 何时实施内部控制测试

审计人员何时实施内部控制测试取决于内部控制的性质和被审计单位利用这些内部控制的时间。一般情况下，在进一步审计程序中，如果被审计单位的内部控制值得信赖，并且审计人员准备利用内部控制测试提高审计取证的工作效率，

应在实质性程序之前进行内部控制测试。问题的关键是究竟在实质性程序之前何时进行内部控制测试。通常来说，这与内部控制的拟依赖程度相关，依赖程度越高，越需要在靠近内部控制基准日实施测试。

（二）内部控制测试适用的时点或期间

从内部控制测试适用的时点或期间来说，一个基本的原理是，如果测试特定时点的内部控制，审计人员仅得到该时点内部控制运行有效性的审计证据；如果测试某一期间多个时点的内部控制，审计人员就可以获取内部控制在该期间有效运行的审计证据。因此，审计人员应当根据内部控制测试的目的确定内部控制测试的时点或期间，并确定拟信赖的相关内部控制的时点或期间。通常来说，对风险比较大的重要的内部控制，审计人员为了降低审计风险可在多个时点观察内部控制的执行情况。值得注意的是，内部控制在多个时点运行有效性的审计证据的简单累加，不能构成内部控制在某期间运行有效性的充分、适当的审计证据。

（三）如何考虑期中审计证据

如果已获取有关内部控制在期中运行有效性的审计证据，并拟利用该证据，审计人员应当实施下列审计程序：获取这些内部控制在剩余期间变化情况的审计证据；确定针对剩余期间还需获取的补充审计证据。

（四）如何考虑以前审计获取的审计证据

审计人员考虑以前审计获取的有关内部控制运行有效性的审计证据是有意义的，原因在于，内部控制中的一些要素对于被审计单位往往是相对稳定的（相对于具体的审计标的来说）。但是，内部控制在不同期间可能发生重大变化，审计人员在利用以前审计获取的有关内部控制运行有效性的审计证据时需要格外慎重。

（1）考虑拟信赖的以前审计中测试的内部控制在本期是否发生变化。如果拟信赖以前审计获取的有关内部控制运行有效性的审计证据，审计人员应当通过询问并结合观察或检查程序，获取这些内部控制是否发生变化的审计证据。例如，在以前审计中，审计人员确定被审计单位某项自动化内部控制能够发挥预期作用，那么在本期审计中，要确认是否发生了影响该自动化内部控制持续有效发挥作用的变化。审计人员也可以通过询问相关人员或检查日志确定哪些内部控制发生了变化。

（2）当内部控制在本期发生变化时，应当考虑以前审计获取的有关内部控制运行有效性的审计证据是否与本期审计相关。例如，如果自动化内部控制的变化仅仅使被审计单位从中获取新的报告，则这种变化通常不影响以前审计所获取证据的相关性；如果系统的变化引起数据累积或计算发生改变，则这种变化可能影响以前审计所获取证据的相关性。如果拟信赖的内部控制自上次测试后已发生变化，审计人员应当在本期审计中测试这些内部控制运行的有效性。

（3）当内部控制在本期未发生变化，且不属于旨在降低重大风险的内部控制时，审计人员应当运用职业判断确定是否在本期审计中再测试其运行有效性，以及本次测试与上次测试的时间间隔。此时，审计人员应当考虑的因素或情况包括：

第一，内部控制要素中，除控制活动之外的其他要素的有效性，包括内部控制环境、对内部控制的监督以及被审计单位的风险评估过程。例如，当被审计单位的内部控制环境薄弱或对内部控制的监督薄弱时，审计人员应当缩短再次测试内部控制的时间间隔或完全不信赖以前审计获取的审计证据。

第二，内部控制（无论是人工内部控制还是自动化内部控制）产生的风险。当相关的内部控制中人工内部控制的成分较大时，应考虑到人工内部控制一般稳定性较差。

第三，信息技术一般控制的有效性。当信息技术内部控制薄弱时，审计人员可能更少地依赖以前审计获取的审计证据。

第四，内部控制设计及其运行的有效性，包括在以前审计中测试内部控制运行有效性时发现的内部控制运行偏差的性质和程度。例如，当所审计期间发生了对内部控制运行产生重大影响的人事变动时，审计人员可能决定在本期审计中不依赖以前审计获取的审计证据。

第五，环境发生变化而特定内部控制缺乏相应变化导致的风险。当环境变化但内部控制却没有做出相应的变动时，审计人员应当充分意识到内部控制可能不再有效，从而导致违规行为产生的可能性增大。

第六，违规风险和对内部控制的拟信赖程度。如果违规风险较大或对内部控制的拟信赖程度较高，审计人员应当缩短再次测试内部控制的时间间隔或完全不信赖以前审计获取的审计证据。

第 3 节　合规审计的实质性程序

合规审计的实质性程序，是指在内部控制测试和风险评估阶段的分析性程序（电子数据式分析）的基础上，为取得证明特定行为及其审计标的是否合规的直接证据而运用审阅、监盘、观察、函证、计算、分析性程序及其他审计方法，对被审计单位特定行为及其审计标的的合规性进行审查并得到证据，以得出审计结论的过程。实质性程序是进一步审计程序中最重要的一项审计取证工作。本节将介绍合规审计的实质性程序的相关内容，包括合规审计的实质性程序的适用情形、性质、范围和时间。

一、合规审计的实质性程序的适用情形

按照审计的目的划分，实质性审计程序包括命题论证型取证模式下的实质性程序和事实发现型取证模式下的实质性程序，两种实质性程序的目的都是发现被审计单位的某些特定行为是否存在违规问题。

有系统化的审计载体且有原始记录支持时，可采用命题论证型审计取证模式，

实施实质性程序。有系统化的审计载体但没有记录支持时，可采用事实发现型审计取证模式，加大分析性程序的应用，并辅以其他审计程序，以降低审计成本、降低审计风险，从而更好地实现审计目标。事实发现型实质性程序在很大程度上是审计人员基于合理、正当的职业怀疑进行审计工作来发现或排除某些问题的实质性审计程序。无系统化的审计载体时，对于特定行为的合规审计更需要围绕疑点获取审计证据。

一般来说，特定行为及其审计标的在许多情形下并不存在系统化的审计载体，或者虽然有系统化的审计载体，但没有记录支持，所以，事实发现型实质性程序比命题论证型实质性程序具有更大的现实性和灵活性。事实发现型实质性程序采用所谓的“有错推定”，审计业务建立在认为被审计单位有违规行为的假设（即“职业怀疑假设”）基础上，审计人员持合理怀疑的态度对被审计单位的特定行为进行审计。它以审计人员持有正当的怀疑态度为假设前提，对被审计单位可能存在的不合规、不合法的可疑行为进行审查取证，以证明所怀疑的事项正确与否，更适用于合规审计。

以上是从审计取证模式的角度来分析合规审计的实质性审计程序，也就是说，无论采用何种审计取证模式，都要实施实质性程序。实质性程序就具体技术来说可以分为两类，一是实质性分析程序，二是细节测试。前者是在合规审计的进一步审计程序中，采用数据分析的方法来获取审计证据，以证明特定行为及其审计标的是否存在偏差，在数据式审计模式下，就是电子数据分析在合规审计的进一步审计程序中的运用。后者围绕审计具体目标，对特定行为及其审计标的进行细节测试，具体有多种技术方法。一般来说，细节测试是必须采用的审计程序，而实质性分析程序则是可以选择的，一是要考虑成本效益，二是要考虑审计载体情况，没有适宜的电子数据，无法进行电子数据分析。

二、合规审计的实质性程序的性质

对于合规审计来说，在应对评估确定的行为偏差风险时，合理确定实质性程序的性质是最重要的，这是因为不同的审计程序应对特定违规风险的效力不同。

（一）选择合规审计的实质性程序的性质的依据

在确定进一步审计程序的性质时，审计人员首先考虑的是审计主题、审计标的、审计具体目标的特征，其次是审计主题、审计标的的违规状况，最后是将要取得的审计证据的性质、可能存在的偏差以及审计证据的其他特征等（图5-5）。

（1）根据违规风险的大小确定性质。审计人员在合规审计中，需要考虑特定行为及其审计标的与审计标准的偏离度（也就是行为偏差风险），从而进一步确定实质性程序的性质。在风险评估程序中已经完成了多个层级的行为偏差风险评估，在进一步审计程序中，需要以风险评估为基础来选择审计程序，一般来说，特定行为及其审计标的的偏差风险越高，越是要求实质性程序提供强有力的审计证据，从而越是存在能提供这种审计证据的审计需求。例如，审计人员判断某特定类别的

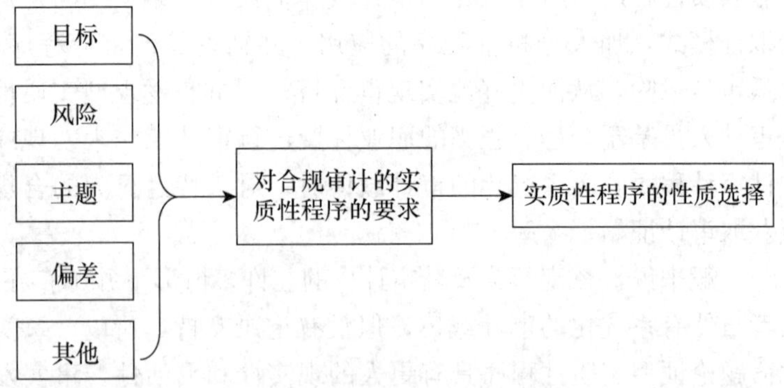

图 5－5　实质性程序的性质选择

交易即使在不存在相关内部控制的情况下发生重大错报的风险也较低，认为仅实施简单的实质性程序就可以获取充分、适当的审计证据，如通过分析性程序获取间接证据。

（2）除了偏差风险，在选择合规审计的进一步审计程序时，还需要考虑审计主题、审计标的及审计具体目标。不同的审计标的、审计具体目标具有不同的特征，也可能具有不同的审计载体，所以，需要采用不同的审计程序来获取直接证据。例如，对于某些电子数据的审计标的，就不能采用电子数据分析。

（3）结合审计证据不同的证明力确定性质。审计证据有多种类型，例如，实物证据、书面证据、口头证据、电子视听证据、审计环境等。从证据的来源看，包括内部证据、外部证据等。上述证据的证明力是不同的，进一步审计程序的选择需要考虑这种审计证据的证明力。

（4）结合审计误差确定性质。对于有系统化的审计载体且有原始记录支持的合规审计来说，可发表合理保证审计意见，这时审计人员应考虑以样本推断总体的误差，并参考以前类似特定行为审计的偏差、被审计单位业务和营运环境的变化、风险评估程序、内部控制评价及分析性程序的结果等，来选择实质性程序的性质。

（5）被审计单位信息系统等其他因素。在选择合规审计的实质性程序的性质时，还应考虑被审计单位的信息系统。例如，如果审计人员在实施分析性程序时拟使用被审计单位生成的非财务信息或预算数据，则应当获取关于这些信息的准确性和完整性的审计证据。

（二）合规审计的实质性程序的具体选择

对特定行为的合规审计的实质性程序直接面向相关交易，以获取关于缺陷行为、违法违规行为的直接证据。审计程序包括审阅法、观察法、访谈法、函证法、监盘法、重新计算法、分析性程序（数据式分析法）等。一般分为两种类型：一是分析性程序或电子数据分析，称为实质性分析程序；二是其他方法，称为细节测试。

实质性分析程序是电子数据分析在实质性程序中的运用。当存在电子数据载体时，这种程序主要是针对风险评估阶段发现的疑点（也就是风险点）进一步做更加细致的电子数据分析，来获取针对该疑点的直接或间接证据，或者为细节测试提供方向。就数据分析流程来说，包括六个步骤：确定要进行电子数据分析的内容；初步编制电子数据分析方案；获取并整理电子数据；确定可执行的电子数据分析方案；实施电子数据分析；编制电子数据分析报告。

合规审计的进一步审计程序的细节测试包括审阅法、观察法、访谈法、函证法、监盘法、重新计算法等，不同的审计程序能提供不同证明力的审计证据，适用于不同的具体环境。审计人员需要根据审计主题、审计标的及具体审计目标的情况，并考虑审计证明力的要求（也就是风险状况）来对上述方法做出选择。

三、合规审计的实质性程序的范围

审计程序的范围是指实施审计程序的数量，包括抽取的样本量、对某项控制活动的观察次数。合规审计的进一步审计程序包括实质性分析程序和细节测试，不同的审计程序，其范围的含义不同，影响因素也不同。

对于实质性分析程序来说，其审计范围包括两个含义：一是分析程序应用的详细程度，越是应用到详细的层级，其审计范围越广泛；二是可接受的差异程度，可接受的差异程度越低，其审计范围越广泛。影响实质性分析程序范围确定的因素是确定的重要性水平、评估的行为偏差风险及计划获取的保证程度：确定的重要性水平越低，分析程序越是需要应用到详细层级，可接受的差异程度也就越低；评估的行为偏差风险越高，分析程序越是需要应用到详细层级，可接受的差异程度也就越低；计划获取的保证程度越高，分析程序越是需要应用到详细层级，可接受的差异程度也就越低。

对于细节测试来说，审计范围是指样本量的大小，主要的影响因素包括：

（1）确定的重要性水平。重要性水平越低，要求的审计样本也就越大。

（2）评估的行为偏差风险。评估的行为偏差风险越高，要求的审计样本也就越大。

（3）计划获取的保证程度。对于审计结论要求的保证程度越高，要求的审计样本也就越大。

以上所述合规审计的实质性分析程序和细节测试的范围，归纳起来如表 5－3 所示。

表 5－3　合规审计的实质性分析程序和细节测试的范围

审计程序	审计范围的含义	影响因素	审计范围的选择
实质性分析程序	分析程序应用的详细程度	确定的重要性水平	正向关系
		评估的行为偏差风险	正向关系
		计划获取的保证程度	正向关系
	可接受的差异程度	确定的重要性水平	正向关系
		评估的行为偏差风险	反向关系
		计划获取的保证程度	反向关系

续前表

审计程序	审计范围的含义	影响因素	审计范围的选择
细节测试	样本量	确定的重要性水平	反向关系
		评估的行为偏差风险	正向关系
		计划获取的保证程度	正向关系

四、合规审计的实质性程序的时间

合规审计的进一步审计程序的时间是指审计人员何时实施进一步审计程序，或审计证据适用的期间或时点。因此，当提及进一步审计程序的时间时，在某些情况下指的是审计程序的实施时间，在另一些情况下是指审计证据适用的期间或时点。这两个层面的最终落脚点都是确保审计证据的效率和效果。

（一）实质性程序的实施时间

何时实施进一步审计程序这个问题比较简单，可以根据审计项目计划及具体审计项目的目标而定。但是，无论如何，确定实质性程序实施时间，特别是细节测试的实施时间，要考虑评估的合规风险，合规风险越高，越需要在交易发生的相近时间实施这些审计程序。同时，当审计客体违规风险较高时，通常在被审计单位不能预见的时间实施审计程序。另外，执行审计程序的时间安排还要考虑审计证据的有效性和审计小组人力资源的充足性。

（二）审计证据适用的期间或时点

对于审计证据适用的期间或时点，一个基本的考虑因素是评估的行为偏差风险。评估的行为偏差风险越高，要求审计证据适用的时间越长，此时，要求审计载体涵盖的时间也越长，在抽样审计模式下，要求样本涉及的时点也就越多。

本章小结

本章介绍合规审计的进一步审计程序，包括合规审计的进一步审计程序及其目的，合规审计的内部控制测试，合规审计的实质性程序。

进一步审计程序是在风险评估的基础上，根据不同层级的行为偏差风险，选择所需实施的进一步审计程序的组合、性质、范围和时间，并实施这些审计程序。合规审计的进一步审计程序主要有两类：一是内部控制测试；二是实质性程序。通过实施内部控制测试以确定内部控制运行的有效性，将其作为进一步选择实质性程序的基础，据此确定实质性程序的性质、范围、时间；通过实施实质性程序发现违规的现象，目的是对被审计单位特定行为发表合理保证或有限保证审计意见。有系统化的审计载体且有原始记录支持时，可采用命题论证型审计取证模式；有系统化的审计载体但没有记录支持时，采用事实发现型审计取证模式。内部控制测试的性质是指内部控制测试所使用的审计程序的类型及其组合，通常包括穿行测试和重新执行等程序。

内部控制测试范围是指内部控制测试的样本量大小。内部控制测试范围的大小取决于内部控制测试的拟信赖程度、内部控制风险估计水平、审计取证的方法模式等多种因素。合规审计内部控制测试的时间包含两层含义：一是审计人员何时实施内部控制测试；二是内部控制测试适用的时点或期间。

合规审计的实质性程序，是指在内部控制测试和风险评估阶段的分析性程序的基础上，为取得证明特定行为及其审计标的是否合规的直接证据而运用审阅、监盘、观察、函证、计算、分析性程序及其他审计方法，对被审计单位特定行为及其审计标的的合规性进行审查并得到证据，以得出审计结论的过程。合规审计的实质性程序需要考虑其适用情形、性质、范围和时间。

复习思考题

1. 合规审计的进一步审计程序的概念是什么？
2. 合规审计的进一步审计程序有哪些类型？
3. 合规审计的进一步审计程序的目的是什么？
4. 审计载体对进一步审计程序有何影响？
5. 数据式合规审计的内部控制测试适用于哪些情形？
6. 数据式合规审计的内部控制测试程序的性质是什么？如何选择？
7. 数据式合规审计的内部控制测试程序的范围如何确定？
8. 数据式合规审计的内部控制测试程序的时间如何确定？
9. 合规审计的实质性程序适用于哪些情形？
10. 合规审计的实质性程序的性质是什么？如何选择？
11. 合规审计的实质性程序的范围如何确定？
12. 合规审计的实质性程序的时间如何确定？

第6章

合规审计的审计报告

学习目标

1. 掌握汇总审计发现的相关内容
2. 掌握筛选审计发现的相关内容
3. 掌握总体复核的相关内容
4. 掌握嫌疑问题的审计定性的相关内容
5. 掌握形成合规审计意见的相关内容
6. 掌握撰写并发布合规审计报告及相关文件的相关内容

引导案例

教育部2016年度预算执行等情况审计结果

根据《中华人民共和国审计法》的规定，2016年12月至2017年3月，审计署对教育部2016年度预算执行等情况进行了审计，重点审计了教育部本级和所属孔子学院总部、职业技术教育中心研究所、国家留学基金管理委员会（以下简称职业教育研究所、国家留基委）等5个单位，并对有关事项进行了延伸审计。

一、基本情况

教育部为中央财政一级预算单位，部门预算由部本级和112个二级预算单位的预算组成。财政部批复教育部2016年度部门财政拨款预算13 492 147.98万元，本次审计财政拨款预算1 774 405.89万元，占13.15%。审计结果表明，教育部本级及本次审计的所属单位2016年度预算收支基本遵守了预算法及相关法律法规，财务管理和会计核算基本符合会计法及有关财会制度的规定。

二、审计发现的主要问题

（一）预算执行中存在的主要问题

1. 至2016年底，所属孔子学院总部和职业教育研究所财政拨款项目结余资金737.22万元，未按规定清理上报。

2. 至2016年底，所属国家留基委2010年至2012年向国家公派留学人员收取的违约金和赔偿费327.79万元未按规定上缴；所属中央美术学院收取的学费、培训费等172.75万元未上缴财政专户，其中2016年37.95万元。

（二）决算草案存在的主要问题

1. 2016年，所属孔子学院总部将部分考试业务收支放在其下属公司核算，造成少计收入783.99万元、支出509.91万元；所属中国高等教育学会在两个财政拨款专项中列支下年度支出，造成多计支出38.6万元。

2. 至2016年底，所属中央美术学院图书、校园网升级项目等资产2 504.67万元未按规定登记入账。

（三）其他方面的问题

1. 至2016年底，教育部本级1999年按房改政策配售的138套职工住房未按规定进行资产核销。

2. 至2016年底，教育部本级以前年度拨出经费193.82万元放在往来科目核算，长期未清理；所属中央美术学院收取的培训费等1 331.53万元放在往来科目核算，未及时确认收入，在往来科目挂账的职工借款等630万元未及时清理。

3. 至2016年底，所属中央美术学院未将下属的原雕塑艺术创作研究所账户结余资金48.9万元纳入该院法定账簿统一核算。

4. 2015年和2016年，所属中央美术学院未经审批出租校内房产802.32平方米，取得租金收入93.1万元，其中2016年64.6万元。

5. 至2016年底，所属机关服务中心等两家单位在建工程2013年以前已完工并交付使用，未及时确认固定资产，涉及金额934.48万元。

三、审计处理情况和建议

对上述问题，审计署依法出具了审计报告、下达了审计决定书。对项目结余资金清理不到位问题，责成相关单位按规定清理；对收入未按规定上缴问题，责成相关单位及时上缴；对收支不实问题，责成相关单位调整有关会计账目和决算草案；对资产未入账问题，责成所属中央美术学院调整有关会计账目和决算草案；对资产未及时确认和核销、资金未纳入法定账簿统一核算、往来款未及时清理等问题，要求清理纠正，调整有关会计账目；对未经审批出租房产问题，责成所属中央美术学院严格执行相关规定。

针对审计发现的问题，审计署建议：教育部应加强对所属单位的监管，完善预决算基础工作，规范结余资金管理和资产管理，严格遵守资产登记、核销和出租审批制度。

四、审计发现问题的整改情况

对审计发现的问题，教育部正在积极组织整改。教育部本级已对售出职工住房进行资产核销，冲销部分长期挂账；所属职业教育研究所已清理上报结余资金106.21万元；所属国家留基委已上交教育部公派留学人员违约金等327.79万元；所属中国高等教育学会已调整决算草案；所属中央美术学院已将校园网升级项目计入学院资产，并收回账外资金，补办房产出租审批手续。具体整改结果由教育部向社会公告。

资料来源：中华人民共和国审计署．中央预算单位2016年度预算执行等情况审计结果：2017年第4号（总第266号）．（2017-06-23）．http://www.audit.gov.cn/n5/n25/c96987/content.html.

思考题：该文件是审计结果公告，它不同于审计报告。如果是审计组提出的审计报告，对于审计发现的主要问题是否要予以定性？如何定性？同时，形成审计意见是否要考虑审计发现的主要问题具有重要性？如何考虑？另外，审计意见类型与审计取证模式之间有什么关系？

审计报告是审计人员对被审计单位实施必要的审计程序之后，就审计主题得出审计结论或报告审计发现，或提出审计意见和审计建议的书面文件。任何审计业务都需要将形成的审计结果传递给利益相关者。不论是命题论证型合规审计，还是事实发现型合规审计，审计小组都要通过实施风险评估程序和进一步审计程序，收集充分、适当的审计证据，出具合规审计报告。

合规审计报告形成前，审计人员首先应当围绕特定行为是否合规汇总并分析审计发现。无论采用何种取证模式，都需要报告已经发现的缺陷行为。因此，要根据已经确定的重要性水平，评估缺陷行为的重要性，筛选出具有重要性的缺陷行为并在审计报告中反映出来。如果采取命题论证型取证模式，需要对总体发表意见，则需要运用电子数据分析程序对总体进行再次分析性复核，以确定是否还存在不能解释的疑点。在此基础上，对于已经确定的具有重要性的违规行为，审计人员应选择恰当的审计定性标准，对发现的违规嫌疑问题的事实进行定性，并提出相应的处理处罚决定，对有瑕疵的行为问题还可以提出合理的整改建议。本章将主要阐述合规审计报告的上述主要工作，主要内容包括：汇总审计发现，筛选审计发现，总体复核，嫌疑问题的审计定性，形成合规审计意见，撰写并发布合规审计报告及相关文件。

第1节 汇总审计发现、筛选审计发现及总体复核

审计人员通过风险评估程序，确定合规审计的重点领域，针对重点领域实施进一步审计程序以发现特定行为的嫌疑问题。这里的嫌疑问题是指初步判断的违规行为，属于何类违规行为，甚至是否属于违规行为，需要经过定性程序才能确定。在审计报告阶段，审计人员首先要汇总已经发现的嫌疑问题，并按重要性标准进行筛选。

一、汇总审计发现

通过实质性分析程序或细节测试发现的一些可能的违规行为简称为嫌疑问题。对于这些嫌疑问题，需要按不同的层级进行汇总，以便形成不同层级的审计对象

的审计意见或审计发现。一般来说，对于特定的嫌疑问题，首先需要按审计标的并区分审计具体目标来汇总。在此基础上，将同一特定行为的各审计标的嫌疑问题汇总，形成各特定行为的嫌疑问题汇总。然后，将特定行为的嫌疑问题按其所属的专门项目进行汇总，形成各专门项目的嫌疑问题汇总。将所有专门项目的嫌疑问题组合起来，就形成被审计单位的嫌疑问题汇总。上述汇总过程中使用的审计发现汇总表如表6-1、表6-2、表6-3、表6-4所示。

表6-1　（××审计标的）审计发现汇总表

嫌疑问题	涉及的具体审计目标	涉及的金额	性质是否严重	工作底稿索引
合计				

表6-2　（××特定行为）审计发现汇总表

审计标的	涉及的金额	性质是否严重	工作底稿索引
合计			

表6-3　（××专门项目）审计发现汇总表

特定行为	涉及的金额	性质是否严重	工作底稿索引
合计			

表6-4　（××被审计单位）审计发现汇总表

专门项目	涉及的金额	性质是否严重	工作底稿索引
合计			

二、筛选审计发现

合规审计并不要求将合规审计中发现的所有问题不论金额大小、性质严重与否都罗列出来。因此，不论是命题论证型合规审计还是事实发现型合规审计，在形成审计意见之前，审计人员都需要运用合规审计重要性标准，从性质和数额两方面对发现的嫌疑问题进行筛选，排除显著轻微的嫌疑问题，将接近或超过重要性的违法违规嫌疑问题筛选出来，形成需要进行审计定性的审计发现。这是审计重要性在合规审计报告阶段的重要应用之一。通过这个阶段的筛选之后，一方面需要对嫌疑问题进行审计定性，另一方面需要以此为基础形成审计意见或报告审计发现。

三、总体复核

进一步审计程序完成之后，在形成审计意见之前，审计人员需要执行总体复核程序，这个程序的目的是从总体上判断审计证据是否充分，具体体现为：审计发现与审计人员经过审计准备活动、风险评估及进一步审计程序形成的对被审计单位的理解是一致的，对于具有重要性的审计发现及风险评估发现的高风险问题都能进行合理的解释。

总体复核的主要程序是分析性程序（也称为分析性复核），是对特定行为、专门项目及被审计单位层级进行一些相对宏观的数据分析，以确定是否还有不能解释的数据异常。如果不存在不能解释的数据异常，则表明审计证据具有总体合理性；如果仍存在不能解释的数据异常，则表明现有审计证据还不足以推断总体状况。在不同的审计取证模式下，对于不能解释的数据异常有不同的后续程序。在命题论证型取证模式下，需要针对不能解释的数据异常再增加审计程序，以获取证据来解释这种异常。在事实发现型取证模式下，如果存在适宜的审计载体，则可以增加审计程序以获取相关审计证据，如果不存在适宜的审计载体，则无法获取进一步的审计证据。这种取证模式并不需要推断总体状况，所以，未能获取进一步的审计证据并不影响结束审计工作，只是可能会遗漏一些具有重要性的违规问题。

第 2 节　嫌疑问题的审计定性

合规审计中，对于具有重要性的嫌疑问题，需要对其违规性质进行准确界定，即主要解决两个问题，一是违背哪个具体法条，二是属于何种类型的违规，这两个问题合并称为审计定性。本节将介绍审计定性的相关内容。

一、审计定性的路径及规则悖反

审计定性的最直接路径就是严格按法条对嫌疑问题定性，其逻辑过程大致如图 6-1 所示。通过系统方法，获取审计证据，搞清楚嫌疑问题的真实情况；在此基础上，找到可能的适用法条，并根据相关性、时效性、地域性等原则选择适用法条；然后，根据该适用法条对嫌疑问题做出定性；以定性为基础，对违规单位及责任人员进行处理处罚，从而实现审计目标。为叙述方便，我们称上述路径为路径 A。

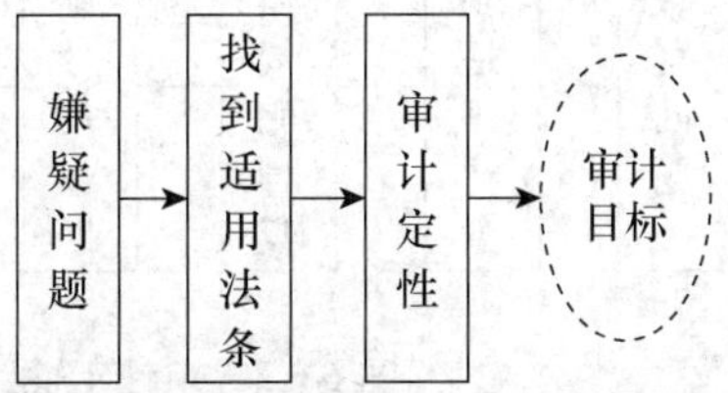

图 6-1　审计定性路径 A

路径 A 的优点是严格依法，保障了法律法规的严肃性。然而，可能出现规则悖反，进而影响审计目标的达成。从逻辑上来说，所有的嫌疑问题都会出现在表 6-5 所示的四种情形中。对于每个嫌疑问题，从合理性与合法性两个维度进行观察，合理性、合法性都可能出现两种情况（将非违法也作为合法），所以，共有四种组合，每个嫌疑问题都会属于上述四种情况之一。情形 A，既合法又合理，定性为合规事项；情形 B，既不合法，也不合理，定性为违规事项；情形 C，合法但不合理，定性为合规事项；情形 D，合理但不合法，定性为违规事项。很显然，按路径 A 来依法定性，情形 C 和 D 出现了合法与合理的背离。

表 6-5　嫌疑问题的四种情形

		嫌疑问题是否合法	
		合法或非违法	不合法
嫌疑问题是否合理	合理	A	D
	不合理	C	B

合法与合理的背离会产生什么后果呢？一般来说，法是集体理性思考的结果，应该是合理的。但是，由于立法者的有限理性及环境的变化，法本身可能存在缺陷。正是法本身存在的缺陷，导致适用法条之后形成合理不合法或者不合理反而合法的情形。合法与合理的背离不能体现立法宗旨，可能表现为极不公正以至于让人无法接受，甚至走向立法宗旨的反面，这就是规则悖反。目前，有些审计组织的实际做法是，如果违反了法律法规的明确规定，不论是否合理，直接引用相关法律法规定性为违规行为，如果没有违反法律法规但不合理，就不定性为违规行为。当规则悖反出现时，适用法条导致立法宗旨不能实现，通过合规审计来促进特定行为的合法性，提升经济资源使用的经济性、效率和效果进而实现组织良治的审计目标也就难以实现。所以，如果合规审计依法定性出现规则悖反，则审计目标难以达成。既然如此，本书认为不能简单地采用路径 A 来实施审计定性，而必须判断是否出现规则悖反，如果出现了规则悖反，则需要采用救助机制，在此基础上才能做出审计定性，这就出现了第二种审计定性路径（我们称为路径 B，见图 6-2）。

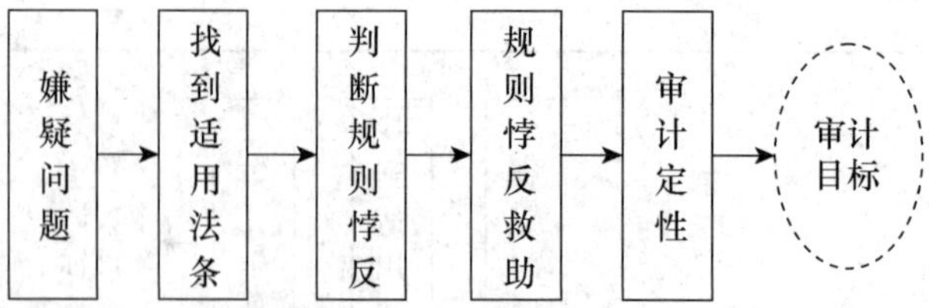

图 6-2　审计定性路径 B

路径 B 增加了两个步骤，一是判断是否存在规则悖反，二是处理存在的规则悖反。是否存在规则悖反，也就是判断合理与合法是否背离。从逻辑上来说，主要是做两种判断：第一，判断某嫌疑问题属于合法或非违法时，要进一步判断其是否合理，如果合理，就是情形 A，不属于规则悖反，如果不合理，就是情形 C，该嫌疑问题出现规则悖反；第二，判断某嫌疑问题为违规时，要判断该嫌疑问题是否合理，如果不合理，就是情形 B，如果合理，就是情形 D，该嫌疑问题出现规则悖反。上述过程中，对于嫌疑问题要做两个判断：一是合法性的判断，主要是按相关性、时效性、地域性等原则找到适用法条；二是合理性判断，这里的判断依据较为复杂，党和政府的方针政策、相关法律法规的立法宗旨等都可能成为合理性的判断依据。规则悖反的救助主要是指通过一定的救助机制，合理但不合法的嫌疑问题解除违规定性，合法但不合理的嫌疑问题给予违规定性。通过救助机制，弥合了合理与合法之间的背离，相关法律的立法宗旨得以实现，公平正义得以彰显，通过合规审计来促进特定行为的合法性，提升经济资源使用的经济性、效率和效果进而实现组织良治的目标。

二、审计定性出现规则悖反的直接后果

当规则悖反出现时，适用法条导致立法宗旨不能实现，通过合规审计来促进特定行为的合法性，提升经济资源使用的经济性、效率和效果进而实现组织良治的审计目标也就难以实现。这是审计定性出现规则悖反的最终后果，就直接后果来说，主要体现在以下四个方面：

（1）审计定性及后续的处理处罚不公正以至于让人无法接受。当规则悖反出现时，合理不合法（情形 D）的嫌疑问题被定性为违规事项并受到处理处罚，而合法不合理的嫌疑问题（情形 C）未被定性为违规事项也没有处理处罚，这无疑会导致人们对合规审计公正性的怀疑，让人难以接受这种审计定性及后续的处理处罚。

（2）审计处理处罚决定执行困难。由于被审计单位及相关部门对规则悖反的审计定性及后续处理处罚的认同程度不高，从认知心理学的角度来说，这种不苟同会对其特定行为产生重要影响，处理处罚决定的执行程度也不同。长期以来，一些审计小组的处理处罚决定的执行率并不高，其中的原因很多，一个重要原因是机械的审计定性所导致的规则悖反，而被审计单位及相关部门对这种规则悖反

的审计定性及处理处罚的认同程度并不高，执行审计决定的动力也就有所缺乏，从而导致审计决定执行率不高。

（3）审计处理处罚的预防效果不好。一般来说，审计处理处罚的预防有两个路径，一是个别预防，二是一般预防。前者是指对违规者后续期间的违规行为的抑制作用，后者是指其他单位看到被审计单位被处理处罚后对本单位后续期间的违规行为的抑制作用。如果审计定性出现规则悖反，则被审计单位不认同审计定性，在后续期间不会对类似行为产生抑制作用，个别预防效果不好；如果其他单位也不认同规则悖反的审计定性，在后续期间抑制其同类行为的动力就会降低，一般预防的效果不好。

（4）法律法规的缺陷难以得到改进。审计定性中出现规则悖反，其根本的原因是据以定性的法律法规存在缺陷，这些法律法规本身不合理。当然，任何立法都不可能完美，正是认识到这一点才需要救助机制，同时，还需要及时对法律法规进行修订。目前，我国还处于经济社会变革时期，体制、机制、制度性问题大量存在，合规审计依据的法律法规还存在不少不完善之处，所以，审计界一直强调要“两手抓”，即一方面要抓违纪违规，另一方面要抓体制、机制、制度缺陷，通过对这些缺陷的整改，完善相关的法律法规。事实上，法律法规本身也应成为审计对象，如果机械地套用法条，事实上就是放弃对法律法规本身合理性的判断，这样就会失去完善法律法规的机会。

三、规则悖反的救助机制

为了实现合规审计目标，需要对出现规则悖反的情形实施救助。那么，有哪些救助机制呢？借鉴法学理论，针对不同的规则悖反，需要不同的救助机制，对于合法但不合理情形（情形C），实行目的性扩张；对于合理但不合法情形（情形D），实行目的性限缩。

目的性扩张是一种法律漏洞补充方法，是指相较于立法意旨而言，法律文义所涵盖的案型过于狭窄，以至于立法意旨不能完全贯彻，所以，应将法律适用的范围扩张到原法律文义不包括的案型。目的性扩张所要处理的案型与法律的明文规定并不相同。目的性扩张以立法意旨为判断依据，为贯彻该立法意旨而放宽法条的案型涵盖范围，使其适用范围扩大为该立法意旨所内含的案型。对于合规审计来说，根据有些嫌疑问题的详态，虽然找不到准确的法条将其定性为违规事项，但是，该嫌疑问题明显不合理，如果不判定为违规事项，可能产生不利的后果，而且，这种嫌疑问题主要是因法律法规的漏洞而发生的，行为人具有明显的不良动机。此时，就可以采用目的性扩张，以相应法规的立法宗旨或党和国家的方针政策作为该嫌疑问题适用标准，进而将该嫌疑问题定性为违规。当然，目的性扩张要慎之又慎，不得恣意为之，必须合乎立法意旨。

目的性限缩是一种法律漏洞补充方法，是指基于法律法规规定的立法意旨，将依法律文义涵盖的嫌疑问题排除在适用范围外。目的性限缩将立法意旨作为考量的标准，虽然嫌疑问题在文义范围内，但由于该嫌疑问题与立法意旨不相符，因而将该嫌疑问题排除在法条的适用范围之外。通过目的性限缩，能在一定程度上解决合理但不合法的问题。对于合规审计来说，根据有些嫌疑问题的详态，可以找到准确的法条将其定性为违规，但是，该嫌疑问题明显具有合理性，如果判定为违规事项，可能产生不利的后果，而且，这种嫌疑问题主要是因为法律法规存在漏洞而发生的，行为人本身具有良好的动机。此时，就可以采用目的性限缩，将该嫌疑问题排除在法条的适用范围之外，以相关法律法规的立法宗旨或党和国家的方针政策作为该嫌疑问题适用标准，进而将该事项排除在违规事项之外。同样，目的性限缩也要慎之又慎，不得恣意为之，必须合乎立法意旨。

第3节　形成合规审计意见

合规审计意见是关于审计总体的合规性的结论，不同的审计取证模式下，合规审计意见的类型不同，包括的内容也不同，本节将分别阐述不同审计取证模式下审计意见的相关内容。

一、命题论证型取证模式下的合规审计意见

在命题论证型审计取证模式下，形成审计意见需要完成三项工作，一是确定最终审计风险；二是确定最终的重要性标准；三是形成具体的审计意见。

（一）确定最终审计风险

在风险导向合规审计模式下，审计人员在审计准备阶段，根据初步业务活动中对被审计单位及相关情况的了解，初步确定可接受的合规审计风险，以此为基础，根据评估的行为偏差风险，设计进一步审计程序。然而，通过风险评估程序及进一步审计程序，审计人员对被审计单位更加了解，在形成审计意见之前，需要根据掌握的更多的关于被审计单位的信息确定可接受的审计风险水平，也就是要确定是否修改审计准备阶段确定的可接受的审计风险水平。从逻辑上来说，会有三种情形：一是不修改，此时，可直接进行后续的审计工作。二是降低可接受的审计风险水平，此时，可能需要增加一些审计程序，因为降低可接受的审计风险水平意味着需要更强的审计证据证明力，或者说，在评估的合规风险不变的前提下，根据审计风险模型，需要降低检查风险水平，所以，需要增加一些审计程序。三是提高可接受的审计风险水平，此时，根据合规审计风险模型，可以接受更高的检查风险，这意味着可以减少一些审计程序，但是，到了审计报告阶段，设计的审计程序已经实施完毕，此时无法减少审计程序，结果是浪费了一些审计资源。

（二）确定最终的审计重要性标准

在风险导向合规审计模式下，重要性标准需要贯穿审计的全过程。在审计准

备阶段，审计人员基于初步业务活动中对被审计单位及相关情况的了解，初步确定可接受的审计重要性标准，并据此设计风险评估程序及进一步审计程序。在形成审计意见时，审计人员还需要应用审计重要性标准，但是，在这个阶段，审计人员对被审计单位的了解更多，所以，在将审计重要性标准用于形成审计意见之前，需要重新审视在审计准备阶段确定的审计重要性标准是否需要修改。从逻辑上来说，会有三种情形：一是不需要修改原来的审计重要性标准，此时，可直接将原来的重要性标准用于审计意见的形成过程；二是需要提高原来的审计重要性标准，也就是审计重要性标准可以宽松一些，这种情形表明，原来的一些审计程序可能是不必要的，但是已经实施完毕，无法取消，其实质是审计资源被浪费；三是需要降低原来的审计重要性标准，或者说，需要更加严厉的审计重要性标准，此时，可能需要增加一些审计程序。

（三）形成具体的审计意见

合规审计的直接目标是寻找偏差行为，也就是判断特定行为与既定标准的相符程度，合规审计意见就是对相符程度的表述。由于合规审计可以划分为单位层级、专门项目层级、特定行为及其标的层级，从逻辑上来说，审计人员可以就上述四个层级发表意见。但是，通常情况下，审计人员主要是对专门项目和单位层级发表审计意见。无论对何层级发表审计意见，我们都将发表意见的对象称为审计总体。在许多情形下，合规审计只是对审计总体中的部分个体实施审计，我们称其为审计样本。一般来说，审计意见分为合理保证审计意见和有限保证审计意见两种类型。合规审计也是如此，合理保证审计意见是根据审计样本推断审计总体，是对审计总体的行为偏差状况发表审计意见；而有限保证审计意见只是报告审计发现，所以，实质上只是报告了对审计样本的发现，并没有根据审计样本的结果来推断审计总体。

在命题论证型取证模式下，合规审计意见有两种选择，一是有限保证审计意见，二是合理保证审计意见。从审计取证模式所具备的审计证据证明力来说，命题论证型取证模式支持发表合理保证审计意见，这就要求根据样本的审计结果来推断总体状况。但是，根据审计样本来推断总体状况会有一定的风险，置信度不可能是100%，所以，审计小组可能基于控制审计风险的需要，并不根据审计样本的发现来推断审计总体状况，不对审计总体状况发表意见，只是报告对审计样本的审计发现，这就出现了有限保证审计意见。一般来说，在命题论证型取证模式下，审计人员会发表合理保证审计意见，审计意见的具体类型包括：标准审计意见，带强调事项段的无保留意见，保留意见，否定意见，无法表示意见。

无论何种审计意见类型，其形成过程如图6-3所示，基本上都要经过四个步骤，每个步骤都是根据样本的审计结果来推断该层级总体的状况。

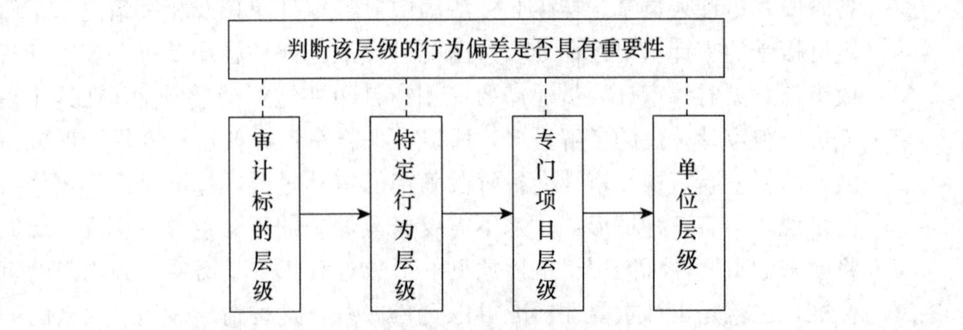

图 6-3 审计意见形成过程

第一，以审计标的为对象，判断该审计标的的行为偏差是否具有重要性，形成关于该审计标的的审计意见；第二，将审计标的按行为进行归集，汇总每个特定行为的行为偏差，并判断该汇总的偏差是否具有重要性，形成关于该特定行为的审计意见；第三，将特定行为按专门项目进行归集，汇总每个专门项目的行为偏差，并判断该汇总的偏差是否具有重要性，形成关于该专门项目的审计意见；第四，如果被审计单位有多个专门项目，则需要汇总这些专门项目的行为偏差，并判断该汇总的偏差是否具有重要性，形成关于该被审计单位的审计意见。

二、事实发现型取证模式下的合规审计意见

在事实发现型取证模式下，审计人员并不根据样本的审计结果来推断总体状况，所以，严格来说，在这种取证模式下并没有审计意见，只是报告审计发现。但是，这种对审计发现的报告也可以作为广义的审计意见，在特殊情况下，也可以形成关于审计总体的审计意见，所以，我们认为事实发现型取证模式下也存在审计意见。具体来说，有三种情形：

（1）审计过程中发现了具有重要性的行为偏差，审计报告中按一定的方式对这些行为偏差进行归类，并按一定的顺序罗列这些行为偏差。这种情形纯粹是罗列审计发现，并未对总体发表意见。在事实发现型取证模式下，多数情形如此。

（2）审计过程中未发现具有重要性的行为偏差，审计报告中的意见是“经审计，未发现具有重要性的违规行为”。这是从消极角度来发表意见，并未对审计总体发表意见，不能改为“经审计，我们认为，×××合规”，后者是对审计总体发表意见。

（3）如果根据已经审计的样本所发现的偏差行为足以认定审计总体在整体上不具有合规性，则审计人员在报告这种发现的同时，还应该对审计总体发表否定意见。这并不是根据审计样本推断审计总体状况，而是就样本的审计结果对审计总体发表否定意见。

第 4 节　撰写并发布合规审计报告及相关文件

合规审计报告形成于审计报告阶段。审计人员在出具审计报告时应当根据预定的审计方案，对特定行为实施必要的审计程序，依据充分、适当的审计证据形成审计结论，提出审计意见和审计建议，出具审计报告。虽然命题论证型合规审计和事实发现型合规审计的取证思路不同，审计证据全面性不同，出具的审计意见类型、审计报告内容都不同，但从审计报告形成过程看，一般都要求实施必要的审计程序，要求有充分、适当的审计证据，有明确的审计意见，出具合法规范的书面审计报告。审计报告是合规审计成果的归集，以审计报告为基础，还要形成审计意见书、审计处理处罚决定书等相关文件，问题严重的还要移送其他部门给予处理处罚，这就需要出具审计移送处理书，不同的审计取证模式下，上述内容既有共性，也有个性，本节将介绍这些内容。

一、审计报告及相关文件的形成过程

（一）复核整理审计工作底稿

审计报告是对审计目标达成情况的报告和回答，是审计结果归集的文书。合规审计报告需要将充分和适当的审计证据作为报告的支持材料。而审计证据是由审计人员在实施审计过程中，按照法定程序、运用科学的审计方法取得并记录在审计工作底稿中的事实或事实依据。因此，审计报告阶段，审计人员应当先对审计工作底稿中记录的审计证据进行审查核对，检查审计工作记录和各项经济业务的工作底稿是否完备，检查底稿中记录的问题是否都已列出，有无遗漏之处，审计工作底稿反映的问题是否证据充分、适当。在此基础上，审计人员汇总整理审计工作底稿，并运用分析程序进行总体复核。审计小组织对审计项目的复核包括项目组内部复核和项目质量控制复核。

（二）分析提炼审计证据

不论是合理保证意见的审计报告还是有限保证意见的审计报告，都需要阐述形成具体审计意见的合理基础，也就是说清楚相应的审计证据。对形成审计意见有影响的证据，需要在汇总整理的基础上，按其反映的内容进行分类、分析，去粗取精、去伪存真，由此及彼、由表及里，分清问题的主次和重要程度，确定要写入审计报告的事项。经过提炼后的审计证据，要做到事实清楚、数字真实、分析有据、定性准确、表达严谨。

（三）运用重要性标准筛选审计证据并确定审计意见类型

审计意见是审计人员实施审计工作后得出的最终审计结论，是对审计目标达成程度的回答。审计意见如果不正确、不合理，不仅违背了审计职业道德要求，扭曲了被审计单位的事实真相，还会误导信息使用者做出不当决策，难以实现审计终极目标，甚至还会产生审计风险。在形成审计报告前，审计小组需要设置多层次的质量控制措施以加强对审计意见及相关证据的复核，审慎运用审计准备阶段确定的重要性标准，考虑缺陷行为的性质、数量、环境等因素，合理确定审计报告阶段使用的重要性判断标准，从性质和数量两方面判断和筛选需要在审计报告中揭示的重大缺陷行为及相关证据，并根据充分、适当的审计证据形成审计意见。命题论证型合规审计和事实发现型合规审计由于取证模式不同，所能提供的审计证据的全面性不同，审计意见类型及其具体形成过程有差异。命题论证型合规审计常见的审计意见类型是合理保证审计意见；事实发现型合规审计常见的审计意见类型是有限保证审计意见。不论是何种审计意见类型的审计报告，起草审计报告前，一般都要先由审计小组根据不同的审计目标，以审计认定的事实为基础，提出具体审计意见，在此基础上经过多层次的复核，形成最终的审计意见。

(四) 拟定审计报告提纲

审计报告提纲是审计报告拟包括的内容，在不同的审计取证模式下，审计报告的内容有共性，也有个性。合规审计报告一般采用详式报告，包括的内容比简式报告更丰富。一般来说，由审计小组组长或主审提出初步意见，而后经集体讨论决定审计报告提纲。审计报告提纲的主要内容是：分几个部分，阐述什么问题，依靠哪些证据，怎样撰写等。拟定审计报告提纲时，在每个大小标题后面应详细列出所需证据以及证据的来源。提纲的内容必须针对审计的目的和范围，以及审计授权人、委托人的要求，根据已掌握的证据分清主次，适当排列次序。

(五) 撰写审计报告初稿及相关文件

审计报告提纲拟定以后，审计小组就可以撰写审计报告初稿（详式报告）。初稿形成后，审计小组应充分讨论，反复推敲，认真研究，并以审计小组的名义征求被审计单位意见。被审计单位应对审计报告提出书面意见，自接到审计报告一定时间内未提出书面意见的，视同无异议。审计小组征求意见有利于进一步核对事实，交换双方对审计结果、审计意见和审计建议的看法，提高审计报告的质量。审计小组对被审计单位的意见应认真分析研究，认为事实不清或有出入的，应进一步核实，对正确合理的意见应采纳并修改或补充审计报告。在此基础上，审计小组还要以审计组织的名义，代拟审计意见书及审计处理处罚决定书。目前，有些审计组织直接以审计报告替代审计意见书，但本书认为二者主送对象不同，不宜合并。

审计意见书是以审计组织的名义提交给被审计单位的关于审计结果的书面文件，内容基本上来自审计报告，所以，不少的审计组织直接以审计报告代替审计意见书。审计意见书不需要征求被审计单位的意见。

审计处理处罚决定书是由有处理处罚权的审计组织对违规问题的责任人和责任单位给予处理处罚的决定文件。一般来说，审计处理的方式有以下几种：责令限期缴纳应当上缴的财政财务收入；限期退还非法所得；限期退还被侵占的资源；责令冲转或调整有关会计账目；依法采取其他纠正措施。审计处罚的形式有以下几种：警告；通报批评；罚款；没收非法所得；依法采取其他纠正措施。审计小组对审计发现的问题提出处理处罚意见时，应当关注下列因素：法律法规的规定；审计组织的职权范围，即属于审计组织职权范围的，直接提出处理处罚意见，不属于审计组织职权范围的，提出移送处理意见；问题的性质、金额、情节、原因和后果；对同类问题处理处罚的一致性；需要关注的其他因素。审计处理处罚决定书不需要征求被审计单位的意见。

（六）多级复核审计报告及相关文件

在征求被审计单位的审计意见后，审计小组的审计报告连同被审计单位的反馈意见、审计意见书和审计处理处罚决定书一并送到审计小组的业务部门复核。设置有审理部门的审计组织，其业务部门应当将复核修改后的审计报告、审计意见书、审计处理处罚决定书等审计项目材料连同书面复核意见，报送审理部门审理。审计报告、审计意见书、审计处理处罚决定书原则上应当由审计组织的审计业务会议审定，也可以由审计组织主要负责人审定。

派出审计小组的业务部门复核审计报告及相关文件，应当对下列事项进行复核并提出书面复核意见：审计目标是否实现；项目审计方案确定的审计程序是否完成；审计发现的重要问题是否在审计报告中反映；事实是否清楚、数据是否正确；审计证据是否适当、充分；审计意见、定性、处理处罚和移送处理意见是否恰当，适用法律法规和标准是否适当；被审计单位、被调查单位、被审计人员或者有关责任人员提出的合理意见是否采纳；需要复核的其他事项。

设有审理部门的审计组织，审理部门以项目审计方案为基础，重点关注审计实施的过程及结果，主要审理下列内容：项目审计方案确定的审计程序是否完成；审计发现的重要问题是否在审计报告中反映；主要事实是否清楚，相关证据是否适当、充分；适用法律法规和标准是否适当；审计意见、定性、处理处罚意见是否恰当；审计程序是否符合规定。

（七）形成审计报告及相关文件的正式文本

经过多级复核后，会以不同的名义形成不同的正式文本，这些都是正式的审计成果，需要报送不同的单位，具体情况如表 6－6 所示。

表 6－6　　合规审计成果一览表

文件名称	出具文件的主体	主送单位
审计报告	审计小组	派出审计小组的审计组织
审计意见书	审计组织	被审计单位
审计处理处罚决定书	审计组织	被审计单位
审计移送处理书	审计组织	相关部门

表 6－6 的各种审计成果中，审计报告是审计小组向审计组织提交的关于审计

情况的书面报告；审计意见书是审计组织以审计报告为基础形成的关于审计情况的书面文件；审计处理处罚决定书是审计组织对被审计单位及相关责任人的违规行为做出处理处罚决定的文件；审计移送处理书是审计组织向司法部门、主管部门及纪检、监察部门移送相关嫌疑事项的书面文件。

二、审计报告及相关文件的内容

（一）审计报告的内容

无论是合理保证意见的审计报告还是有限保证意见的审计报告，都需要详细、丰富和有价值的信息。同时，要求审计报告内容完整、事实清楚、结论正确、用词恰当、格式规范。一般来说，合规审计报告的内容如下：

（1）标题。

（2）文号（审计组织的审计报告编号）。

（3）被审计单位名称。

（4）审计项目名称。

（5）报告正文内容 。

1）审计依据，即实施审计所依据的法律法规。

2）实施审计的基本情况，一般包括审计范围、内容、方式和实施的起止时间。

3）被审计单位基本情况。

4）审计意见。在命题论证型审计取证模式下，可以发表的审计意见类型包括：标准审计意见，带强调事项段的无保留意见，保留意见，否定意见，无法表示意见。在命题论证型审计取证模式下，为了规避审计风险，也可以不发表审计意见。在事实发现型审计取证模式下，一般没有审计意见，但是，如果已经发现的违规事实足够从总体上发表否定意见，就发表否定意见。

5）审计发现的被审计单位违规问题的事实、定性、处理处罚意见以及依据的法律法规和标准。

6）以往审计决定执行情况和审计建议采纳情况。

7）审计发现的移送处理事项的事实和移送处理意见，涉嫌犯罪等不宜让被审计单位知悉的事项除外。

8）针对审计发现的问题，根据需要提出的改进建议。

（6）审计小组名称。

（7）报告日期（审计小组向审计组织提交报告的日期）。

（二）审计意见书的内容

审计意见书是审计组织以审计报告为基础形成的关于审计结果的书面文件。由于审计报告和审计意见书的内容有一定重复，一些审计组织直接以审计报告替代审计意见书。这种做法在一定程度上减少了审计工作量，但带来两个问题：一是审计报告需要以审计组织的名义提交给被审计单位，而这种做法导致审计组织向被审计单位提交审计报告，不符合逻辑。通常情况下，在审计关系中，应该是审计组织向审计委托人提交审计报告，而不是向被审计单位提交审计报告。二是审计报告的内容中包括“被审计单位基本情况”，由审计组织向被审计单位报告“被审计单位基本情况”，这似乎不合逻辑。基于这些问题，本书建议单独给被审计单位出具审计意见书，与审计报告相比，做两点变化，一是出具文件的主体由审计小组改为审计组织，二是删除审计报告中的“被审计单位基本情况”这部分内容。经过调整，合规审计意见书的内容如下：

（1）标题。

（2）文号（审计组织的审计意见书编号）。

（3）被审计单位名称。

（4）审计项目名称。

（5）报告正文内容。

1）审计依据，即实施审计所依据的法律法规。

2）实施审计的基本情况，一般包括审计范围、内容、方式和实施的起止时间。

3）审计意见。在命题论证型审计取证模式下，可以发表的审计意见类型包括：标准审计意见，带强调事项段的无保留意见，保留意见，否定意见，无法表示意见。在命题论证型审计取证模式下，为了规避审计风险，也可以不发表审计意见。在事实发现型审计取证模式下，一般没有审计意见，但是，如果已经发现的违规事实足够从总体上发表否定意见，就发表否定意见。

4）审计发现的被审计单位违规问题的事实、定性、处理处罚意见以及依据的法律法规和标准。

5）以往审计决定执行情况和审计建议采纳情况。

6）审计发现的移送处理事项的事实和移送处理意见，涉嫌犯罪等不宜让被审计单位知悉的事项除外。

7）针对审计发现的问题，根据需要提出的改进建议。

（6）审计组织名称。

（7）报告日期（审计小组向审计组织提交意见书的日期）

（三）审计处理处罚决定书的内容

合规审计处理处罚决定书的内容如下：

（1）审计的依据、内容和时间。

（2）违规事实、定性、处理处罚决定以及法律法规依据。

（3）处理处罚决定执行的期限和被审计单位书面报告审计决定执行结果等要求。

（4）依法提请相关部门裁决或者申请行政复议、提起行政诉讼的途径和期限。

（四）审计移送处理书的内容

合规审计移送处理书的内容如下：

（1）审计的时间和内容。

（2）依法需要移送有关主管部门或者单位以纠正、处理处罚或者追究有关人员责任事项的事实、定性及其依据和审计组织的意见。

（3）移送的依据和移送处理说明，包括将处理结果书面告知审计组织的说明。

（4）所附的审计证据材料。

本章小结

本章介绍审计报告阶段的主要工作，包括：汇总审计发现，筛选审计发现，总体复核，嫌疑问题的审计定性，形成合规审计意见，撰写并发布合规审计报告及相关文件。

合规审计报告形成前，审计人员首先应当围绕特定行为是否合规汇总并分析审计发现。无论采用何种取证模式，都需要报告已经发现的缺陷行为。因此，要根据已经确定的重要性水平，评估缺陷行为的重要性，筛选出具有重要性的缺陷行为并在审计报告中反映出来。如果采取命题论证型取证模式，需要对总体发表意见，则需要运用电子数据分析程序对总体进行分析性复核，以确定是否还存在不能解释的疑点。在此基础上，对于已经确定的具有重要性的违规行为，审计人员应选择恰当的审计定性标准，对发现的违规嫌疑问题的事实进行定性，并提出相应的处理处罚决定，对有瑕疵的行为问题还可以提出合理的整改建议。

在审计报告阶段，审计人员首先要汇总已经发现的嫌疑问题，并按重要性标准进行筛选。总体复核的主要程序是分析性程序，是对特定行为、专门项目及被审计单位层级进行一些数据分析，以确定是否还有不能解释的数据异常。如果不存在不能解释的数据异常，则表明审计证据具有总体合理性；如果存在不能解释的数据异常，则表明现有审计证据还不足以推断总体状况。

合规审计中，对于具有重要性的嫌疑问题，需要对其违规性质进行准确界定，即主要解决两个问题，一是违背哪个具体法条，二是属于何种类型的违规，这两个问题合并称为审计定性。审计定性的最直接路径就是严格按法条对嫌疑问题定性，但是可能出现规则悖反，进而影响审计目标的达成。正是法本身存在的缺陷，导致适用法条之后形成合理不合法或者不合理反而合法的情形。合法与合理的背离不能体现立法宗旨，可能表现为极不公正以至于让人无法接受，甚至走向立法宗旨的反面，这就是规则悖反。审计定性的另一个路径是在直接路径的基础上增加两个步骤，一是判断是否存在规则悖反，二是处理存在的规则悖反。规则悖反的救助机制有两个，一是实行目的性扩张，二是实行目的性限缩。

合规审计意见是关于审计总体的合规性的结论。在命题论证型审计取证模式下，形成审计意见需要完成三项工作，一是确定最终审计风险；二是确定最终的重要性标准；三是形成具体的审计意见。在事实发现型取证模式下，审计人员并不根据样本的审计结果来推断总体状况，所以，严格来说，在这种取证模式下没有审计意见，主要是报告审计发现，但是也有例外。

审计报告是审计人员对被审计单位实施必要的审计程序之后，就审计主题作出审计结论或报告审计发现，或提出审计意见和审计建议的书面文件。以审计报告为基础，还要形成审计意见书、审计处理处罚决定书等相关文件，问题严重的，还要移送其他部门进行处理处罚，这就要求出具审计移送处理书。

复习思考题

1. 合规审计报告是什么？
2. 合规审计报告阶段，在合规审计报告形成之前，审计人员需要做哪些工作？
3. 合规审计报告阶段如何汇总审计发现？
4. 合规审计报告阶段如何筛选审计发现？
5. 合规审计报告阶段如何进行总体复核？
6. 审计定性的路径有哪些？
7. 什么是规则悖反？其后果是什么？有何救助机制？
8. 在命题论证型审计取证模式下，形成合规审计意见需要完成哪三项工作？
9. 在事实发现型审计取证模式下，合规审计意见有哪些情形？
10. 合规审计报告阶段，审计报告及相关文件的形成过程是怎样的？
11. 合规审计报告的内容有哪些？
12. 合规审计意见书的内容有哪些？
13. 审计处理处罚决定书的内容有哪些？
14. 审计移送处理书的内容有哪些？

第7章

合规审计的审计成果应用

学习目标

1. 掌握审计过程中的审计成果应用的相关内容
2. 掌握审计整改机制的相关内容
3. 掌握审计后续跟踪
4. 掌握审计结果公告的相关内容

引导案例

李克强：根治“屡审屡犯”顽症要靠建立长效机制

“这次审计中发现的一些问题，可以说是每年‘屡审屡犯’的‘顽症’。所以我们不光要对这些问题坚决整改，更要认真研究，建立一个长效机制！”李克强总理在7月5日的国务院常务会议上说。

当天会议部署整改审计查出的预算执行等问题，推动国家重大政策措施落地见效。此前，2016年度中央预算执行和其他财政收支审计结果已向社会公布。李克强明确要求有关部门针对审计查出的政策不落实、资金使用不规范等问题，分门别类推进整改攻坚。

“政府要勇于揭示自己存在的问题，但更重要的是怎么解决这些问题。”总理说，“要把审计中发现的问题分解到各部门，限时按项逐条推进严肃整改！审计署要对整改结果进行跟踪督查！”

审计署负责人在汇报中介绍了审计中发现的一些具体问题。例如，至2017年3月底，电力安全培训机构资格认可、信息系统工程监理工程师资格认定等21项审批认证事项未按要求取消下放；基本医疗保险定点零售药店资格审查等11项行政审批和中介服务事项下放或取消后，未能有效承接或监管并及时跟进。

“这些改革都是为了激发市场活力并获得社会广泛拥护的，也是经过反复论证由国务院常务会议讨论通过的，必须进一步加大工作力度，推动各项措施落地落实！”李克强强调。

也有一些审计发现的问题相对复杂。有关部门负责人汇报称，在“营改增”改革推进中，随着增值税可抵扣范围扩大，有的行业或企业出现增值税进项与销项税率“倒挂”，导致新增进项留抵税额超过销项税额，从而压占企业资金。

“这种问题本来不应该发生，但我们这么大的国家要推进增值税改革，确实可能因为经验不足而出现预想不到的问题。”总理说，“有关部门要按照‘问题导向’原则，抓紧研究出台相应措施，确保各行业税负只减不增！”

当天会议决定，要以整改为契机加快推进“放管服”和“营改增”等改革措施落地，抓紧落实化解过剩产能、脱贫攻坚、生态环保等方面的政策和项目。同时强化“三公”经费和扶贫、医保等民生领域资金管理，加强重点领域监管和风险防控，严防公共资金“跑偏”或“沉淀”。

李克强要求，有关部门不仅要下决心纠正各种焦点问题、复杂问题，更要加大整改督查力度，对整改不力和不作为、乱作为的要严肃问责，坚决杜绝整改造假行为。

“如果问题确实比较复杂，需要更长时间整改，一定要讲清楚原因。绝不能没整改完说整改完了，结果是错上加错！”李克强加重语气说，“审计就是要动真格的，我们整改的结果一定要是真实的！”

按照规定，有关部门、单位和地方的整改结果要于10月底前报告国务院，并在向全国人大常委会报告后向社会公开。李克强最后强调，各地方、各部门负责人都要“把时间节点赶在前面”，限时办结各项整改工作。

资料来源：李克强：根治“屡审屡犯”顽症要靠建立长效机制．中国政府网．(2017-07-05)．http://www.gov.cn/xinwen/2017-07/05/content_5208240.htm.

思考题：“屡审屡犯”顽症是否意味着审计整改机制存在缺陷？什么是根治“屡审屡犯”顽症的长效机制？

合规审计成果就是合规审计工作获得的可观察的成就，从形式上看，审计报告、审计意见书、审计处理处罚决定、审计建议、审计结果公告、审计整改报告等，都是体现审计成果的书面材料；从实质上看，合规审计通过发现问题、揭露问题、提出审计建议、实施审计处理处罚，抑制违规行为、增收节支、挽回损失、核减投资额、促进业绩改善、完善制度等，都是审计成果，所以，审计成果也体现为以货币或非货币计量的一系列审计绩效指标。审计成果应用就是审计组织及利益相关方通过一系列措施使得形式上的审计成果转化为实质性的结果。审计成果应用的措施有多种，包括审计过程中的成果应用、审计结果公告、审计跟踪检查、审计整改机制及整改情况公告等，本章将介绍合规审计的这些内容。

第 1 节　合规审计过程中的审计成果应用

审计成果的应用方式很多，可以在审计过程中应用，也可以在审计结束时应用。审计过程中的成果应用是对于发现的一些特殊问题，以恰当的方式及时报告，形成审计成果的及时应用。通过审计过程中的成果应用，一方面能提高审计成果应用的时效性，另一方面能抓住恰当的时机来应用审计成果，避免因失去恰当时机而无法应用审计成果。

一、审计通报

通报是在一定范围内表彰先进、批评错误、传达重要精神或告知重要情况，以推动面上工作的一种下行文或平行文。审计人员的报告应及时、充分、灵活地反映报告使用者需要的信息。对于合规审计中的重大发现，审计证据充分的，可及时向审计组织报告，并通过审计组织向相关单位或部门报告，也可以向被审计单位通报并要求其整改。以审计通报的形式促进上下级之间，有关部门之间，审计主体与审计委托人、审计客体之间相互了解，全面准确地了解并推动合规审计工作。

二、审计专题报告

专题报告通常是对审计中发现的某类具有典型性、重要性的现象或问题进行报道，分析问题或现象产生的原因并提出建议，以利于有关部门决策或引起利益相关者的重视。例如，涉嫌重大违法犯罪的问题；国家财政、财务收支政策及其执行中存在的重大问题；关系国家经济安全、金融安全的重大问题；关系国家信息安全的重大问题；影响人民群众经济利益的重大问题；其他重大事项；等等。专题报告与审计信息、重要审计情况相比，更加具有宏观性，更偏重于对问题及现象的分析和提出建议，从体制、机制、制度层面抑制机会主义违规行为的发生。

三、审计要情报告

审计要情报告在某种意义上是重要的审计简报，是指审计组织经过调查了解或他人举报掌握了很重要的违反财经法规的案件时而提出的简报。例如，张某是单位的财务主管或要员，在审计时发现张某有携款外逃的现象，这时审计人员可采取果断方式，将该情况报告给公安机关，让公安部门进行扣押待审，这种情况带有保密因素。

四、审计信息简报

从信息论的角度来说，信息是符号传递的报道，报道的内容是接收符号者事先不知道的。从这个定义可以看出，信息的传递有接收者、被接收者，还有传递的媒介和符号，报纸、广播、杂志、电视、网站等都属于信息论的范畴。审计信息之所以能成为信息，关键在于它传递的内容有意义和价值，能给人增加新的认知。审计信息简报是信息的一种，是审计组织在一定范围内公开传播的审计资料，它对审计主体及其审计工作新近发生的具有较大指导意义的情况进行简要通报。审计信息简报可以是正面典型事例及经验，也可以是基于发现问题而报忧的信息，审计信息的载体可以是影像视频，也可以是文字资料，审计信息的文体具有多样性。审计信息简报不一定应用在审计结束后，在审计过程中是一种很好的成果应用。

第2节　合规审计整改机制

合规审计不只是查出问题、做出审计处理处罚决定和提出审计建议，更为重要的是推动审计处理处罚决定的执行和审计建议的实施，这些工作统称为合规审计整改。本节将介绍合规审计整改机制的相关内容。

一、合规审计整改的概念

合规审计整改可以从审计组织和被审计单位的角度来理解。

从审计组织的角度出发，审计组织必须对被审计单位落实审计处理处罚决定和审计建议的情况进行督促、检查和报告，在出具审计意见书、做出审计处理处罚决定和提出审计建议后，在规定时间内检查和了解被审计单位的落实情况，形成检查报告，最后汇总审计整改情况并向相关组织汇报。

从被审计单位的角度出发，合规审计整改是指被审计单位根据审计组织做出的审计处理处罚决定或提出的审计建议，对自身存在的违法违规问题进行纠正，对提出的审计建议进行落实，具体包含两个层面：一是指被审计单位执行审计组织所做的审计处理处罚决定；二是被审计单位根据审计建议，采取措施改进工作，提高管理水平。

审计处理处罚决定和审计建议是审计的最终结果或产品，执行审计处理处罚决定和落实审计建议，事实上也就是应用审计结果或审计产品的过程。所以，审计整改是审计成果应用的重要形式。

二、合规审计整改的内容

审计组织主要检查或者了解被审计单位的下列事项：执行审计组织做出的处理处罚决定的情况；对审计组织要求自行纠正事项采取措施的情况；根据审计组织的审计建议采取措施的情况；对审计组织移送处理事项采取措施的情况。

根据上述内容，合规审计整改主要包括两个部分，一是审计处理处罚决定执行，二是审计建议落实。这两类整改内容具有不同的性质。审计处理处罚决定是强制性的，被审计单位执行这种审计结果具有强制性，而不具有选择性。如果被审计单位不执行审计处理处罚决定，审计组织可以采取强制手段。审计建议不具有强制性，是审计组织针对被审计单位在体制、机制和制度方面存在的问题提出的改正建议。对于这种建议，被审计单位可以有选择地落实。从审计组织来说，此种类型的审计整改的目的是推进被审计单位对审计建议所针对的体制、机制和制度问题进行改正。审计建议分为两种类型：一是面向特定的审计客体，这类建议一般是针对审计客体的业务营运及管理所存在的问题提出的建议，称为微观审计建议；二是面向职能部门，这类建议一般是针对职能领域中存在的体制或机制问题提出的建议，称为宏观审计建议。所以，针对审计建议的整改可以分为微观审计建议实施机制和宏观审计建议实施机制。

三、合规审计整改的方式

（一）审计结果公告

审计结果公告是指审计组织或审计委托人将审计结果在一定的范围内予以公告，让较大范围的人员或单位了解审计结果，通过这种方式促进审计成果的应用。这是审计组织促进审计成果应用的重要方式，详细内容将于本意随后的内容中介绍。

（二）审计跟踪检查

审计跟踪检查是指审计组织在审计意见书、审计处理处罚决定书和移送处理书送达之后的一定期间内进行跟踪检查，对被审计单位执行审计处理处罚决定、采纳审计建议、处理审计移送事项的情况进行检查。被审计单位未执行审计决定或建议的，应查明原因，及时督促落实。

审计组织可以采取下列方式检查或者了解被审计单位和其他有关单位的整改情况：实地检查或者了解；取得并审阅相关书面材料；其他方式。对于定期审计项目，审计组织可以结合下一次审计，检查或者了解被审计单位的整改情况。检查或者了解整改情况应当取得相关证明材料。审计组织指定的部门负责检查或者了解被审计单位和其他有关单位的整改情况，并向审计组织出具检查报告。检查报告的内容主要包括：检查工作开展情况，如检查时间、范围、对象和方式等；被审计单位和其他有关单位的整改情况；没有整改或者没有完全整改的原因和建议。

（三）审计整改报告

审计整改报告包括两种情形：一是被审计单位应在规定时间内向审计组织报送整改报告。整改报告的内容包括审计处理处罚决定的落实情况、审计建议的采纳情况以及采取的改进措施、对有关责任部门和责任人的处理情况、尚未整改到位的原因等。二是审计组织每年应向审计组织的主管机构综合报告全年审计整改工作情况，报告内容包括年度审计整改的基本情况、存在的问题以及加强审计整改工作的建议等。此外，各级合规审计组织受政府委托向人大常委会报告全年审计整改情况，人大常委会做出决定或审议意见，再由同级政府组织有关部门研究落实审计整改工作，这是一种特殊情形的审计整改报告。

（四）审计整改公告

审计整改公告是审计结果公告制度的一项重要内容，审计组织在做好审计结果公告的基础上，后续再公开审计整改结果，通过新闻媒体宣传报道审计整改典型，在一定范围内将拒不整改或屡审屡犯的单位公开曝光，通过媒体以及社会公众形成舆论压力，以此促进审计整改的落实。

（五）审计整改联动机制

审计整改联动机制是指相关部门协助审计组织促进审计成果应用的工作机制。对审计组织提请暂停拨付与被审计单位违纪违规行为有关的款项，以及代扣罚没款等事项，相关部门要及时扣缴和清收应当上缴财政财务的款项；对审计组织做出的被审计单位补缴款项决定或移送处理意见，相关部门应当依法足额征收；被审计单位及有关人员有违反党纪、政纪行为的，审计组织应及时移送纪检、监察机构，涉嫌犯罪的，应及时移送司法机关，各相关部门应及时将查处结果书面反馈给审计组织以配合整改。

（六）审计整改责任追究

被审计单位的主要负责人是落实审计整改工作的第一责任人，组织人事部门和其他有人事任免权、奖惩考核权的相关职能部门，要把审计整改情况作为评价领导干部、考察任用干部和考核部门年度工作的内容之一。针对审计组织提出的对相关主管人员和其他直接责任人员给予处分的建议，被审计单位或者其上级机关、监察机构应当依法及时做出决定，并将结果书面通知审计组织，构成犯罪的，依法追究刑事责任。

四、合规审计处理处罚决定实施机制

（一）审计处理处罚决定执行责任

审计处理处罚决定是对违规行为做出的处理处罚决定，具有法律效力，从本质上来说，是对被审计单位机会主义行为的处理处罚决定。

（1）被审计单位有责任执行审计处理处罚决定，改正自己的机会主义行为。但是，在一定的条件下，如果没有外部压力，被审计单位执行审计处理处罚决定的动力可能不够。

（2）审计组织有责任跟踪审计处理处罚决定的执行。但是，审计组织本身制约被审计单位的手段较少，主要通过了解决定执行的情况来跟踪审计处理处罚决定的执行，如果被审计单位不执行审计处理处罚决定，审计组织缺乏有效的手段来督促其执行。

(3) 被审计单位的上级最应该关心被审计单位是否执行审计处理处罚决定。因为审计处理处罚决定是对被审计单位机会主义行为的处理处罚，而被审计单位的机会主义行为从根本上来说损害了上级的利益。同时，上级和被审计单位之间存在委托代理关系，上级有许多手段来制约被审计单位，并且这些手段相对来说最为有效。所以，从利益关联程度和手段有效程度来说，被审计单位的上级应该在审计处理处罚决定执行中发挥主要作用，承担主要责任。

（二）审计处理处罚决定执行效果

审计处理处罚决定执行效果是指审计处理处罚决定得到执行的状况，主要由三个因素决定，一是责任划分是否清晰，二是责任划分是否正确，三是各责任主体是否履行自己的责任。如果责任划分不清晰，各责任主体不明白自己在审计处理处罚决定执行中应该承担什么责任，审计处理处罚决定的执行责任就会出现真空，审计处理处罚决定执行效果就会受到影响。如果责任划分不正确，审计处理处罚决定的执行效果也会受到影响，有责任的主体如果没有相应的手段，则无法承担其责任。即使有正确且清晰的责任划分，如果责任主体卸责，或者根本就没有意识到自己在审计处理处罚决定执行中有什么责任，审计处理处罚决定执行效果会受到较大的影响。上述三个因素中的任何一个因素出现都会影响审计处理处罚决定执行效果，如果多个因素同时出现，审计处理处罚决定执行效果会受到严重影响，“屡审屡犯”就会出现。

五、合规审计宏观审计建议实施机制

（一）宏观审计建议实施的相关主体

宏观审计建议是审计组织向职能部门提出的审计建议，一般是针对职能领域中存在的体制或机制问题提出的建议。所以，一般来说，相关主体有四类，一是审计组织，二是特定单位，三是该特定单位内部负责某特定事项的职能部门，四是审计客体，也就是审计组织获取审计证据的具体单位。这四类主体的关系如图 7-1 所示。

在图 7-1 所示的关系中，特定单位将某一方面的事项托付给特定的部门，从而形成一定数量的职能部门。从理论上来说，特定单位的所有事项都应该有相应的主管部门，而每个职能部门都应该有特定的管理职责。职能部门对所有审计客体的相关事项进行管理。作为微观组织的审计客体使用该特定单位提供的资源，承担特定的责任，履行特定的职责，是该特定单位的内部组织。

审计组织接受特定单位的委托或授权，对审计客体进行审计，并将审计结果报告给特定单位。同时，将与某职能部门相关的事项报告给该职能部门。在某些情形下，审计组织也可以直接将职能部门作为审计客体，此时，审计组织要将审计

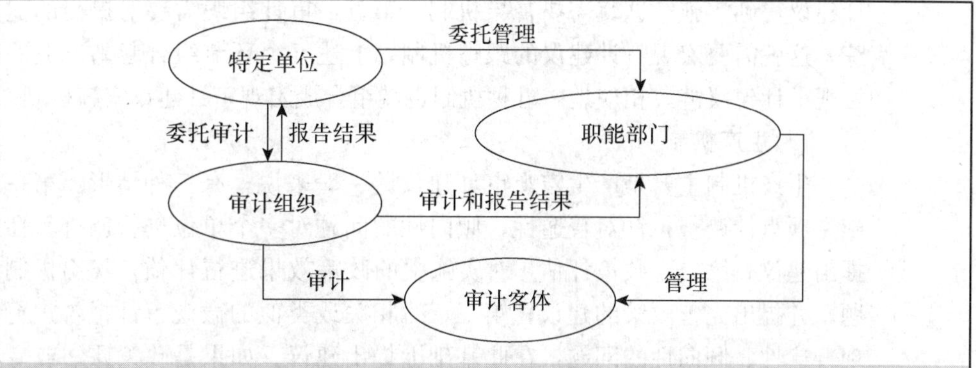

图7-1　审计关系图

结果报告给特定单位。从委托代理关系来说，特定单位是被审计单位的上级，审计组织受特定单位委托对审计客体（包括职能部门）进行审计，审计组织完成审计后，将审计结果报告给特定单位这个被审计单位的上级。

职能部门具有双重性。就与特定单位的关系来说，特定单位是被审计单位的上级，单位职能部门是被审计单位，特定单位职能部门接受特定单位的托付具体管理某一方面的公共事务。就与微观组织单位的关系来说，职能部门是被审计单位的上级，微观组织单位是被审计单位。

那么，在宏观审计建议实施机制中，上述各方应该发挥什么样的作用呢？首先，由于宏观审计建议是针对职能领域体制、机制方面的问题提出的建议，所以，作为微观组织单位的审计客体在这方面只是配合审计组织提供审计证据，对审计建议的实施无能为力。其次，作为被审计单位上级的特定单位，当然应该关心各级被审计单位存在的问题，所以，应该督导职能部门采纳审计建议，对于一些跨部门的问题要亲自行动。具有双重身份的职能部门应该是宏观审计建议实施的主体，当审计客体只是微观组织单位时，职能部门作为被审计单位的上级应该关心被审计单位存在的问题，在审计建议实施过程中发挥主要作用；当职能部门本身作为审计客体时，作为被审计单位应该改正自身的问题，成为宏观审计建议的主要行动者。

总体来说，在图7-1所示的审计关系图中，在宏观审计建议实施机制中，职能部门是主角，特定单位是督导者，审计组织是建议的生产者，而审计客体只是配合审计取证。

（二）宏观审计建议实施机制的构成

以上分析了宏观审计建议实施机制的相关主体。然而，各方应该如何行动呢？从逻辑上来说，宏观审计建议实施应该包括以下环节：第一，审计组织提出宏观审计建议，这就需要宏观审计建议的生产机制；第二，审计组织采取一定措施，保证提出的宏观审计建议是高质量的，这就需要宏观审计建议的质量机制；第三，审计组织将宏观审计建议提交给恰当的机构或岗位，这就需要宏观审计建议的沟通机制；第四，特定单位作为被审计单位的上级，需要一定的方法来促使宏观审计建议得到实施，这就需要督导机制；第五，审计组织需要对提交的建议进行跟踪，这就需要宏观审计建议的跟踪机制。上述五个环节组合起来形成一个完整的宏观审计建议链，相应地，五种机制也就组合成宏观审计建议实施机制。

1. 生产机制

生产机制主要是产生宏观审计建议。一般来说，有三种情形：第一，通过实施专项审计调查，针对普遍性、倾向性的问题对多个单位进行调查，在此基础上提出建议；第二，政策评估，对实施中的政策效果进行评估，找出机制、体制问题，并提出完善政策的建议；第三，对相关或类似的微观审计报告进行分析，发现普遍性、倾向性的问题，在此基础上提出建议。如果是政策评估或专项审计调查，还需要审计客体配合，按要求提供审计证据。

2. 质量机制

质量是宏观审计建议能否得到实施的最关键的因素，质量不高的宏观审计建议即使得到实施，也不会产生好的结果，有时甚至产生负面效果。所以，审计组织要采取措施保证宏观审计建议是高质量的。怎么保证呢？首先，我们来分析什么是高质量的宏观审计建议。国际标准化组织（ISO）质量认证体系规定，质量就是满足明确或隐含需要的能力的特性总和。从审计建议质量来说，就是审计建议满足审计建议需求方的程度。由于宏观审计建议的需求方是特定单位或职能部门，所以，特定单位或职能部门对审计建议的满意程度是判断宏观审计建议质量的标准。什么样的宏观审计建议会让特定单位或职能部门满意呢？一般来说要具备以下两个特征：第一，必须针对当前职能领域的热点重点问题。通俗地说，这类问题主要有三种情形，一是特定单位工作的当前重点，二是领导重点关注的问题，三是多数人普遍关心的问题。只要是针对这些问题提出宏观审计建议，特定单位或职能部门就会重视，采纳实施的可能性也就越大。第二，审计建议抓到了热点重点问题的本质，分析了问题产生的原因，审计建议具有较强的针对性，而不是泛泛而谈。

要使宏观审计建议具备上述两个特征，质量机制主要包括三个方面：第一，审计项目必须选择领导关心的主要问题，必须选择多数人关心的问题。第二，除了政策评估项目和已完成的微观审计项目，一般要选择专项审计调查方式而不是项目审计方式。专项审计调查要聚焦调查主题，内容不要空泛，要有针对性，围绕特定的调查主题扩大调查范围。这样的调查结果才能体现普遍性和倾向性。第三，审计建议一定要针对发现的问题提出，从定性、定量的角度将问题调查清楚，泛泛而谈的建议无法引起特定单位或职能部门的注意。

3. 沟通机制

有了高质量的审计建议，怎么才能让特定单位或职能部门采纳呢？沟通机制很重要。根据图 7－1 所示的审计关系，审计组织提出审计建议有多种路径，可能的沟通对象包括：职能部门、特定单位主管领导（宏观审计建议所涉及的职能部门的单位主管领导）、特定单位最高首长。宏观审计建议需要与职能部门沟通，但是，如果只是与职能部门沟通，宏观审计建议的效果不一定好。所以，必须与职能部门的主管领导和被审计单位的最高首长沟通。需要考虑的是如何与这些对象沟通，有四种路径：路径一是直接报告最高首长；路径二是直接报告主管领导；路径三是先报告主管领导，然后报告最高首长；路径四是同时报告最高首长和主管领导。至于采用何种路径，要根据特定单位的具体情况而定，总体的目标是有利于宏观审计建议的采纳和实施。

4. 督导机制

督导机制是宏观审计建议被采纳之后，用什么样的方式使得特定单位或职能部门能够切实提出政策和措施以解决审计建议所提出的体制、机制问题。一般来说，有两种方式可以较好地发挥作用，一是审计整改联席会议制度，二是督察。审计整改联席会议由特定单位最高首长牵头，相关职能部门作为成员单位，一般每年定期召开数次，主要内容包括：交流、通报审计查出的问题以及审计整改检查情况；研究、解决审计整改工作中遇到的难点及重点问题；明确成员单位依据各自职责开展审计整改，督促落实工作责任；研究、制定有关审计整改工作的制度、规定；视情况组织有关部门对被审计单位联合开展重点督查。督察机构的职责是对特定单位重要会议做出的决定进行督办。对于重要的宏观审计建议，在特定单位相关会议做出决定之后，如果能纳入特定单位督察事项，后续落实就有了可靠的保障。

5. 跟踪机制

跟踪机制是指审计组织对宏观审计建议采纳情况及后续进展和结果进行动态了解。跟踪机制包括两部分内容，一是谁跟踪，二是跟踪什么。关于谁跟踪，审计组织有两种方式：一是业务部门跟踪，即由提出宏观审计建议的业务部门跟踪，这种方式的好处是业务部门对宏观审计建议最了解，便于与特定单位相关部门沟通，但是，业务部门可能又开展了新的业务项目，有时会出现跟踪不及时、不到位。二是由审计整改部门（也可以是审理部门）跟踪，这种方式的好处是专门跟踪，但是，需要跟踪人员真正理解宏观审计建议。关于跟踪什么，一般来说包括三部分内容：第一，审计建议是否被采纳；第二，审计建议被采纳之后，特定单位及相关部门出台了哪些政策法规；第三，这些政策法规实施之后结果如何，是否解决了宏观审计建议所提出的体制、机制问题。

以上分析的宏观审计建议实施机制具体落实到各责任主体的情况如表 7－1 所示。

表 7－1　　宏观审计建议实施机制责任分解

实施机制	责任主体			
	审计组织	特定单位	审计客体	职能部门
生产机制	通过专项审计调查、政策评估、微观审计报告分析，针对宏观领域的体制、机制问题提出建议	确定特定单位关心的重点、热点问题	配合审计组织，提供审计证据	确定本部门管理领域的重点热点问题

续前表

实施机制	责任主体			
	审计组织	特定单位	审计客体	职能部门
质量机制	通过项目选择和过程控制，保证提出的宏观审计建议让特定单位或职能部门满意			
沟通机制	就宏观审计建议与职能部门进行沟通；根据特定单位的具体情况，选择特定单位的最高首长和主管领导的沟通路径	接受宏观审计建议		接受宏观审计建议
督导机制	审计整改联席会议制度	主持审计整改联席会议，将重要的宏观审计建议纳入督察事项		审计整改联席会议制度
跟踪机制	包括业务部门跟踪或审计整改部门跟踪，跟踪以下内容：建议是否被采纳；审计建议被采纳之后，特定单位及相关部门出台了哪些政策法规；这些政策法规实施的效果如何	提供相关信息	提供相关信息	提供相关信息

（三）有效的宏观审计建议实施机制

有效的宏观审计建议实施机制首先必须保证审计建议的高质量。在宏观审计建议高质量的前提下，审计建议实施机制是否有效由三个因素决定，一是责任划分是否清晰，二是责任划分是否正确，三是各责任主体是否履行自己的责任。如果责任划分不清晰，各责任主体不明白自己在审计建议实施中应该承担什么责任，审计建议的执行责任就会出现真空，审计建议实施效果就会受到影响。如果责任划分不正确，审计建议的执行效果也会受到影响，有责任的主体如果没有相应的手段，就无法完成其责任。即使有正确且清晰的责任划分，如果责任主体卸责，或者根本就没有意识到自己在审计建议实施中有什么责任，审计建议实施效果会受到较大的影响。上述三个因素的任何一个因素出现都会影响审计建议实施效果，如果多个因素同时出现，审计建议实施效果就会受到严重影响。

六、合规审计微观审计建议实施机制

（一）相关各方在审计建议实施中的角色定位

微观审计建议一般是针对被审计单位业务营运及管理所存在的问题提出的建议。被审计单位业务营运及管理存在的问题也就是被审计单位在履行其公共责任过程中的不足之处，本质上是对上级单位利益的背离，可以称为管理机会主义。当审计组织发现了被审计单位的管理机会主义行为之后，相关各方应该如何进行责任分工来解决这一问题？

第一，作为审计客体的被审计单位的业务营运及管理存在问题，背离了上级单位的利益，当然应该改进，这是责无旁贷的。

第二，审计组织发现了被审计单位的机会主义行为并提出了审计建议，当然有责任将发现的问题和提出的建议在与审计客体沟通的同时报告给被审计单位的上级。同时，还要持续跟踪被审计单位及其上级的行动。

第三，如果审计客体不是职能部门，而是其管理的下属单位，作为被审计单位的上级的职能部门，当收到审计组织关于其下属单位的管理机会主义行为报告时，应该督导下属单位进行改正，可以采用两种方式：一是要求下属单位报告其改正情况，对于不能改正的，要求下属单位说明原因；二是查验下属单位整改报告的真实性。

第四，被审计单位的上级是职能部门，作为被审计单位的上级，可以从总体上了解被审计单位对审计建议的采纳情况。一般可以采取审计整改报告的方式，要求各职能部门定期报告其下属单位对审计建议的采纳情况。

（二）审计建议实施机制的具体构建

以上分析了审计建议相关各方的角色定位，这是一种审计建议实施的应然逻辑。然而，要使得这种应然逻辑成为现实，还需要构建具体的机制。审计建议的实施有两个条件：第一，高质量的审计建议；第二，有动力和压力。围绕这两个条件，构建质量机制、声誉机制、跟踪机制、督导机制和奖惩机制。

1. 质量机制

审计建议质量对审计建议是否被采纳及采纳后的效果有重要影响。事实充分说明，质量不高的审计建议被采纳的可能性较低，即使被采纳，也不会有好的效果，甚至可能会产生负面作用。那么，什么是高质量的审计建议呢？从微观审计建议来说，这种审计建议应该具有两个特征：第一，是针对特定问题而提出的建议，而不是无的放矢、泛泛而谈；第二，是针对问题产生的原因提出建议，而不是针对问题本身提出建议。上述两方面结合起来，要求审计组织找准问题，并且分析问题产生的原因，在此基础上才能提出高质量的审计建议。特别需要说明的是，审计组织对审计客体的业务营运及管理的了解显然不如审计客体自身那样透彻，所以，要避免过于细致、具体的审计建议，而是针对问题的原因提出方向性、原则性的建议。另外，在审计建议正式确定之前，还要与被审计单位的相关业务骨干进行沟通，对审计建议进行确认。

2. 声誉机制

一般来说，每个单位、每个人都会顾及自己的声誉。声誉机制是指声誉对人的决策及行为产生影响。从微观审计建议来说，声誉机制主要是信息公开，通过信息公开对相关各方形成压力。主要有两个路径：第一，实行审计建议公开，即审计组织采取适当的形式将审计建议公开。审计建议公开能发挥“双刃剑”的作用，一方面，促使审计组织和审计人员提高业务素质，提升审计成果质量层次；

另一方面，给审计客体造成压力，如果审计客体不对存在的问题进行改正，在社会上可能会产生负面影响。第二，审计整改报告公开，即审计组织汇总被审计单位的整改情况，形成审计整改报告并报送被审计单位的上级，同时在一定范围内公开。这种整改报告的公开会对未能进行整改的审计客体及其职能部门形成压力。对于无法整改的事宜，在整改报告中应予以说明，这就给审计建议的质量再次形成压力。

3. 跟踪机制

跟踪机制是指审计组织对微观审计建议采纳情况及后续进展和结果进行动态了解。跟踪的内容一般包括三个方面：第一，审计建议是否被采纳；第二，审计建议被采纳之后，审计客体具体做了什么；第三，审计建议实施之后结果如何，是否解决了微观审计建议所提出的业务营运或管理问题。

审计组织对审计建议进行跟踪时要树立正确的理念，那就是审计客体业务营运及管理中的问题是否解决，而不是审计客体是否采纳了审计组织提出的建议。在有些情形下，由于审计组织对审计客体业务营运及管理的了解不是很深刻，发现的问题及提出的建议不一定正确，审计客体有可能不采纳审计建议，而是另辟蹊径来解决问题。此时，审计组织要有正确的态度，解决问题是关键，用谁的方法解决问题并不重要。

4. 督导机制

督导机制是指被审计单位的上级用什么手段来促使审计客体采纳和实施审计建议。可靠的办法是审计整改联席会议制度。审计整改联席会议由审计组织所在单位的最高首长牵头，相关部门为成员单位，一般每年定期召开数次。就微观审计建议来说，该会议的主要内容是交流、通报微观审计建议的采纳及实施情况，不采纳审计建议的单位及其职能部门要做出说明。

5. 奖惩机制

审计建议的采纳及实施不具有强制性，一般来说不存在奖励或处罚的问题。但是，对于一些表现特别突出或特别恶劣的行为，应该给予奖励或处罚。所以，需要建立奖惩机制，奖惩对象包括审计组织、审计客体和职能部门。

（三）有效的微观审计建议实施机制

有效的微观审计建议实施机制是指能产生高质量的审计建议，并且高质量的审计建议能得到审计客体的采纳和实施。总体来说，有效的微观审计建议实施机制就是以审计建议为起点，能有效解决审计客体的机会主义行为问题的机制。这个机制是否有效由三个因素决定，一是责任划分是否清晰，二是责任划分是否正确，三是各责任主体是否履行自己的责任。如果责任划分不清晰，各责任主体不明白自己在审计建议实施中应该承担什么责任，审计建议的执行责任就会出现真空，审计建议实施效果就会受到影响。如果责任划分不正确，审计建议的执行效果也会受到影响，有责任的主体如果没有相应的手段，就无法承担其责任。即使有正确且清晰的责任划分，如果责任主体卸责，或者根本就没有意识到自己在审计建议实施中有什么责任，即审计建议实施效果会受到较大的影响。上述三个因素的任何一个因素出现都会影响审计建议实施效果，如果多个因素同时出现，审计建议实施效果就会受到严重影响。

第3节　合规审计结果公告

审计结果公告是指审计组织或审计委托人将审计结果在一定的范围内予以公告，让较大范围的人员或单位了解审计结果，通过这种方式促进审计成果的应用。本节将介绍合规审计结果公告的相关内容。

一、合规审计结果公告的作用

信息不对称和人的有限理性给机会主义行为存在提供了活动空间，代理人有可能背离委托人的利益或不忠于委托人的意图，产生道德风险或违规行为，卸责、偷懒、大手大脚、弄虚作假等都是这种情形。“阳光是最好的消毒剂”，信息公开是提高组织公信力和保障相关人士知情权、参与权、监督权的重要举措。审计结果公告能深刻影响利益相关者的利益，满足利益相关者对审计信息的迫切需求，进而发挥抑制违规行为的作用。具体来说，合规审计结果公开可以发挥以下作用：

（1）合规审计结果公告有助于抑制违规行为，公开曝光一些审计中查出的违纪违规行为，严肃法律法规及规章制度。

（2）合规审计结果公告有利于利益相关者及时了解审计结果，形成舆论压力，扩大审计的影响力。

（3）合规审计结果公告有利于权力在“阳光”下运行，是一种监督机制，使利益相关者更好地参与审计成果的应用，实现协同监督。

（4）合规审计结果公告有利于促进利益相关者之间的行为互动，对提高审计服务质量具有十分重大的意义。

（5）合规审计结果公告为利益相关者举报违纪违规行为提供方便，提供违规案件线索。

二、合规审计结果公告的范围

合规审计结果公告的范围有两方面的含义，一是哪些合规审计结果可以公开，二是对谁公开。一般来说，下列情形不宜公开合规审计结果：涉及国家或单位秘密、商业秘密的信息；公告以后可能产生严重负面影响的信息；依照法律法规的规定不予公开的信息。除此之外，合规审计结果都可以公开。关于对谁公开，不同的审计组织可能有不同的选择，政府审计组织会面向社会公开，内部审计组织会在所属的单位内部公开，而公共审计组织则需要视合约而定。

三、合规审计结果公告的内容

合规审计结果公告的内容主要是审计发现的违规行为及其处理情况、严重损失浪费问题及其处理情况等审计事项，一般来说，需要形成专门的审计结果报告，这个报告基于审计报告，但与审计报告又略有不同，通常包括以下内容：

(1) 审计的基本情况；

(2) 被审计单位的基本情况；

(3) 审计意见；

(4) 审计发现的主要问题；

(5) 审计处理处罚决定；

(6) 审计建议；

(7) 被审计单位对审计处理处罚决定的执行情况及审计建议的采纳情况。

四、合规审计结果公告的步骤

审计结果公告是一把“双刃剑”，为此，审计组织在审计结果公告之前要努力提升审计报告质量，建立健全审计质量控制体系，做好公告前的准备、公告内容的复核审定、审计结果公告的发布和信息反馈等工作，切实控制和防范由审计结果公告所引发的审计风险。为此，确定并执行适宜的步骤是非常重要的。一般来说，合规审计结果公告要经历以下步骤：

(1) 纳入年度审计工作计划。需要公告审计结果的审计项目应在编制年度审计计划时确定，编制审计结果公告计划前要考虑公告需求、审计组织自身的力量以及其他因素等。遇到审计计划调整等情况，审计结果公告计划应做出及时调整。

(2) 审计小组草拟审计结果公告文稿，审计小组所在部门负责人进行审核。审计小组组长、审计小组所在部门负责人对审计结果公告事项的真实性、完整性，审计证据的适当性、充分性负责。

(3) 审计组织的审理部门负责对审计结果公告文稿进行合法性审查。

(4) 审计组织的文秘部门负责对审计结果公告文稿的文字、格式及保密情况进行审核。

(5) 审计组织所在业务部门的分管领导对审计结果公告文稿进行审签、审核。

(6) 审计组织最高领导对审计结果公告文稿进行审定并签发。

五、合规审计结果公告的形式

信息化、大数据时代，电视、广播、网络等快捷且覆盖面广的传播媒体都可以成为审计结果公告的媒介；网页、图片、视频、图像与位置信息等半结构化和非结构化数据信息都可以成为审计结果公告的数据形式；专门会议发布、网上公告、汇编出版、需求者索取、信息披露等都可以成为审计结果公告的形式。

本章小结

本章介绍合规审计的审计成果应用，包括审计过程中的审计成果应用、审计整改机制、审计结果公告等。合规审计成果就是合规审计工作获得的可观察的成就，从形式上看，审计报告、审计意见书、审计处理处罚决定、审计建议、审计结果公告、审计整改报告等，都是体现审计成果的书面材料；从实质上看，合规审计通过发现问题、揭露问题、提出审计建议、实施审计处理处罚，抑制违规行为、增收节支、挽回损失、核减投资额、促进业绩改善、完善制度等，都是审计成果。审计成果应用就是审计组织及利益相关方通过一系列措施使得形式上的审计成果转化为实质性的结果。

复习思考题

1. 审计通报是什么？
2. 审计专题报告是什么？
3. 审计要情报告是什么？
4. 审计信息简报是什么？
5. 合规审计整改是什么？
6. 合规审计整改的内容有哪些？
7. 合规审计整改的方式有哪些？
8. 合规审计处理处罚决定实施机制如何建构？
9. 合规审计宏观审计建议实施机制如何建构？
10. 合规审计微观审计建议实施机制如何建构？
11. 合规审计结果公告有什么作用？
12. 合规审计结果公告的内容有哪些？
13. 合规审计结果公告的步骤是什么？
14. 合规审计结果公告的形式有哪些？

第8章

合规审计电子数据分析的关键技术

学习目标

1. 了解电子数据采集和预处理技术
2. 了解电子数据分析技术
3. 了解电子数据分析案例

引导案例

天津市联网审计试行一年　成揭穿信息造假的利器

9月1日起，《天津市联网实时审计监督办法》正式实施，在重拳反腐、“老虎、苍蝇”一起打的当下，天津市先行先试的大数据审计模式引起国内外的高度关注，泰国、蒙古国审计署和上海市审计局、江苏省审计厅等22个国内省、市审计机关都曾先后到天津交流学习。那么，这种“制度＋科技”的全新审计模式到底有啥威力？天津此前试运行一年都“审”出了什么？究竟是怎么个“审”法呢？

真实案件一：开宝马领低保

您能想象一位开着宝马、拥有几百上千万元资产的公司大老板，居然每个月还乐此不疲地领取几百或上千元的最低生活保障金或廉租房租赁补贴吗？

这种一般人想象不到的事偏偏是真的，而且，开豪车领低保的还不止一两户。在审计监督指挥中心的大屏幕上清晰地看到，有那么一群人，从60后到90后，2013年、2014年刚买了宝马、奥迪、雷克萨斯、捷豹、英菲尼迪等，但是到2014年8月却每月不落地领取城市低保补贴。市审计局相关人士告诉记者，之前，由于没有联网，领取廉租房租赁补贴人员的资格，只能靠审计人员随机抽查进行核实，审计覆盖面窄，让一些人钻了空子。

2014 年，在联网实时审计环境下，这些人被“探照灯”一一照了出来。通过跨部门数据比对，发现有 1 827 户家庭享受最低生活保障但家庭成员拥有汽车，市审计局已下达疑点核查函，提请民政部门核查。截至目前，民政部门已注销上述家庭的低保资格。

不符合低保申请标准却可以领补贴是怎么查出来的呢？按照 2014 年的文件规定，领取廉租房租赁补贴的家庭需同时满足其家庭上年人均月收入低于 1 260 元，家庭成员拥有的机动车辆排量小于 1.6 升（含）、不是进口车型、不多于一辆，工商登记出资小于 10 万元等条件才可以领取低保补贴。为此，审计局把来自国土房管局、地税局、公安局、市场监管委几个部门的信息进行比对，相关的疑点很快就浮出了水面。

通过跨部门比对，审计人员发现 11 个区县 70 户家庭 2014 年收入和财产不符合政策规定条件，已出具审计报告。审计人员利用大数据监管手段有效地解决和抑制了上述情况的发生，对完善相关部门的工作起到了积极作用。

真实案例二：全家个个得癌症

如果有人告诉你，某某全家七八口人居然个个得了绝症，你的第一反应是什么？你多半会想，“唉，这家人真可怜、真倒霉”，或者是“怎么可能！不会是诅咒人家吧？”

如果告诉你，这是这家男主人自己想方设法填写的，注明他一家三口、他的父亲、母亲、岳父、岳母、妹妹、妹夫全都得了不同癌症类大病，因此，在旧房拆迁时按照规定每人可以多补助 6 万元左右，你又会做何感想？“那就补助吧，谁让人家这么不幸呢，如果他说的是真的。”可是，经审计核实，这一切偏偏不是真的。

审计组到各相关医院调查 9 人的病案信息，核实确认 8 人的医院证明或病历档案均属伪造。这位不嫌晦气伪造病历想骗取近 46 万元困难补贴的男子，不仅竹篮打水一场空，还受到了应有的处罚。

审计局相关人士表示：“以往审计中只能检查有无证件，很难发现证件造假问题。通过跨部门数据比对，解决了享受政策补贴的人群其身份真实性无法核查的问题。”

资料来源：2016 年全国审计工作会议. 乘风破浪会有时 直挂云帆济沧海——天津步入大数据联网实时审计新时代.（2017-01-04）. http://www.audit.gov.cn/n9/n1094/n1101/c92116/content.html.

思考题： 电子数据分析与数据式审计有什么区别？

合规审计包括以下主要步骤：初步业务活动，风险评估，进一步审计程序，审计报告，审计成果应用。电子数据分析作为信息化、大数据时代的分析性程序，在合规审计的各个阶段都可以应用。电子数据分析包括两个方面的内容：一是电子数据分析的基本过程，其基本内容在第 2 章已经介绍过。二是电子数据分析的关键技术，这是本章的主题，主要包括三个方面的内容：电子数据采集和预处理技术；电子数据分析技术；电子数据分析案例。

第 1 节　电子数据采集和预处理技术

为了避免影响被审计单位信息系统的正常运行，规避审计风险，并保持审计的独立性，审计人员在进行电子数据审计时，一般不直接使用被审计单位的信息系统进行查询、检查，而是将所需的被审计单位的电子数据采集到审计人员的计算机中，利用审计软件进行分析。

一般来说，电子数据审计有如下几个关键步骤：

(1) 审计数据采集，即采集被审计对象信息系统中的数据。

(2) 审计数据预处理，即根据对采集到的数据的分析和理解，将其转换为满足审计数据分析需要的数据形式。

(3) 审计数据分析，即采用通用软件或专门的审计软件对采集到的电子数据进行分析处理，从而发现审计线索，获得审计证据。

一、审计数据采集的原理

简单地讲，审计数据采集就是审计人员为了完成审计任务，在进行电子数据审计时，按照审计需要从被审计单位的信息系统或其他来源中获得相关电子数据的过程。其原理如图 8-1 所示。

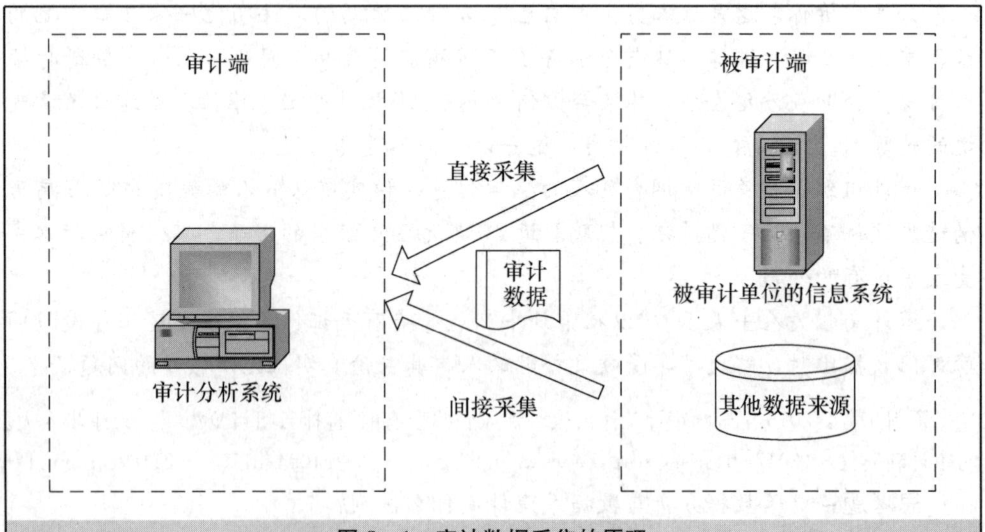

图 8-1 审计数据采集的原理

审计数据采集的对象一般是被审计单位信息系统中的电子数据，或数据库中的备份数据，审计人员也可以从其他来源获得被审计单位的审计数据，例如从会计核算中心、税务等部门获得审计数据。

(一) 审计数据采集的特点

1. 选择性

选择性是指审计人员在进行审计数据采集时只采集与审计需求相关的数据。审计人员在采集审计数据之前，必须认真分析和研究审计工作方案中明确的审计范围、审计内容以及审计重点，结合审前调查所提出的数据需求，确认本次审计数据采集的范围、内容以及重点，特别是在不能完全采集电子数据的情况下。例如，当审计人员面对海关、银行、税务等被审计单位“海量”的电子数据时，审计数据采集必须要做到有的放矢，减少盲目性，提高审计效率，降低审计风险。

2. 目的性

目的性是指审计数据采集是为了进行审计数据分析，发现审计线索，获取审计证据。如前文所述，为了完成面向电子数据的计算机辅助审计，首先需要采集被审计单位信息系统中的数据，即审计数据采集；然后，根据对这些数据的分析和理解，将其转换为满足审计数据分析需要的数据形式，即审计数据预处理；最后，采用通用软件或专门的审计软件对采集到的电子数据进行分析，从而发现审计线索，即审计数据分析。由此可见，审计数据采集是开展计算机辅助审计的首要步骤，具有一定的目的性。

3. 可操作性

可操作性是指审计人员需根据被审计单位的实际情况选择最合适的审计数据采集方案。实现审计数据采集的技术和方法多种多样，需要根据被审计单位的具体情况，采取最佳的审计数据采集方案，以降低审计成本和审计风险。

4. 复杂性

信息化环境下，被审计单位的信息化程度差异较大，一些小单位多采用自己开发的应用软件，数据库系统一般采用单机的，如 Access，FoxPro 等。而一些重要的单位（如银行等）信息化程度高，采用的应用软件和数据库系统层次也较高，多采用 Oracle 数据库。甚至有单位使用盗版软件，软件的部分功能不能使用，不能备份数据库，从而不能便捷地采集数据。被审计单位信息化程度的差异性造成审计人员在审计数据采集过程中不能采用同一种方法，必须根据被审计单位的实际情况选择合适的审计数据采集方法，这就造成了审计数据采集的复杂性。

（二）审计数据采集的主要步骤

在实际的面向数据的计算机辅助审计过程中，审计数据采集一般具有以下几个主要步骤，如图 8-2 所示。

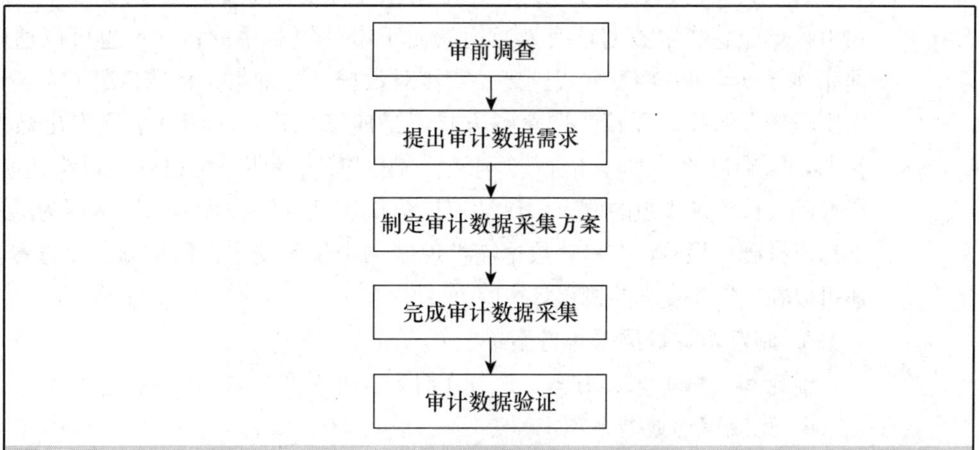

图 8-2　审计数据采集的主要步骤

1. 审前调查（初步业务活动）

开展计算机辅助审计之前，应在对被审计单位的组织结构进行调查的基础上对被审计单位信息系统的相关情况进行了解，掌握被审计单位计算机信息系统在组织内的分布和应用的总体情况。然后，根据审计的目的和被审计单位计算机信息系统的重要性确认需要深入调查的子系统，并对其进行全面、详细的了解。

2. 提出审计数据需求

在审前调查的基础上，提出书面的数据需求，确定采集的系统名称（必要时还应确定数据库中具体表的名称）、采集的具体方式、数据传递格式、所需数据的时间段、交接方式、数据上报期限等。关键步骤如下：

（1）确定所需数据内容。首先，应在审计组内对被审计单位计算机信息系统的相关情况进行通报，将调查所形成的书面材料分发给审计组成员阅读，并由负责具体调查工作的组员对材料进行讲解。审计组全体成员应对所需数据的内容进行讨论，再确定初步的数据需求。进行讨论是必要的，因为：

第一，通过讨论可以提出尽量全面完整的数据需求，防止因考虑不周全而多次、零星地提出数据需求而延误电子数据的采集；

第二，通过讨论使审计组成员了解被审计单位计算机信息系统及其数据的概况，为后面的审计数据分析打下基础。

（2）确定审计数据采集的具体方式。经过审计组讨论初步确定审计数据需求后，应同被审计单位的计算机管理人员商量，从技术的角度考虑所需要的数据能否采集，以哪种方式采集更好，具体的文件格式、传递介质等问题。如果在提出正式的数据需求前不向被审计单位的计算机管理人员询问，有可能造成审计数据需求不合理，特别是在数据格式、审计数据采集方式等方面不现实或不是最佳方式，不利于后续工作的开展。

（3）提出书面数据需求。做好上述两步工作后，审计组应发出书面的审计数据需求说明书。说明书的主要内容应包括以下几个方面：采集的系统名称、数据的内容、数据格式、传递方式、时限要求、双方的责任等。在实践中，通常是请被审计单位将指定数据转换为通用的便于审计组利用的格式；也可以通过开放数据库连接（ODBC）等方式连接，直接对数据进行采集；特殊情况下，还可以移植应用系统及数据。无论采取哪种方式，都应该以审计小组的名义发出数据需求说明书，明确目的、内容和责任等事项。数据需求说明书可以弥补口头说明的缺陷，能准确表达审计小组的要求，使被审计单位正确理解数据需求，从而为顺利采集数据打下基础。另外，在审计数据需求说明书中规定安全控制措施、双方责任等事项还可以在一定程度上规避审计风险。

3. 制定审计数据采集方案

制定审计数据采集方案，选择审计数据采集的方法和工具。

4. 完成审计数据采集

根据审计数据采集方案，获得所需要的审计数据。

5. 审计数据验证

对获得的审计数据进行检查，以保证采集的审计数据的真实性和完整性，从而降低审计风险。

需要指出的是，在审计数据采集过程中，由于电子资料比纸质资料更容易篡改，并且难以发现篡改的痕迹，为了降低开展电子数据审计的风险，必须建立电子数据承诺制，即被审计单位必须保证所提供电子数据的真实性和完整性。

（三）审计数据采集的方法

审计人员常用的审计数据采集方法主要有以下四种：

1. 直接复制

当被审计单位的数据库系统与审计人员使用的数据库系统相同时，只需直接将被审计对象的数据复制到审计人员的计算机中即可。

2. 通过中间文件采集

通过中间文件采集是指被审计单位按照审计要求，将原本不符合审计软件要求的数据转换成审计软件能读取的格式（如 txt 格式、xml 格式等）提供给审计人员。

对于一些比较敏感的系统，审计人员可能不便于直接接触。在这种情形下，可以在审计人员的监督下，被审计单位技术人员将其数据转换为标准格式的数据或审计人员指定格式的数据提供给审计人员。

在数据采集的实际应用中，很多情况下以文本文件作为约定的格式。这主要是因为大多数数据库管理系统都能导出、导入文本文件，该类文件的应用范围广泛。审计人员在计算机辅助审计的实践中，经常会通过文本文件导入数据，所以掌握文本文件的导入是十分必要的。

3. 通过 ODBC 接口采集

通过 ODBC 接口采集数据是指审计人员通过 ODBC 接口直接访问被审计单位信息系统中的数据，并把数据转换成审计所需的格式。

4. 通过专用模板采集

一些审计软件针对不同的被审计信息系统设计了相应的专用采集模板，审计人员通过选择相应的模板可以自动实现数据的采集，这种方式称为专用模板采集。

这种方式的优点是使用简单，自动化程度高，对审计人员的技术水平要求不高；缺点是审计软件必须为每一类被审计对象的应用软件（包括该软件的不同版本）设计一个专用采集模板。由于目前被审计单位所使用的应用软件多种多样，很难为每一类应用软件以及相应的各种版本设计相应的模板，专用模板采集法的成本相对较高。审计人员在实际的工作中，应根据被审计单位的实际情况，有专用采集模板时用专用模板采集法，没有专用采集模板时再用其他数据采集方法。

国内的审计软件现场审计实施系统（AO）就采用了这种专用模板采集方法，以 AO 2011 为例，其专用模板采集方法的界面如图 8－3 所示。

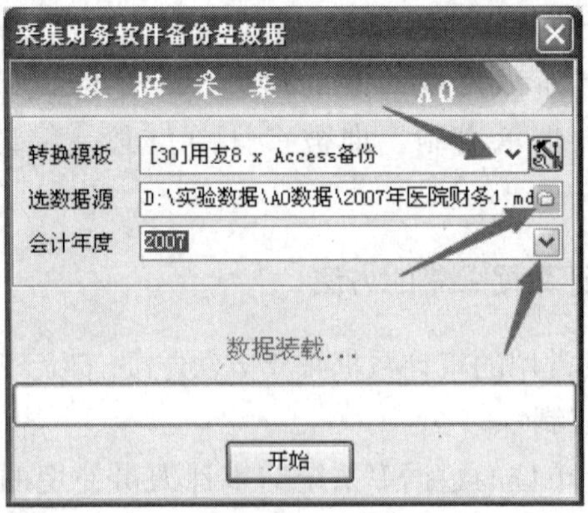

图 8－3　AO 2011 软件的专用模板采集方法的界面

以上四种数据采集方法的优缺点分析如表 8－1 所示。

表 8－1　常用的四种数据采集方法的优缺点分析

数据采集方法	影响使用的因素				
	动态还是静态	对被审计单位信息系统的影响	专业知识需求	对被审计单位的依赖性	灵活程度
直接复制	静态	影响小	不需要	不依赖	一般
通过中间文件采集	静态	影响小	不需要	依赖	一般
通过 ODBC 接口采集（从被审计单位信息系统中采集）	动态	影响大	需要	不依赖	高
通过专用模板采集（从备份数据中采集）	静态	影响小	不需要	不依赖	低

二、电子数据预处理

（一）审计数据预处理的意义

由于采集的被审计数据存在质量问题，所以需要对采集的数据进行预处理。处理有质量问题的数据，可为后续的审计数据分析打下基础。概括起来，进行审计数据预处理的意义如下：

1. 为下一步的审计数据分析做好准备

采集来的被审计数据不一定能完全满足审计数据分析的需要，因此，对有质量问题的被审计数据进行预处理，可为后续的审计数据分析做好准备。

2. 帮助发现隐含的审计线索

通过数据预处理可以发现被审计数据中不符合质量要求的数据。但是，审计人员不能简单地把有质量问题的数据删除掉，因为这些数据中可能隐藏着审计线索。审计人员应对发现的审计数据质量问题进行分析，找出造成质量问题的原因，发现隐含的审计线索。

3. 降低审计风险

有质量问题的被审计数据会影响审计数据分析结果的正确性，造成一定的审计风险。通过对有质量问题的审计数据进行预处理可降低审计风险。

4. 通过更改命名方式便于数据分析

通过名称转换这一审计数据预处理操作，可以把采集来的数据表以及字段名称转换成直观的名称，便于审计人员开展审计数据分析。

（二）审计数据预处理的内容

根据审计工作的实际情况，审计数据预处理可分成数据转换和数据清理两部分内容。

1. 数据转换

简单地讲，数据转换就是把具有相同或相近意义的不同格式的数据转换成审计人员所需的格式相对统一的数据，或把采集到的原始数据转换成审计人员容易识别的数据格式和容易理解的名称。如名称转换、数据类型转换、代码转换等。

2. 数据清理

数据清理也称数据清洗（data cleaning，data cleansing or scrubbing）。简单地讲，数据清理就是利用有关技术如数理统计、数据挖掘或预定义的清理规则等，从数据中检测和消除错误数据、不完整数据和重复数据等，从而提高数据的质量。数据清理的原理如图 8－4 所示。

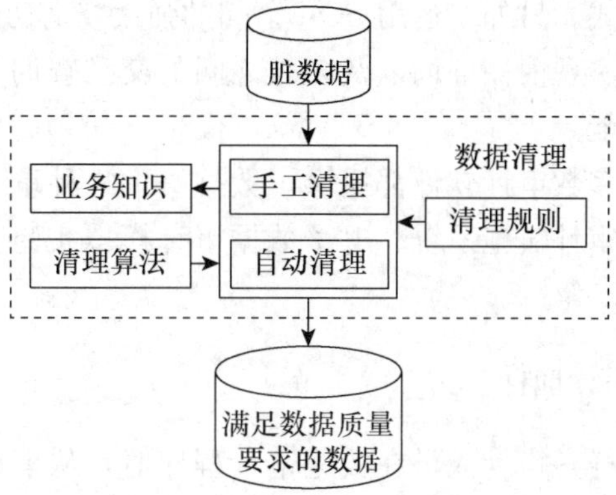

图 8－4　数据清理的原理

第 2 节 电子数据分析技术

一、常用的电子数据分析技术

审计数据采集和审计数据预处理的目的是为审计数据分析做准备，通过审计数据分析，发现审计线索，获得审计证据，形成审计结论才是审计的最终目的。因此，审计的过程实质上就是不断收集、鉴定和综合运用审计证据的过程。要实现审计目标，必须收集和评价审计证据。注重选择审计证据对做好审计工作有举足轻重的作用。

综上所述，审计数据分析的目的是通过对采集来的电子数据进行分析获取审计证据。因此，如何对采集来的数据进行分析是审计人员面临的重要问题。

在信息化环境下，审计的对象是电子数据，因此，审计证据的获取多是通过采用信息技术对被审计数据进行分析来完成的。常用的审计数据分析方法包括：数据查询、审计抽样、统计分析、数值分析等，其中，数据查询的应用最为普遍。通过采用这些方法对被审计数据进行分析，可以发现审计线索，获得审计证据。根据电子数据审计模拟实验室软件的设计情况，后面将简要介绍常用的审计数据分析方法。

（一）数据查询

数据查询是目前面向数据的计算机辅助审计（电子数据审计）中最常用的审计数据分析方法。数据查询是指审计人员针对被审计对象，根据自己的经验，按照一定的审计分析模型，在通用软件（如 Microsoft Access）中采用 SQL 语句来分析采集的电子数据，或采用一些审计软件，通过运行各种各样的查询命令，以某些预定义的格式来检测被审计单位的电子数据。这种方法既提高了审计的正确性与准确性，也使审计人员从冗长乏味的计算工作中解放出来，告别以前手工翻账的作业模式。另外，运用 SQL 语句的强大查询功能，通过构建一些复杂的 SQL 语句，可以实现模糊查询以及多表之间的交叉查询等功能，从而实现复杂的审计数据分析功能。

目前，多数审计软件都提供了数据查询这种审计数据分析方法。国内的审计软件如现场审计实施系统、电子数据审计模拟实验室软件等；国外的审计软件如 IDEA、ACL 等。

（二）审计抽样

审计抽样是审计人员在实施审计程序时，从审计对象总体中选取一定数量的样本进行测试，并根据样本测试结果推断总体特征的一种方法。它是随着经济的发展、被审计单位规模的扩大以及内部控制的不断健全与完善而逐渐被广泛应用的一种审计方法。

根据决策依据方法的不同，审计抽样可以分为两大类：统计抽样和非统计抽样。统计抽样是在审计抽样过程中，应用概率论和数理统计的模型和方法来确定样本量、选择抽样方法、对样本结果进行评估并推断总体特征的一种审计抽样方法。非统计抽样也称为判断抽样，审计人员根据专业判断来确定样本量、选取样本并对样本结果进行评估。因此，审计人员可能不知不觉地将个人的“偏见”体现在样本的选取中，使样本不能客观地反映总体的真实情况，另一方面，可以利用审计人员的经验和直觉，更有效地发现和揭露问题或异常。因此，非统计抽样只要设计得当，可以达到同统计抽样一样的效果。

在审计中应用统计抽样和非统计抽样方法一般包括如下四个步骤：

（1）根据具体审计目标确定审计对象总体；

（2）确定样本量；

（3）选取样本并审查；

（4）评价抽样结果。

目前，很多审计软件都开发了审计抽样模块，如现场审计实施系统（AO）、电子数据审计模拟实验室软件等，这使得以前烦琐的数学计算、随机数生成等工作可以轻松地实现，并可以保证抽样工作的准确性和合法性。审计人员只要按照抽样向导的提示输入相应的参数即可。这些审计软件为审计人员规避审计风险、提高审计工作质量起到很大的作用。后文将以电子数据审计模拟实验室软件为例介绍审计抽样方法。

（三）统计分析

在面向数据的计算机辅助审计（电子数据审计）中，统计分析的目的是探索被审计数据内在的数量规律性，以发现异常现象，快速寻找审计突破口。一般来说，常用的统计分析方法包括一般统计、分层分析等，在不同的审计软件中，统计分析方法的说法略有不同。常用的统计分析方法如下：

（1）一般统计，常用于具体分析之前，以对数据有一个大致的了解。它能够快速发现异常现象，为后续的分析工作确定目标。一般统计对数值字段提供下列统计信息：全部字段以及正值字段、负值字段和零值字段的个数，某类数据的平均值、绝对值以及最大或最小的若干值等。

（2）分层分析，是通过数据分布来发现异常的一种常用方法。其原理为：首先，选取一个数值类型的字段作为分层字段，然后，根据其值域将这一字段划分为若干相等或不等的区间，通过观察对应的其他字段在分层字段各个区间上的分布情况来确定需要重点考察的范围。

（3）分类分析，是通过数据分布来发现异常的另一种常用方法。其原理为：首先，选择某一字段作为分类字段，然后，通过观察其他对应字段在分类字段各个取值点上的分布情况来确定需要重点考察的对象。分类分析的思路类似于分类汇总，它是一种简单且常用的数据分析手段。与分层分析不同的是，分类分析中用作分类的某一字段不一定是数值型数据，可以是其他类型的数据，而分层分析中用作分层的某一字段一定是数值型数据。

（四）数值分析

数值分析是根据被审计数据记录中某一字段具体数据值的分布情况、出现频率等指标，对该字段进行分析，从而发现审计线索的一种审计数据分析方法。这种方法是从微观的角度对电子数据进行分析，审计人员在使用时不用考虑具体的被审计对象和业务。完成数值分析之后，针对分析出的可疑数据，结合具体的业务进行审计判断，从而发现审计线索，获得审计证据。相对于其他方法，这种审计数据分析方法易于发现被审计数据中的隐藏信息。常用的数值分析方法有重号分析、断号分析和本福特定律（Benford's law）等，一些方法已应用于国内审计软件如现场审计实施系统、电子数据审计模拟实验室软件等，以及国外审计软件如 IDEA、ACL。

（五）其他智能方法

除了以上常用的审计数据分析方法外，根据目前电子数据审计的需要，本书研究和设计了一些新的智能审计数据分析方法，如基于数据匹配技术的审计数据分析方法、基于业务规则的审计数据分析方法等，详见下面的分析。

二、基于数据匹配技术的审计数据分析方法

（一）原理分析

在多个被审计数据源中可能含有相似重复实体，这些相似重复实体可能就是审计过程中要查找的可疑数据。例如，大数据环境下从不同地方采集来的被审计数据中，被审计数据 A 中出现的数据不应该出现在被审计数据 B 中。通过数据匹配技术可以有效地发现舞弊案件。国内外对数据匹配技术的研究多用来检测数据源中的相似重复数据，以达到提高数据质量的目的，但直接把数据匹配技术用于审计的研究还不常见。

根据以上分析，可以把数据匹配技术用于大数据环境下的审计数据分析以获得审计证据。

为了后文论述的方便，首先给出以下几个相关定义：

定义 8.1 相似重复记录

相似重复记录是指那些客观上表示现实世界同一实体，但是由于在格式、拼写上有些差异而导致数据库系统不能正确识别的记录。

定义 8.2 相似重复实体

相似重复实体和相似重复记录类似，相似重复记录主要针对同一个数据表中的记录，而相似重复实体则是指那些分布在不同数据源中，客观上表示现实世界同一实体，但是由于在模式级和实例级上有些差异而被认为是不同对象的

数据。如果能找到数据表中合适的主键，则可以利用它来解决实体异构的问题。当两个数据源中的记录没有共同的标识符时，相似重复实体检测就变得很重要。

定义 8.3 数据之间的相似度 S

数据之间的相似度 S 是根据要比较的两条数据的内容而计算出的一个表示两条数据相似程度的数值，$0 \leqslant S \leqslant 1$。

定义 8.4 数据相似检测

数据相似检测是指通过计算两条数据之间的相似度 S，来判定两条数据是不是相似重复数据（这里的相似重复数据包括相似重复记录和相似重复实体）。

定义 8.5 数据匹配

数据匹配是通过对采集来的不同数据源中的数据进行匹配（包括数据相似检测），来发现不同数据源中相似重复实体的一种技术方法。

大数据环境下，采集来的多个数据源中可能含有相似重复实体，这些相似重复实体可能就是审计数据分析要查找的可疑数据。

基于数据匹配技术的审计数据分析方法的原理如图 8-5 所示。该方法的原理描述如下：

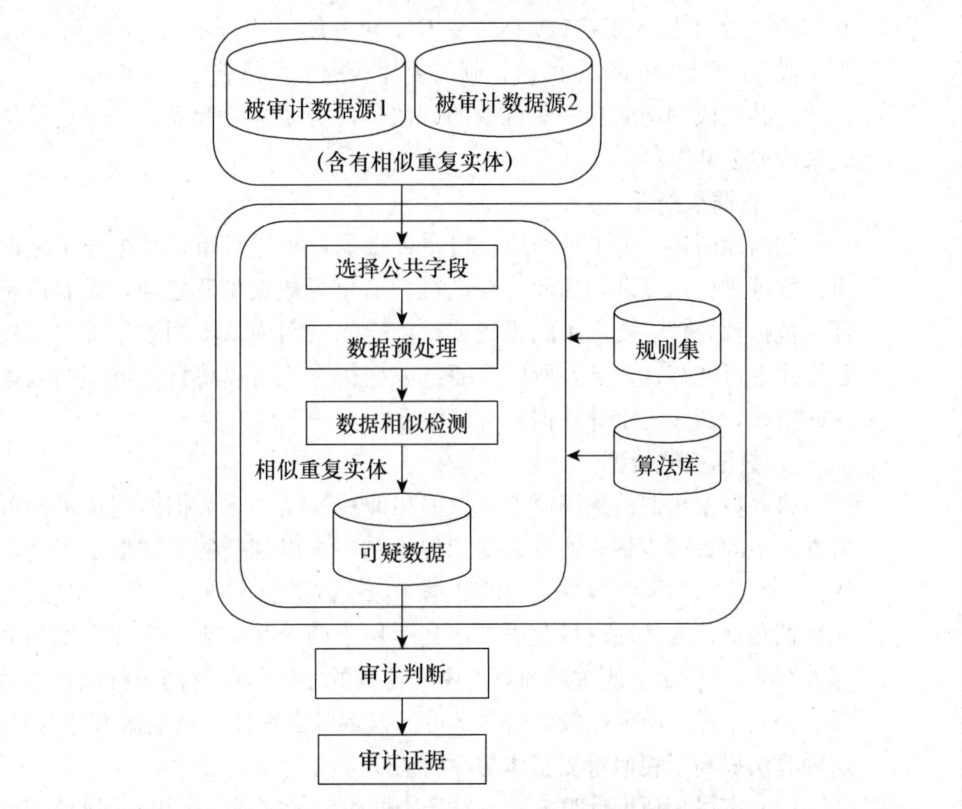

图 8-5　基于数据匹配技术的审计数据分析方法的原理

（1）根据对两个被审计数据源的分析，从两个要比较的数据表中选取公共字段。

（2）对两个数据表中的数据进行预处理，如标准化数据字段格式等。

（3）从算法库中调用相似检测算法，根据所选取的公共字段，执行两个数据表中数据之间的比较，并根据预定义的重复识别规则检测出相似重复实体，即可疑数据。

（4）检测出的每一组相似重复实体（可疑数据）由审计人员通过一定的方法进行审计判断，通过对可疑数据的延伸调查最终获得审计证据。

（二）关键步骤分析

1. 选取公共字段

要比较的两个数据表在内容上是一致的，但表结构可能不同（例如字段的命名、字段的顺序、字段的个数等）。公共字段的选取是为了从两个数据表中选取要比较的字段，通过对这些公共字段的比较，确定要比较的数据是不是相似重复数据。所选取的公共字段的命名可以不一样，但内容必须一致。具体来说，假设 D_1，D_2 为两个数据源，$R_1 \in D_1$ 和 $R_2 \in D_2$ 为两个表示同一现实对象的记录，$R_1=\{a_1, a_2, \cdots, a_m\}$，$R_2=\{b_1, b_2, \cdots, b_n\}$。$R_1$，$R_2$ 没有一个共同的标识符，R_1，R_2 公共字段的集合表示为 $\{Y_1, Y_2, \cdots, Y_k\}$，$k \in [1, N]$，$N$ 为公共字段的数目。考虑两个实体 $a_i \in R_1$，$b_j \in R_2$，假设 $a_i(Y_K)=y_{aik}$，$b_j(Y_K)=y_{bjk}$ 为字段 Y_K 在 R_1 和 R_2 中的值，则需要比较的字段值就是 y_{aik} 和 y_{bjk}。

公共字段的选取有一些自动的方法，但为了准确起见，一般还是采取人工方式来选取公共字段。

2. 数据预处理

如前面所述，为了准确地获得审计证据，在进行审计数据分析之前需要对被审计数据进行预处理，因此，在进行相似重复数据检测之前，需要进行数据预处理。数据预处理主要用来完成数据标准化等。因为从不同数据源中采集来的数据在格式上可能存在差异，所以，通过数据标准化可以将特定类型的数据转化成统一的格式，从而为审计数据分析提供方便。

3. 数据相似检测

（1）数据相似检测的原理。数据相似检测是基于数据匹配技术的审计数据分析方法中的关键步骤，通过数据相似检测，可以判断两条数据是不是相似重复实体。一些文献对同一数据表中的数据相似检测进行了研究，本书吸收前人的思想，对数据相似检测算法进行改进，使其适用于两个数据表中审计数据的分析，其原理如图 8－6 所示。改进后的算法中，比较的字段就是从两个待比较的数据表中选择的公共字段。所要比较的公共字段的权重可由审计人员根据审计的需要来确定。这种算法提高了相似重复实体的检测精度。

（2）字段相似度计算方法。对于不同类型的字段，采用不同的计算方法：

1）布尔型字段相似度计算方法。对于布尔型字段，如果两字段相同，则相似度取 0；如果不同，则相似度取 1。

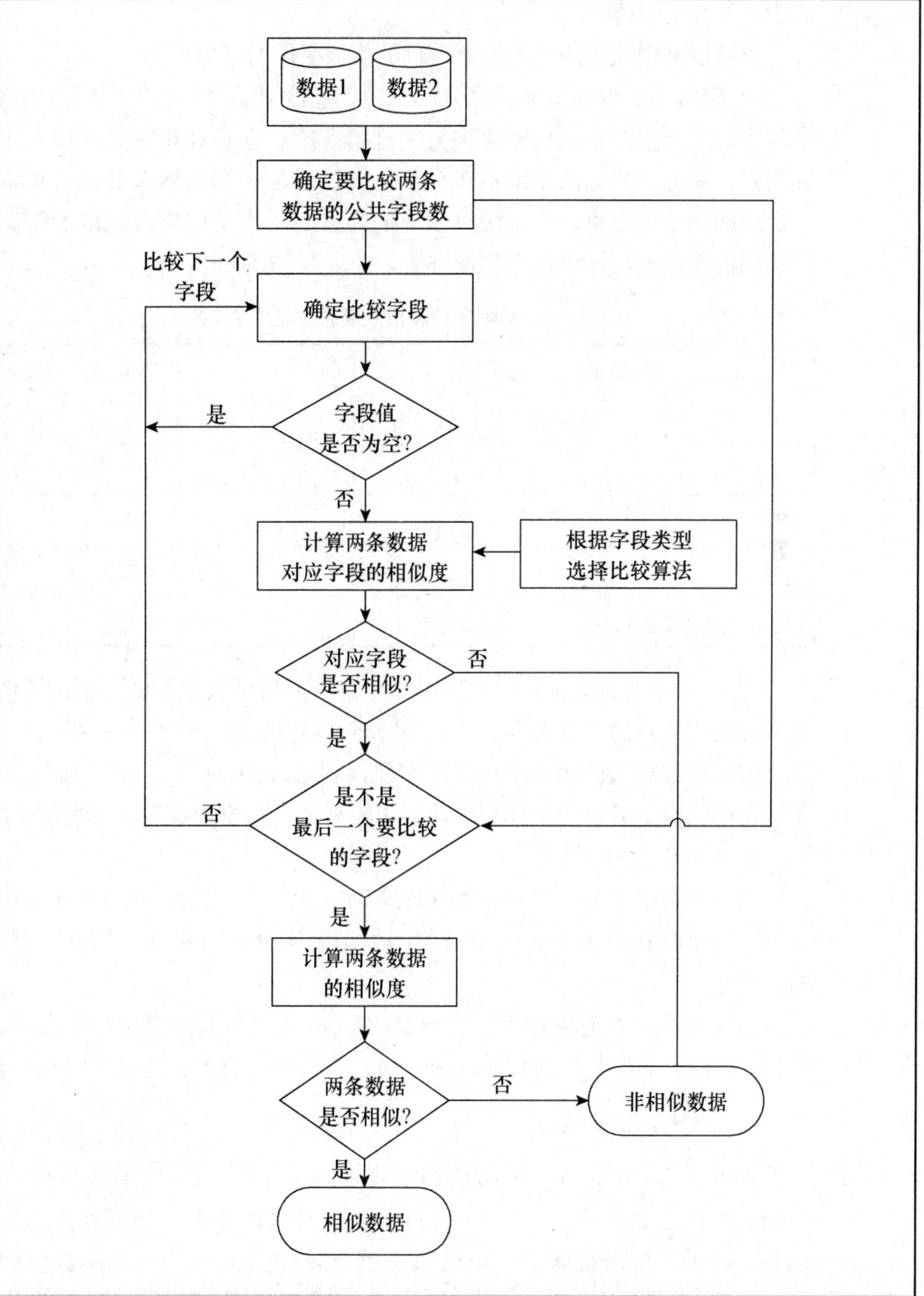

图 8-6　数据相似检测算法的流程图

2）数值型字段相似度计算方法。对于数值型字段，可以采用计算数字的相对差异算法，比如：

$$S(s_1, s_2)=\frac{|s_1-s_2|}{\max(s_1, s_2)}$$

式中，s_1 和 s_2 为数值型字段。

也可以采用欧氏距离等方法计算数值型字段的相似度。

3）字符型字段相似度计算方法。对于字符型字段，一个字段可以看成是一个字符串，字符串的相似检测也称为字符串匹配，它是计算机科学中一个重要的研究问题，最主要的方法是编辑距离算法。通过采用编辑距离算法，可以计算出两个字段间的编辑距离。由于编辑距离值为整数，为了把字段间的编辑距离转换成字段间的相似度，提出以下转换方法，如表 8-2 所示。

表 8-2　　编辑距离和相似度的对应关系定义

编辑距离	相似度
1	0.9
2	0.8
3	0.7
4	0.6
⋮	⋮

表 8-2 中的对应关系也可以由审计人员根据对数据源的分析进行调整，从而更准确地检测相似重复数据，相关内容将在后文实例中做详细介绍。

编辑距离算法使用动态程序来实现，它运行 $O(m\times n)$ 次，其中 m 和 n 是两条数据的长度。编辑距离算法的计算比较复杂，其原理及实现过程描述如下：

定义 8.6　编辑距离

两个字符串 x 和 y 之间的编辑距离 $d(x, y)$ 定义为：把一个字符串转换成另一个字符串时在单个字符上所需要的最小编辑操作（例如，插入、删除、代替）的代价数。

假设 A 是一个有限的符号字母表，A^* 是 A 上所有字符串的集合，ε 表示空符号，$|x|$ 表示字符串 x 的长度，$|\varepsilon|=0$。一个编辑操作就是以下任何一个：

$$a\rightarrow b,\ a\rightarrow\varepsilon,\ \varepsilon\rightarrow a$$

这里 a，$b\in A$，称 $a\rightarrow b$ 为一个代替操作，$a\rightarrow\varepsilon$ 为一个删除操作，$\varepsilon\rightarrow a$ 为一个插入操作。如果 $a=b$，则 $a\rightarrow b$ 称为同一的代替操作，否则称为不同一的代替操作。一个代价函数就是一个给每个编辑操作指派一个非负实数值的函数。令 $c(a\rightarrow b)$ 表示代替操作 $a\rightarrow b$ 的代价，$c(a\rightarrow\varepsilon)$ 表示删除操作 $a\rightarrow\varepsilon$ 的代价，$c(\varepsilon\rightarrow a)$ 表示插入操作 $\varepsilon\rightarrow a$ 的代价。假设 $S=e_1$，…，e_k 为一个编辑操作的序列，它的代价定义为：

$$c(S)=\sum_{i=1}^{k}c(e_i)$$

根据以上定义，两个字符串 x 和 y 的编辑距离 $d(x, y)$ 可以定义为转换 x 到

y 所需的最小操作序列的代价数，即

$$d(x,y)=\min\{c(S)\}$$

式中，S 是一个转换 x 到 y 的编辑操作序列。

计算编辑距离 $d(x, y)$ 的标准算法基于一个动态程序，它使用以下递归公式来计算维数为 $(n+1)\times(m+1)$ 的二维编辑矩阵 $D(i, j)$ 中的元素。

$$D(0,0)=0$$

$$D(0,j)=D(0,j-1)+c(\varepsilon\rightarrow y_j) \qquad j=1,\cdots,m$$

$$D(i,0)=D(i-1,0)+c(x_i\rightarrow\varepsilon) \qquad i=1,\cdots,n$$

$$D(i,j)=\min\begin{Bmatrix} D(i-1,j-1)+c(x_i\rightarrow y_j), \\ D(i-1,j)+c(x_i\rightarrow\varepsilon), \\ D(i,j-1)+c(\varepsilon\rightarrow y_j) \end{Bmatrix} \qquad i=1,\cdots,n;j=1,\cdots,m$$

可以看出：$d(x, y)=D(m, n)$

计算编辑距离 $d(x, y)$ 的算法描述如下：

输入：要比较的两个字符串 X，Y

输出：两个字符串的编辑距离

(1) 求 X 的长度 N，Y 的长度 M，如果 N 为 0，返回 M 并退出；如果 M 为 0，返回 N 并退出。

(2) 构建一个 M 行 N 列的矩阵 D[M][N]，初始化第一行为：0 到 N；第一列为：0 到 M；

(3) i 从 1 到 N 检测 X 中的每一个字符。

(4) j 从 1 到 M 检测 Y 中的每一个字符。

(5) 如果 X[i]=Y[i]，则操作代价 COST 为 0；否则，操作代价 COST 为 1。

(6) 使 D[i][j]为 Minimum (d[i−1][j]+1，d[i][j−1])+1，d[i−1][j−1]+cost)，其中，Minimum()为求最小值函数。

(7) 返回 D[M][N]。

(3) 字段相似检测效率优化方法。大数据环境下，由于被审计数据是海量的，因此，必须提高数据相似检测效率。由图 8-6 所示的数据相似检测算法的流程可以看出：数据间的相似检测依赖于数据中每个字段的相似检测，因此字段的相似检测是一个相当重要的原子操作，其效率直接影响整个算法的效率。对于字符型数据的相似检测，一般采用编辑距离算法。由于编辑距离算法的复杂度为 $O(m\times n)$，当数据量很大时，如果不采用一种高效的过滤方法来减少不必要的编辑距离计算，则会导致相似检测时间过长。因此，为提高数据检测效率，本书提出了一种基于长度过滤方法优化的相似检测算法。

长度过滤方法基于以下定理：

定理 8.1 长度过滤

任意两个字符串 x，y 的长度分别为 $|x|$，$|y|$。如果 x 和 y 的编辑距离最大为 k，则两个字符串的长度之差最多不能超过 k，即 $||x|-|y||\leqslant k$。

从定理 8.1 可以看出，在计算字段的编辑距离之前，如能利用此定理对所要比较的记录字段进行过滤，则可大大减少不必要的编辑距离计算，从而提高相似重复记录的检测效率。

假设 R1 和 R2 为两条记录，R1. Field[i] 和 R2. Field[i] 是字符型字段，两字段编辑距离的阈值为 δ1，函数 d(R1. Field[i]，R2. Field[i]) 用来计算两条记录中字段 R1. Field[i] 和 R2. Field[i] 的编辑距离，则应用长度过滤方法算法的伪码描述如下：

```
s_int = length(R1. Field[i]);
//求字段 R1. Field[i]的长度
t_int = length(R2. Field[i]);
//求字段 R2. Field[i]的长度
IF abs(s_int－t_int) > δ1   THEN
    Return False;
//如果两字段长度之差大于 δ1,则不用计算编辑距离就可判断两记录不相似
ELSE
    Dist = d(R1. Field[i],R2. Field[i]);
//计算对应字段 R1. Field[i]和 R2. Field[i]的距离
END IF
```

（4）数据记录相似度计算方法。整个数据的相似度计算方法为：

$$RS = \sum_{i=1}^{n} w_i S_i$$

式中，RS 为两条比较数据的相似度值；w_i 为两条比较数据中参与比较的各个字段的权重，$w_i \in [0，1]$；S_i 为两条比较数据中参与比较的各个字段的相似度值；$i=1，2，\cdots，n$；n 为两条比较数据中参与比较的公共字段的个数。根据 RS 的值可以判断两条比较数据是否相似。

4. 规则集与算法库

规则集与算法库是基于数据匹配技术的审计数据分析方法的一个重要组成部分。其中，规则集用来保存关于数据匹配的规则，主要包括：

（1）重复识别规则。重复识别规则用来指定两条数据为相似重复数据的条件，例如字段相似度阈值、数据相似度阈值等。

（2）相似度关系规则。相似度关系规则用来保存编辑距离和相似度的对应关系，供执行相似重复数据检测时调用。

（3）警告规则。警告规则用来指定对一些特殊事件的处理规则及相应提示

信息。

在对电子数据进行分析时，可根据具体的业务，在规则集中定义相应的规则，或者修改已有的规则，从而使该系统适用于不同的业务数据，具有较强的通用性和适应性。

算法库用来存放相似数据检测算法。多种算法存放在算法库中，供审计数据分析时根据不同的情况来选用。

三、基于业务规则的审计数据分析方法

（一）问题的提出

审计数据分析的目的之一是查找被审计数据中的错误数据。简单地说，错误数据是指数据源中记录字段的值和实际的值不相符。对于错误数据的检测，一般有两种方法：

（1）通过检测被审计数据表中单个字段的值来发现错误数据。这种方法主要是根据被审计数据表中单个字段值的数据类型、长度、取值范围等来发现其中的错误数据。

（2）通过检测字段之间以及记录之间的关系来发现错误数据。

在查找审计证据时，如果能利用具体的业务知识，则能更好地完成审计数据分析。如表8-3所示，错误数据的出现是因为数据违反了业务规则。通过检测记录中各字段的值是否符合业务规则，例如判断某字段的值是否超出了该字段的数值范围，可以判断该字段值是否正确。使用业务规则来分析被审计数据源中存在的错误数据是最简单、最有效的方法。例如，对于数值越界问题，可以通过把给定数据和数值的范围（即上下界）进行比较，检测出越界的数值；对于属性依赖冲突问题，可以简单地通过给出一个属性之间的对照检查表来解决。

表8-3　因违反业务规则而出现错误的数据举例

问题	错误数据	原因
不合法值	出生日期＝1970/13/12	数值超出了域范围
违反属性依赖	年龄＝22 出生日期＝1970/12/12	年龄和出生日期不一致
违反业务事实	入库日期＝2003/12/10 出库日期＝2003/10/12	出库日期比入库日期早

基于以上分析，为了查找被审计数据中不符合业务规则的错误数据，本书提出一种基于业务规则的审计数据分析方法。

（二）业务规则

1. 业务规则的定义与分类

本节中，业务规则是指符合业务的某一数值范围、一个有效值的集合，或者是指某种数据模式，例如地址或日期。业务规则根据内容可分成通用业务规则和

特定业务规则。

（1）通用业务规则。通用业务规则是指对多数信息系统都适用的业务规则。例如，工资必须大于或等于零，如果在数据表中 Salary＝“－3500”，则表示无效的工资。

（2）特定业务规则。特定业务规则是指针对某一特定行业信息系统的业务规则。例如，在某住房公积金管理中心的公积金管理系统中，同一人在前一笔贷款未全部偿还的情况下不能以不同的购房交易再次贷款，这种规则就属于特定业务规则。

2. 规则的表示方法

在应用基于业务规则的审计数据分析方法时，要根据对具体业务的分析，在规则集中定义相应的业务规则，然后，用这些业务规则来完成相应的错误数据检测工作。在基于业务规则的审计数据分析方法中，存在确定性业务规则和不确定性业务规则。因此，在规则库中，业务规则的表示相应地分成确定性业务规则的表示和不确定性业务规则的表示。

（1）确定性业务规则的表示：

R#：IF （AND (OR {<CONDITION>})） THEN
　　({<ACTION>})；
　END IF

（2）不确定性业务规则的表示：

R#：IF （AND (OR {<CONDITION> WITH <CF_CONDITION>}))
　THEN
　({<ACTION>}) WITH <CF_ACTION>；
　END IF

式中，R#表示规则号；“IF”“THEN”“AND”“OR”均为关键字；“AND”表示它所联系的条件必须同时满足，即“与”的组合；“OR”表示它所联系的条件必须有一个满足，即“或”的组合；{ } 表示可有一个或多个，但至少有一个；CF _ CONDITION 和 CF _ ACTION 分别表示规则的可信度和事实的可信度，取值范围如下：

0<CF_CONDITION<1

0<CF_ACTION<1

在以上规则中，当满足条件<CONDITION>时，就会触发动作<ACTION>。

3. 规则的表示方法实例

确定性业务规则和不确定性业务规则的表示方法如下。

（1）确定性业务规则：

R1：IF $R_i(Salary)<0$ THEN
　　该字段值为错误数据；
　END IF

式中，$R_i(Salary)$表示记录 R_i 中“工资”字段的值。

规则 R1 表示如果记录 R_i 中“工资”字段的值小于 0，则该数值为错误数据。

(2) 不确定性业务规则：

R2：IF $\mu_i+\varepsilon\sigma_i<R_i(Salary)$ OR $R_i(Salary)<\mu_i-\varepsilon\sigma_i$ THEN
　　该字段值为错误数据 WITH 0.9；
END IF

式中，μ_i 表示“工资”字段的平均值；σ_i 表示“工资”字段的标准差；$R_i(Salary)$ 表示记录 R_i 中“工资”字段的值。

规则 R2 表示如果满足条件：

$$\mu_i+\varepsilon\sigma_i<R_i(Salary) \text{或者} R_i(Salary)<\mu_i-\varepsilon\sigma_i$$

则该字段为错误数据的可信度为 0.9。

(三) 基于业务规则的审计数据分析方法的原理

基于前面的分析，本书提出一种基于业务规则的审计数据分析方法，其原理如图 8-7 所示，即通过在规则库中定义业务规则来检测数据是否满足、业务规则，从而发现审计线索，获得审计证据。

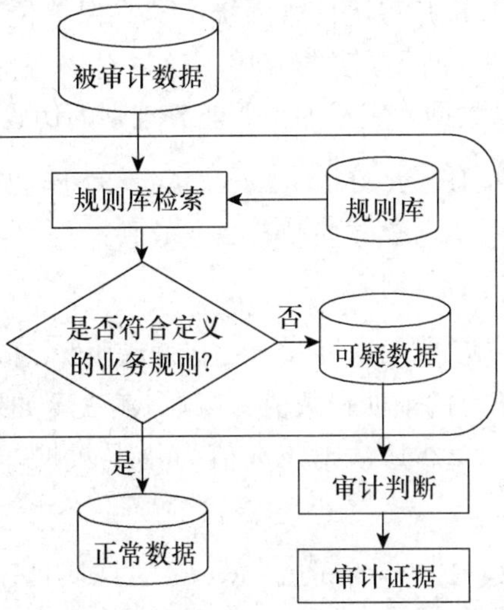

图 8-7 基于业务规则的审计数据分析方法

基于业务规则的审计数据分析方法简要描述如下：

(1) 根据对被审计对象的具体分析，在规则库中定义相应的业务规则。

(2) 对被审计数据执行自动审计。规则库检索模块检索规则库中的业务规则，根据所定义的业务规则，对每条记录做以下检测：

1) 根据字段的域来检测一条记录的每个字段。

2) 根据同一记录中字段之间的关系（例如函数依赖关系等）对每条记录的多个字段进行检测。

（3）通过以上过程可以判定每条记录是否符合所定义的业务规则。如果记录不符合所定义的业务规则，则将该记录“记入”“可疑数据”库中。然后，审计人员对可疑数据进行审计判断，从而发现审计线索，获得审计证据。

由以上分析可以看出，这种方法的检测效果取决于对被审计对象的具体分析以及所定义的业务规则的数目。

（四）业务规则库的优化策略

基于业务规则的审计数据分析方法的工作过程就是不断搜索规则库，并对数据源中的数据记录进行检查，看数据记录是否符合所定义的业务规则，从而检测出错误数据。整个规则库中所包含的规则数目较多，搜索空间较大，势必会降低检测效率。为了提高检测效率和系统运行的可靠性，根据对业务规则的分类，把业务规则库分成两个子规则库，即通用业务规则子规则库和特定业务规则子规则库。在完成某个审计数据分析任务时，除了需要到通用业务规则子规则库中搜索外，只需要到与该任务相关的特定业务规则子规则库中搜索即可，这样可以大幅缩小搜索范围。

（五）实例分析

下面以某医疗保险信息系统中“参保单位”数据表为例，来说明基于业务规则的审计数据分析方法的应用。通过对该医疗保险信息系统业务的分析，针对“参保单位”数据表定义的主要业务规则的伪码描述如下：

```
R1：IF  RTRIM(Ri(CODE),4)≠2254  THEN
        该字段值为错误数据；
    END IF
```

式中，$R_i(CODE)$表示记录R_i中“邮政编码”字段的值，$RTRIM(R_i(CODE),4)$表示取$R_i(CODE)$的前四位数值。规则R1表示如果记录R_i中“邮政编码”字段值的前四位不是“2254”，则该数值为错误数据，因为该城市邮政编码的前四位为“2254”。

```
R2：IF  @ not in  Ri(EMAIL) THEN
        该字段值为错误数据；
    END IF
```

式中，$R_i(EMAIL)$表示记录R_i中“电子邮件”字段的值。规则R2表示如果记录R_i中“电子邮件”字段的值中没有“@”符号，则该数值为错误数据。

```
R3：IF  Ri(IFPUBLIC)≠1 OR Ri(IFPUBLIC)≠2  THEN
        该字段值为错误数据；
    END IF
```

式中，$R_i(IFPUBLIC)$表示记录R_i中“企业事业”字段的值。规则R3表示如果

记录 R_i 中“企业事业”字段的值不是“1”或“2”，则该数值为错误数据。因为“企业事业”字段的值只有两个——“1”和“2”，“1”表示该单位的性质为“企业”，“2”表示该单位的性质为“事业”。

R4：IF　$R_i(REGISTDATE) < R_i(PASSCHECKDATE)$　THEN
　　该字段值为错误数据；
END IF

式中，$R_i(REGISTDATE)$ 表示记录 R_i 中“参保日期”字段的值，$R_i(PASSCHECKDATE)$ 表示记录 R_i 中“批准日期”字段的值。规则 R4 表示如果记录 R_i 中“参保日期”字段的值小于“批准日期”字段的值，则该数值为错误数据。

R5：IF　$R_i(PASSCHECKDATE) < R_i(CHECKDATE)$　THEN
　　该字段值为错误数据；
END IF

式中，$R_i(CHECKDATE)$ 表示记录 R_i 中“审批日期”字段的值。规则 R5 表示如果记录 R_i 中“批准日期”字段的值小于“审批日期”字段的值，则该数值为错误数据。

通过运行以上规则，可有效检测出被审计数据源中不符合业务规则的错误数据。通过对这些检测出的错误数据进行审计判断，有助于最终获得审计证据。

（六）优缺点分析

基于业务规则的审计数据分析方法具有简单、易用、准确度高等优点。这种方法的审计效果取决于对具体业务的分析以及定义规则的数目，同时这种方法又有一定的局限性：它需要审计人员非常熟悉具体的业务，而且被审计数据的业务规则比较容易获得。从某种程度上来说，这种方法不失为一种好的审计数据分析方法。

第3节　电子数据分析案例

一、税收征收数据分析

以给定的某税收征收电子数据（文件名为“税收征收.mdb”，数据表名为“征收表”）为例，假定所有纳税人税款滞纳天数超过 10 天均属超期滞纳，按以下要求完成数据分析：

（1）将该数据采集到电子数据审计模拟实验室软件中去。

（2）借助电子数据审计模拟实验室软件的 SQL 查询模拟功能，编写 SQL 语句检查税收征收数据中有无“负纳税”数据，并将分析结果保存到名为“负纳税”的 Excel 文件中。

(3) 借助电子数据审计模拟实验室软件的 SQL 查询模拟功能，编写 SQL 语句检查税收征收数据中有无“超期滞纳”数据，并将分析结果保存到名为“超期滞纳”的 Excel 文件中。

1. 案例分析

要检查税收征收数据中有无“负纳税”数据和“超期滞纳”数据，只需在某一分析工具中执行相应的 SQL 查询语句即可。

检查税收征收数据中有无“负纳税”数据的 SQL 语句如下：

```
SELECT  *
FROM  征收表
WHERE  实纳税额 < 0;
```

通过运行以上 SQL 语句，可以很容易地查找税收征收数据中的“负纳税”数据。

检查税收征收数据中有无“超期滞纳”数据的 SQL 语句如下：

```
SELECT  *
FROM  征收表
WHERE  滞纳天数 > 10;
```

通过运行以上 SQL 语句，可以很容易地查找出税收征收数据中的“超期滞纳”数据。

2. 案例操作

下面介绍如何采用电子数据审计模拟实验室软件来执行以上 SQL 语句，以获得相应的查询结果。

假设该数据已被采集到电子数据审计模拟实验室软件中。在电子数据审计模拟实验室软件中查找税收征收数据中“负纳税”数据的操作过程为：

(1) 单击菜单“数据查询”→“SQL 查询模拟器”，如图 8-8 所示，打开“SQL 查询模拟器”，出现如图 8-9 所示的界面。

(2) 在图 8-8 所示的 SQL 查询模拟器输入界面中输入以上 SQL 语句，或借助 SQL 查询模拟器语句功能区中的 SQL 语句关键词生成以上 SQL 语句，如图 8-9 所示。

(3) 在图 8-9 中单击“执行 SQL 语句”按钮，运行以上 SQL 语句，可以很容易查找税收征收数据中的“负纳税”数据。查询结果如图 8-9 所示。

(4) 单击菜单“文件”→“分析结果导出”→“Excel 格式”，如图 8-10 所示，则进入“导出 Excel 文件到”界面，如图 8-11 所示。

(5) 在“导出 Excel 文件到”界面中选择文件保存路径，并命名导出的 Excel 文件为“负纳税”，如图 8-11 所示。按照系统提示，完成导出 Excel 文件格式的“负纳税”分析结果的保存。

(6) 打开导出的“负纳税”分析结果 Excel 文件，界面如图 8-12 所示。

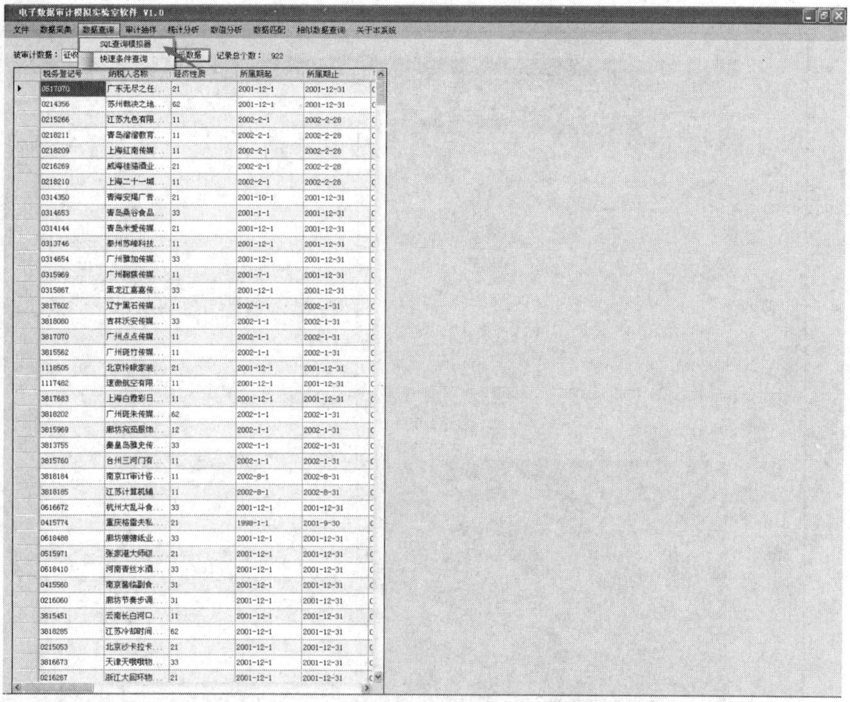

图 8-8　电子数据审计模拟实验室软件的 SQL 查询模拟器功能菜单

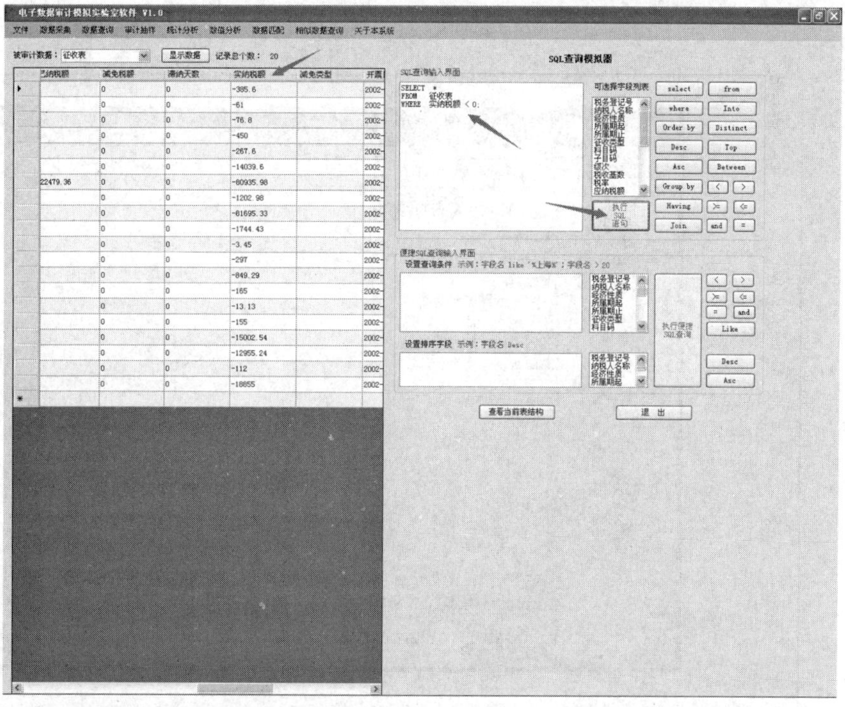

图 8-9　负纳税分析结果示例界面

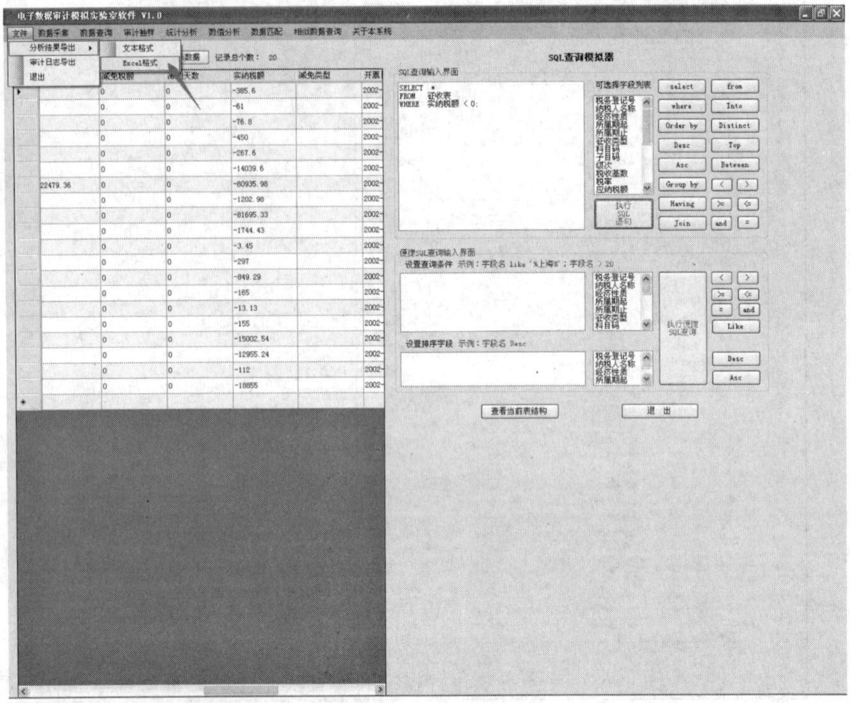

图 8-10　电子数据审计模拟实验室软件的 Excel 格式分析结果导出菜单

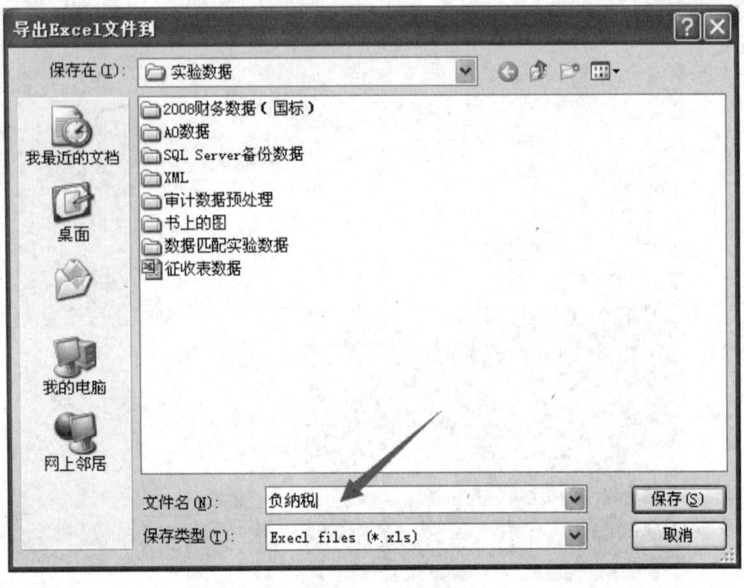

图 8-11　负纳税分析结果导出界面

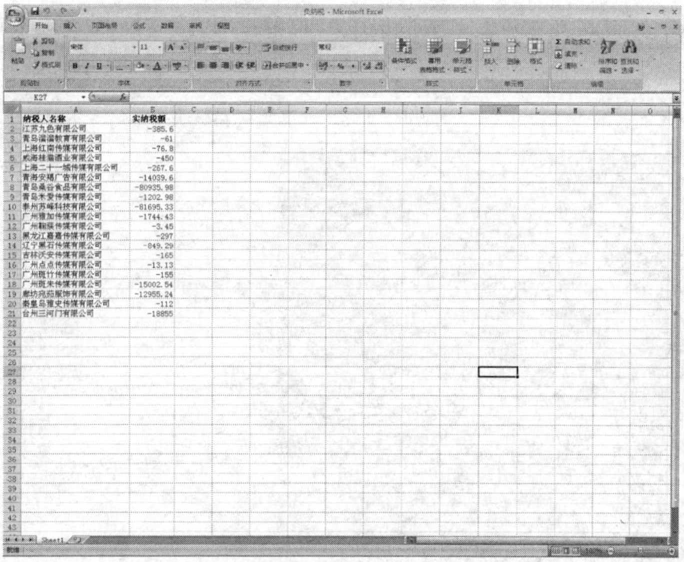

图 8-12　导出的 Excel 格式的负纳税分析结果

（7）同理，在电子数据审计模拟实验室软件中单击“显示数据”命令按钮，可刷新被分析数据。然后在 SQL 查询模拟器中输入相应的 SQL 语句，或借助 SQL 查询模拟器语句功能区中的 SQL 语句关键词生成“超期滞纳”数据分析 SQL 语句，如图 8-13 所示。然后在图 8-13 所示界面中单击“执行 SQL 语句”按钮。运行以上 SQL 语句，即可查找税收征收数据中的“超期滞纳”数据。查询结果如图 8-14 所示。

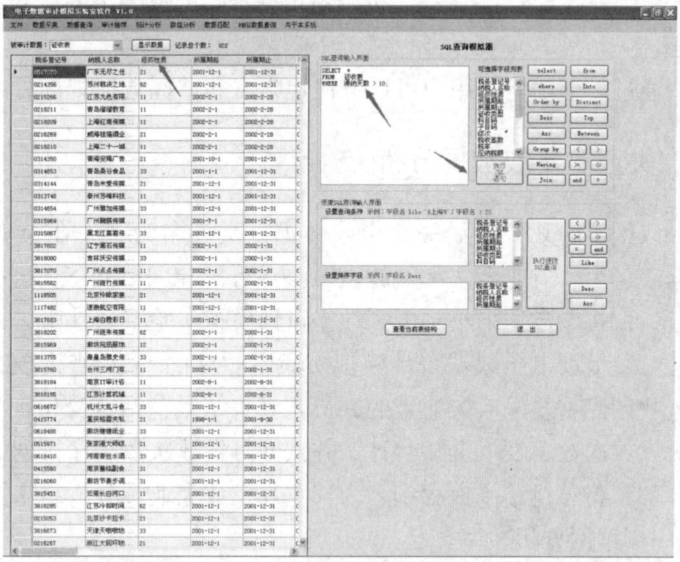

图 8-13　电子数据审计模拟实验室软件的 SQL 查询模拟器操作示例界面

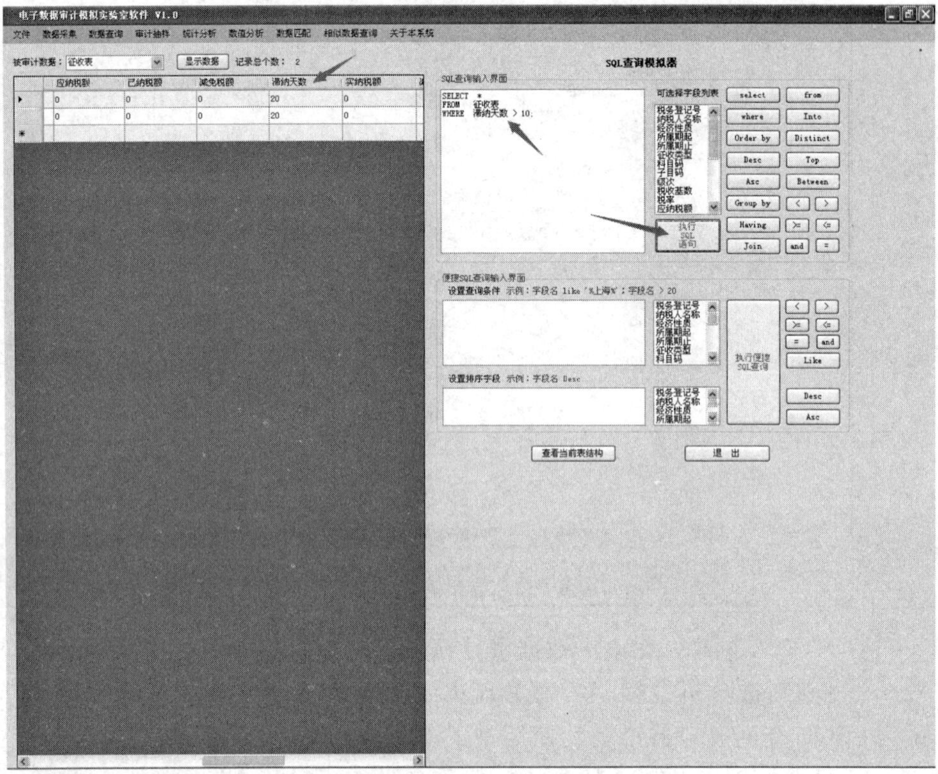

图 8-14 超期滞纳分析结果示例界面

（8）同理，在电子数据审计模拟实验室软件中单击菜单“文件”→“分析结果导出”→“Excel 格式”，按照系统提示，完成导出的“超期滞纳”Excel 文件的保存。

通过以上功能，用户可以方便地学习和掌握数据查询方法的应用。

二、失业金发放数据分析

以给定的某劳动局失业保险数据（文件名为“失业金实际发放数据.mdb”，数据表名为“失业金实际发放表”）为例，按以下要求完成数据分析：

（1）将该数据采集到电子数据审计模拟实验室软件中去。

（2）借助电子数据审计模拟实验室软件的 SQL 查询模拟功能，编写 SQL 语句查找同月重复发放失业金的人员，查找结果包括：身份证号、姓名、发放月份、同月发放次数、发放金额合计，并按同月发放次数降序排列。

（3）将分析结果保存到名为“重复发放失业金分析结果”的 Excel 文件中。

1. 案例分析

要检查“失业金实际发放表”中同月重复发放失业金的人员，只需在某一分析工具中执行相应的 SQL 查询语句即可，需要构建的 SQL 语句如下：

```
    SELECT 身份证号，姓名，发放月份，count(*) AS 同月发放次数，
sum(合计) AS 发放合计
    FROM 失业金实际发放表
    GROUP BY 身份证号，姓名，发放月份
    HAVING count(*)>=2
    ORDER BY count(*) DESC;
```

通过运行以上 SQL 语句，可以很容易查找失业金实际发放表中同月重复发放失业金的人员。

2. 案例操作

采用电子数据审计模拟实验室软件进行分析的操作过程如下：

（1）假设该数据已被采集到电子数据审计模拟实验室软件中，如图 8-15 所示。

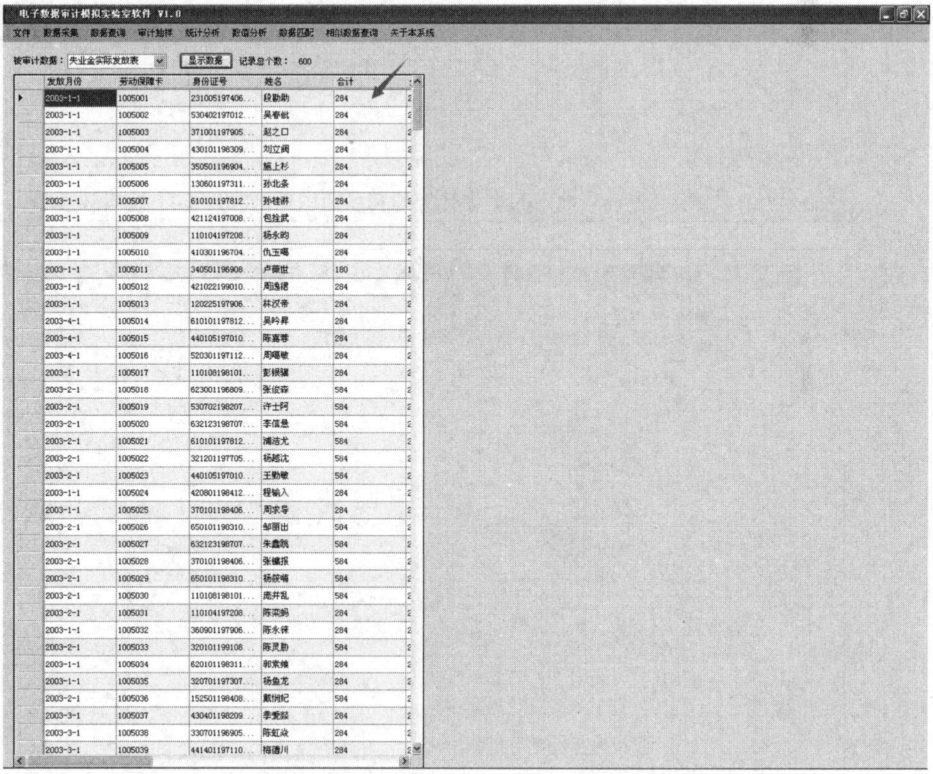

图 8-15　采集完失业保险数据的电子数据审计模拟实验室软件界面

（2）单击菜单“数据查询”→“SQL 查询模拟器”，如图 8-16 所示，打开“SQL 查询模拟器”，出现如图 8-17 所示的界面。

（3）在图 8-17 中输入以上 SQL 语句，或借助 SQL 查询模拟器语句功能区中的 SQL 语句关键词生成以上 SQL 语句，如图 8-18 所示。

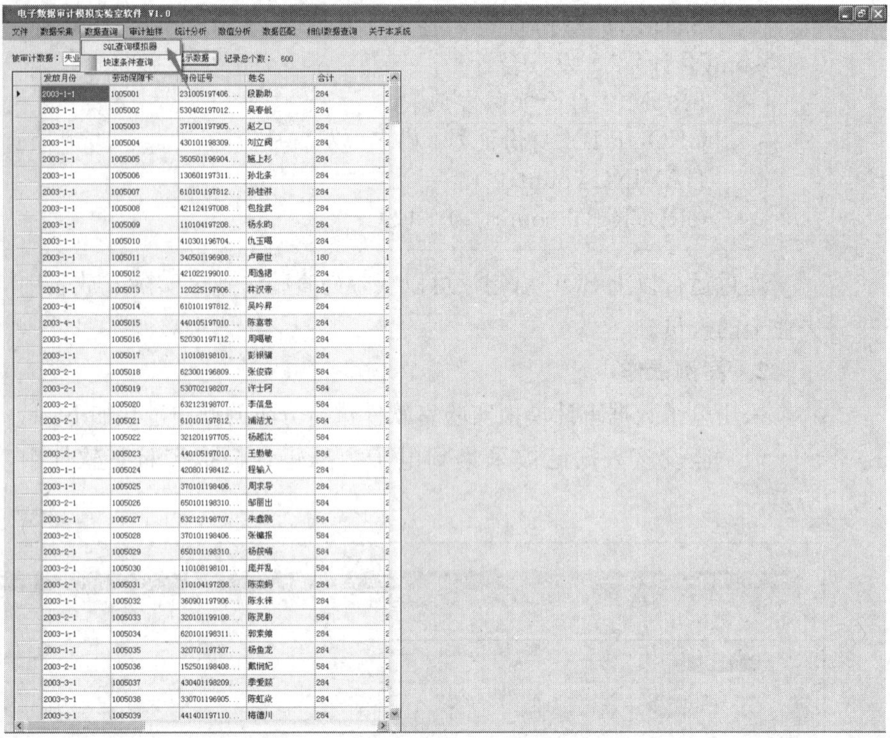

图 8-16 电子数据审计模拟实验室软件的 SQL 查询模拟器菜单

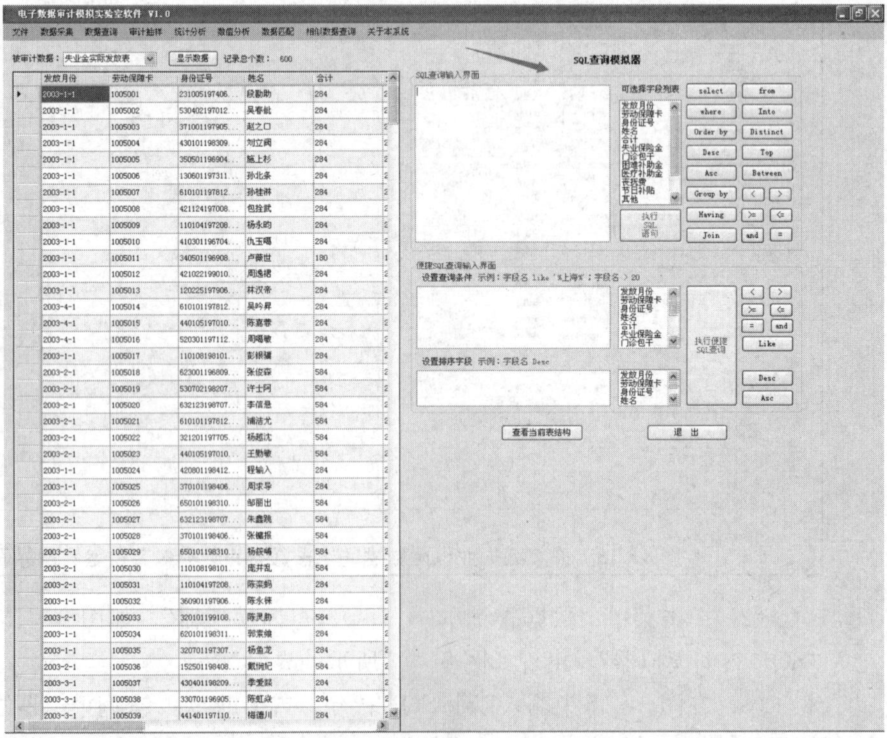

图 8-17 电子数据审计模拟实验室软件的 SQL 查询模拟器操作界面

（4）在图8-18所示界面中单击“执行SQL语句”按钮，运行以上SQL语句，可以很容易查找失业保险数据中的重复发放失业金数据。查询结果如图8-18所示。

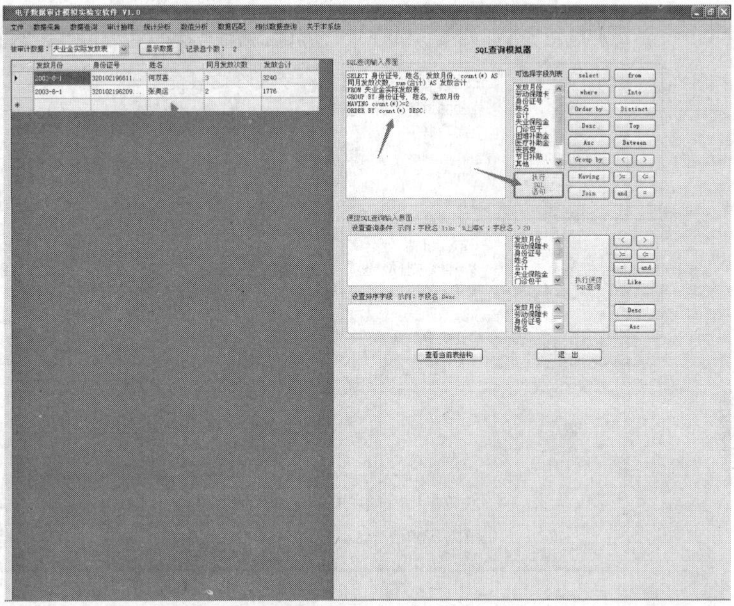

图8-18　重复发放失业金分析结果界面

（5）单击菜单“文件”→“分析结果导出”→“Excel格式”，如图8-19所示，则进入“导出Excel文件到”界面，如图8-20所示。

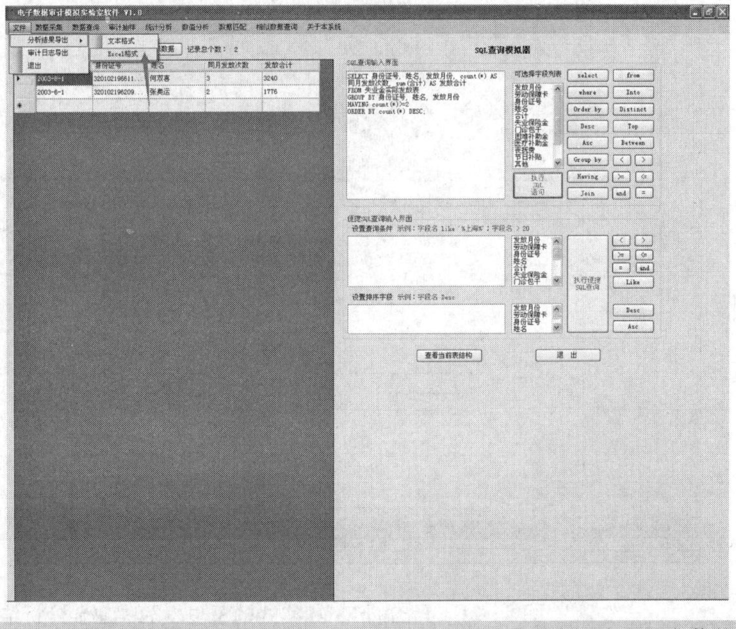

图8-19　电子数据审计模拟实验室软件的Excel格式分析结果导出菜单

(6) 在“导出 Excel 文件到”界面中选择文件保存路径，并命名导出的 Excel 文件为“重复发放失业金分析结果”，如图 8-20 所示。按照系统提示，完成导出 Excel 文件的保存。

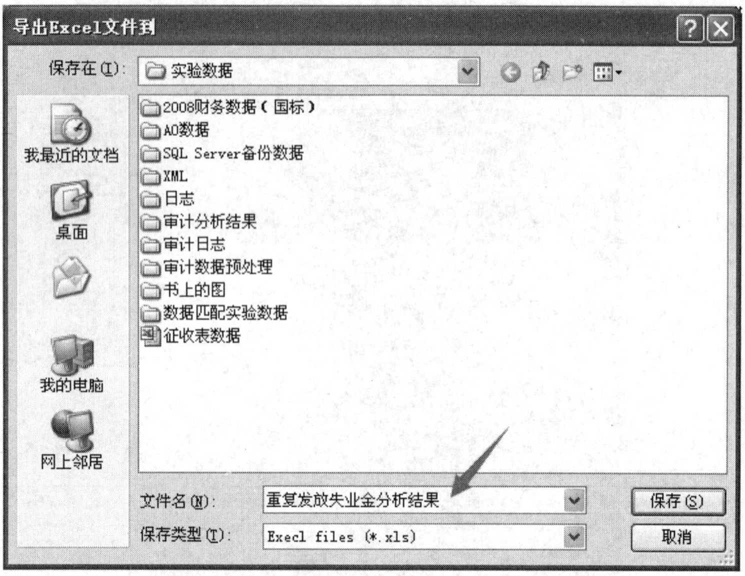

图 8-20 重复发放失业金分析结果导出界面

(7) 打开导出的 Excel 格式的“重复发放失业金分析结果”文件，其界面如图 8-21 所示。

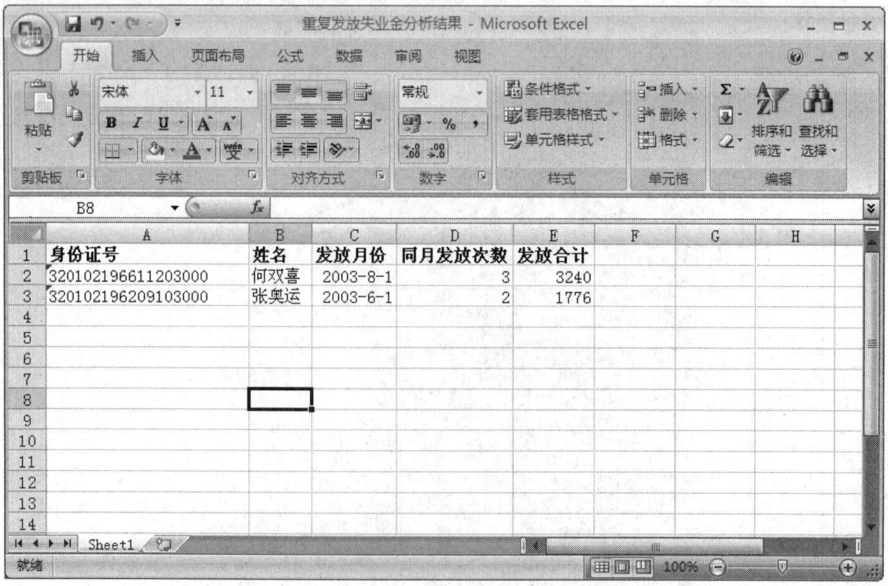

图 8-21 导出的 Excel 格式的重复发放失业金分析结果

三、便捷 SQL 查询方法在税收征收数据分析中的应用

以给定的某税收征收电子数据（文件名为“税收征收 .mdb”，数据表名为“征收表”）为例，假定所有纳税人税款滞纳天数超过 10 天均属超期滞纳，按以下要求完成数据分析：

（1）将该数据采集到电子数据审计模拟实验室软件中去。

（2）借助电子数据审计模拟实验室软件的便捷 SQL 查询功能，检查税收征收数据中有无“超期滞纳”数据。

（3）借助电子数据审计模拟实验室软件的便捷 SQL 查询功能，检查税收征收数据中有无“负纳税”数据，并且查询结果按“实纳税额”降序排列。

（4）借助电子数据审计模拟实验室软件的便捷 SQL 查询功能，检查税收征收数据“纳税人名称”字段中含有“广州”的数据。

案例操作：

假设该数据已被采集到电子数据审计模拟实验室软件中。在电子数据审计模拟实验室软件中应用便捷 SQL 查询模拟功能的操作过程为：

（1）单击菜单“数据查询”→“SQL 查询模拟器”，如图 8－22 所示，打开“SQL 查询模拟器”，出现如图 8－23 所示的界面。

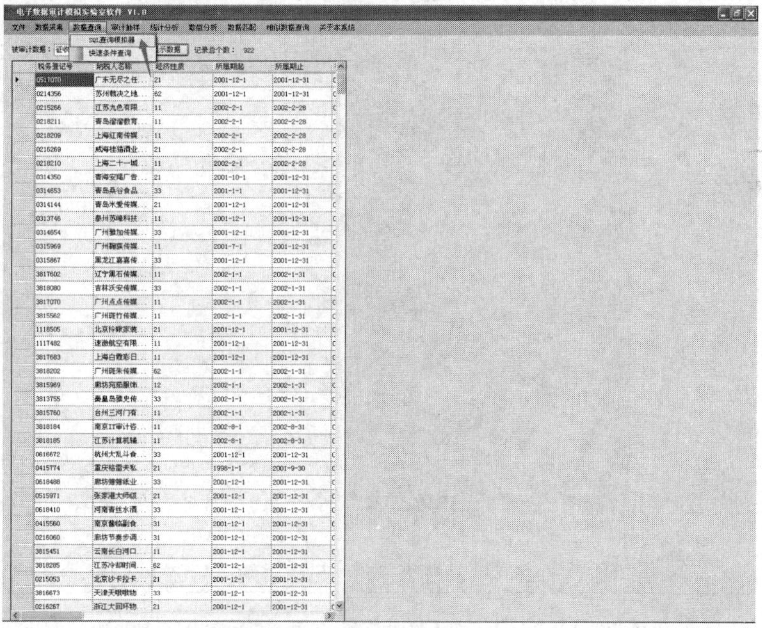

图 8－22　电子数据审计模拟实验室软件的 SQL 查询模拟器功能菜单

（2）在图 8－23 所示的便捷 SQL 查询输入界面中输入查询条件（或借助该界面上的相关命令按钮和下拉框输入查询条件），即“滞纳天数 ＞ 10”，如图 8－24 所示。然后在图 8－24 所示界面中单击“执行便捷 SQL 查询”按钮，运行以上查询条件，可以很容易查找税收征收数据中的“超期滞纳”数据。查询结果如图 8－24 所示。

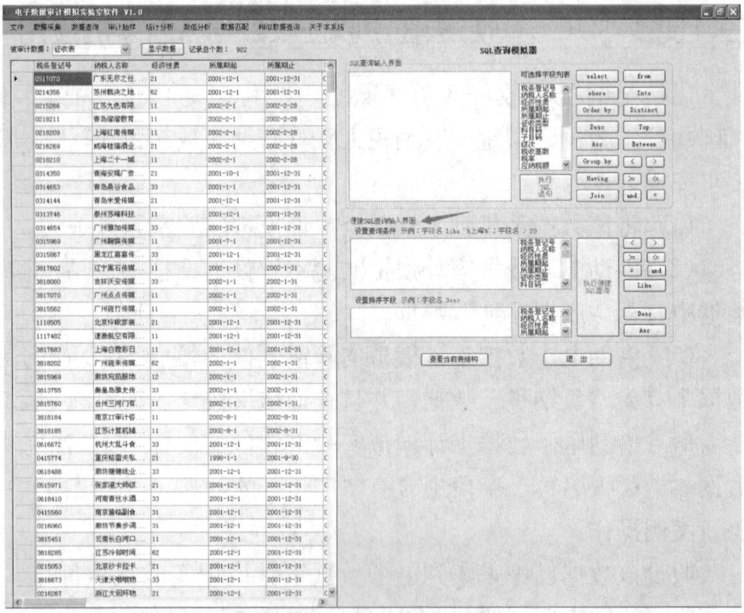

图 8-23 电子数据审计模拟实验室软件的便捷 SQL 查询操作界面

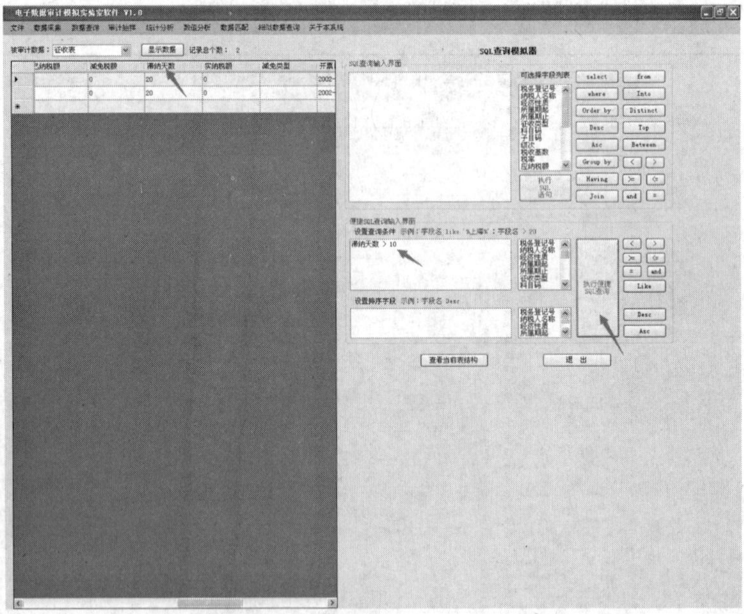

图 8-24 超期滞纳分析结果界面

(3) 在图 8-24 所示界面中单击“显示数据”按钮，刷新数据，明确被分析的数据对象。然后，在图 8-24 所示的便捷 SQL 查询输入界面中输入查询条件（或借助该界面上的相关命令按钮和下拉框输入查询条件），即“实纳税额 ＜ 0”且“实纳税额　Desc”，如图 8-25 所示。在图 8-25 所示界面中单击“执行便捷 SQL 查询”按钮，运行以上查询条件，可以很容易查找税收征收数据中的“负纳税”数据，且查询结果按“实纳税额”降序排列。查询结果如图 8-25 所示。

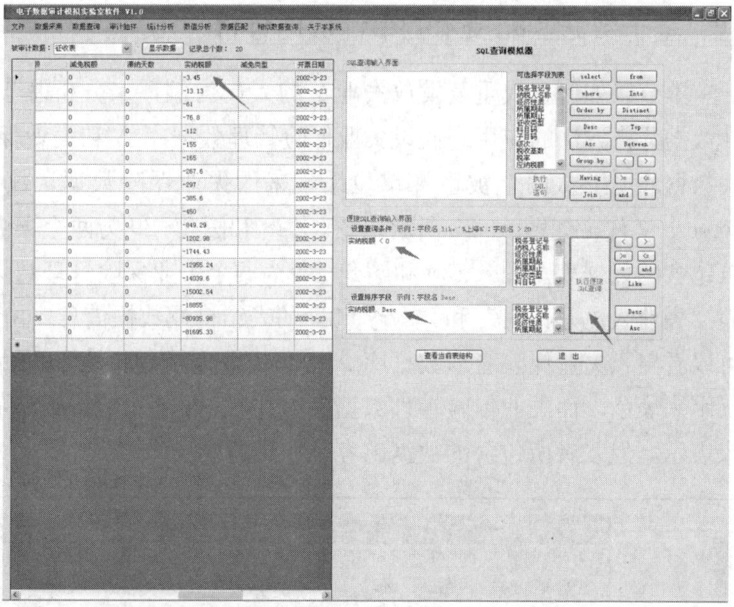

图 8-25　负纳税分析结果界面

（4）在图 8-25 所示界面中单击“显示数据”按钮，刷新数据，明确被分析的数据对象。然后，在图 8-25 所示的便捷 SQL 查询输入界面中输入查询条件（或借助该界面上的相关命令按钮和下拉框输入查询条件），即“纳税人名称 Like ′%广州%′”，如图 8-26 所示。在图 8-26 所示界面中单击“执行便捷 SQL 查询”按钮，运行以上查询条件，可以很容易查找税收征收数据“纳税人名称”字段中含有“广州”的数据。查询结果如图 8-26 所示。

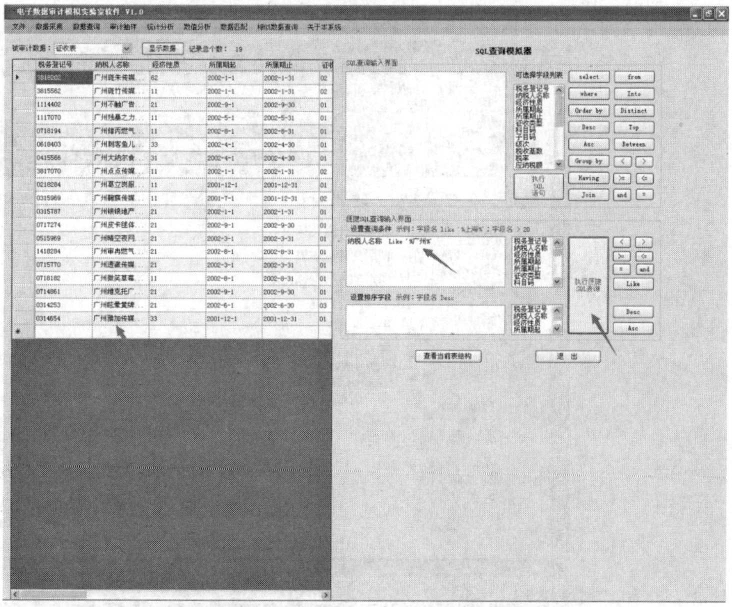

图 8-26　“纳税人名称”字段中包含“广州”的数据分析结果界面

四、基于数据匹配技术的审计数据分析

本节以如何查找重复发放失业金的人员为例，来分析基于数据匹配技术的审计数据分析方法的应用。假设失业保险管理数据库 A 和失业保险管理数据库 B 为大数据环境下从两个被审计单位采集来的失业保险数据，数据格式为 Microsoft Access 文件，如图 8-27 所示。图 8-28 和图 8-29 为两个失业保险管理数据库各自包含的数据表。图 8-30 和图 8-31 为两个失业保险管理数据库各自包含的数据表“失业人员登记表”和“syrydjb”的表结构及数据信息。由图 8-29 到图 8-31 可以看出：失业保险管理数据库 A 中“失业人员登记表”的表名称和字段名称用汉字来表示，而失业保险管理数据库 B 中“syrydjb”的表名称和字段名称用字母来表示，但二者所包含的数据内容是一致的。

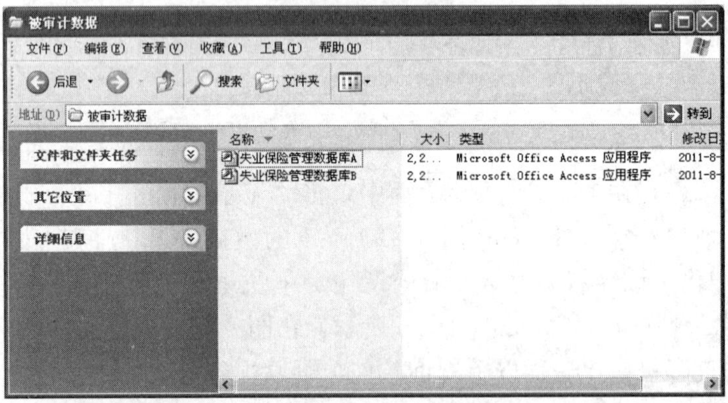

图 8-27 采集来的两个失业保险数据

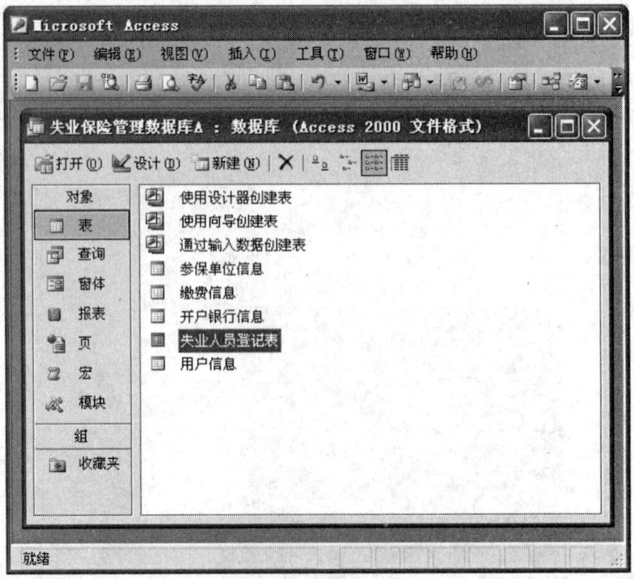

图 8-28 失业保险管理数据库 A 中所包含的数据表

图 8-29　失业保险管理数据库 B 中所包含的数据表

劳动保障卡	身份证号	姓名	发放帐号	是否新增	家庭住址
2009229	620102196710238	杨慧如	85630000404048	否	江苏省南京市大桥南路58号
2008100	620102196710236	高大华	85630000404046	否	江苏省南京市蒲口区大桥北路158号
2008289	620102196710234	俞力小	85630000404045	否	江苏省南京市亚东新区师大路103号
2004501	620102196710234	侯沪李	85630000404049	否	江苏省南京市云南路2号
2007902	620102196710234	张素梅	85630000404041	否	江苏省南京市江宁区方山路203号
2006206	620102196710234	徐蓝生	85630000404050	否	江苏省南京市蒲口区江北路118号
2008524	620102196710234	孔庆生	85630000404047	否	江苏省南京市蒲口区珠江西路21号
2004677	620102196710233	余大生	85630000404044	否	江苏省南京市鼓楼区新街口北5栋401
2007840	620102196410234	郑发财	85630000404042	否	江苏省南京市白下区南京家农业大学9栋103
2007785	620102196210234	谢生文	85630000404043	否	江苏省南京市亚东新区方山路203号
1002622	520202196710234	魏树叶	85630000404040	否	江苏省南京市江宁区将军路142号
1009229	520102196710238	张苏来	85630000404028	否	江苏省南京市鼓楼区莫愁新寓3栋303
1008607	520102196710237	郭支生	85630000404034	否	江苏省南京市江宁区名人小区5栋403
1008100	520102196710236	邹丽俊	85630000404026	否	江苏省南京市建邺区名仕嘉圆4栋403
1001758	520102196710235	杨海南	85630000404035	否	江苏省南京市江宁区将军路213号
1008289	520102196710234	周来定	85630000404025	否	江苏省南京市江宁区名人新寓4栋403
1006660	520102196710234	陈红正	85630000404031	是	江苏省南京市江宁区名人新居2栋403
1004501	520102196710234	杨生学	85630000404029	否	江苏省南京市鼓楼区龙江新寓4栋603
1005621	520102196710234	季爱花	85630000404037	否	江苏省南京市白下区南京家农业大学5栋401
1004996	520102196710234	戴宣传	85630000404036	否	江苏省南京市建邺区名仕嘉圆2栋302
1007902	520102196710234	王浦发	85630000404021	否	江苏省南京市常府街218号
1006206	520102196710234	庞大龙	85630000404030	否	江苏省南京市白下区南京理工大学2栋402
1005622	520102196710234	梅海活	85630000404039	否	江苏省南京市白下区南京家农业大学1栋201
1001364	520102196710234	陈永生	85630000404032	否	江苏省南京市鼓楼区莫愁新寓1栋203
1007909	520102196710234	陈灵活	85630000404033	否	江苏省南京市白下区南京理工大学4栋101
1008524	520102196710234	朱继弱	85630000404027	否	江苏省南京市白下区南京理工大学5栋401
1004677	520102196710233	程小金	85630000404024	否	江苏省南京市鼓楼区莫愁新寓4栋403
1007840	520102196410234	杨白劳	85630000404022	否	江苏省南京市鼓楼区漫城6栋703
1005624	520102196310234	陈虹生	85630000404038	否	江苏省南京市江东北路321号
1007785	520102196210234	王宝凤	85630000404023	否	江苏省南京市鼓楼区龙江新寓1栋201
0002622	320202196710234	李明珠	85630000404020	否	江苏省南京市鼓楼区荷花里4栋103
0009229	320102196710238	包小拴	85630000404008	否	江苏省南京市鼓楼区凤凰花园城1栋204

图 8-30　失业保险管理数据库 A 中“失业人员登记表”的表结构及数据信息

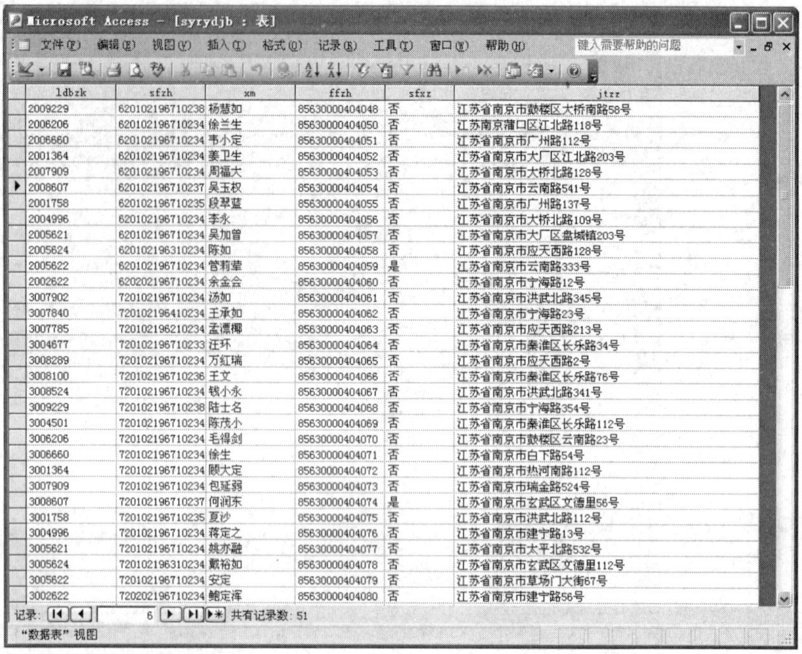

ldbzk	sfzh	xm	ffzh	sfxz	jtzz
2009229	620102196710238	杨慧如	85630000404048	否	江苏省南京市鼓楼区大桥南路58号
2006206	620102196710234	徐兰生	85630000404050	否	江苏南京蒲口区江北路118号
2006660	620102196710234	韦小定	85630000404051	否	江苏省南京市广州路112号
2001364	620102196710234	姜卫生	85630000404052	否	江苏省南京市大厂区江北路203号
2007909	620102196710234	周福大	85630000404053	否	江苏省南京市大桥北路128号
2008607	620102196710237	吴玉权	85630000404054	否	江苏省南京市云南路541号
2001758	620102196710235	段翠蓝	85630000404055	否	江苏省南京市广州路137号
2004996	620102196710234	李永	85630000404056	否	江苏省南京市大桥北路109号
2005621	620102196710234	吴加曾	85630000404057	否	江苏省南京市大厂区盘城镇203号
2005624	620102196310234	陈如	85630000404058	否	江苏省南京市应天西路128号
2005622	620102196710234	管莉莹	85630000404059	是	江苏省南京市云南路333号
2002622	620202196710234	余金会	85630000404060	否	江苏省南京市宁海路12号
3007902	720102196710234	汤如	85630000404061	否	江苏省南京市洪武北路345号
3007840	720102196410234	王承如	85630000404062	否	江苏省南京市宁海路23号
3007785	720102196210234	孟漂椰	85630000404063	否	江苏省南京市应天西路213号
3004677	720102196710233	汪环	85630000404064	否	江苏省南京市秦淮区长乐路34号
3008289	720102196710234	万红瑞	85630000404065	否	江苏省南京市应天西路2号
3008100	720102196710236	王文	85630000404066	否	江苏省南京市秦淮区长乐路76号
3008524	720102196710234	钱小永	85630000404067	否	江苏省南京市洪武北路341号
3009229	720102196710238	陆士名	85630000404068	否	江苏省南京市宁海路354号
3004501	720102196710234	陈茂小	85630000404069	否	江苏省南京市秦淮区长乐路112号
3006206	720102196710234	毛得剑	85630000404070	否	江苏省南京市鼓楼区云南路23号
3006660	720102196710234	徐生	85630000404071	否	江苏省南京市白下路54号
3001364	720102196710234	顾大定	85630000404072	否	江苏省南京市热河南路112号
3007909	720102196710234	包延弱	85630000404073	否	江苏省南京市瑞金路524号
3008607	720102196710237	何润东	85630000404074	是	江苏省南京市玄武区文德里56号
3001758	720102196710235	夏沙	85630000404075	否	江苏省南京市洪武北路112号
3004996	720102196710234	蒋定之	85630000404076	否	江苏省南京市建宁路13号
3005621	720102196710234	姚亦融	85630000404077	否	江苏省南京市太平北路532号
3005624	720102196310234	戴裕如	85630000404078	否	江苏省南京市玄武区文德里112号
3005622	720102196710234	安定	85630000404079	否	江苏省南京市草场门大街67号
3002622	720202196710234	鲍定浑	85630000404080	否	江苏省南京市建宁路56号

图 8-31　失业保险管理数据库 B 中"syrydjb"的表结构及数据信息

在采用基于数据匹配技术的审计证据获取系统对图 8-30 中被审计数据"失业人员登记表"和图 8-31 中被审计数据"syrydjb"的分析之前，可以根据需要对两个数据表中的数据进行预处理。

采用基于数据匹配技术的审计证据获取系统对两个被审计数据"失业人员登记表"和"syrydjb"的分析的主要过程如下：

(1) 在软件系统的主界面中单击"字段相关参数设置"命令按钮，进入"字段相关参数设置"界面，如图 8-32 所示。

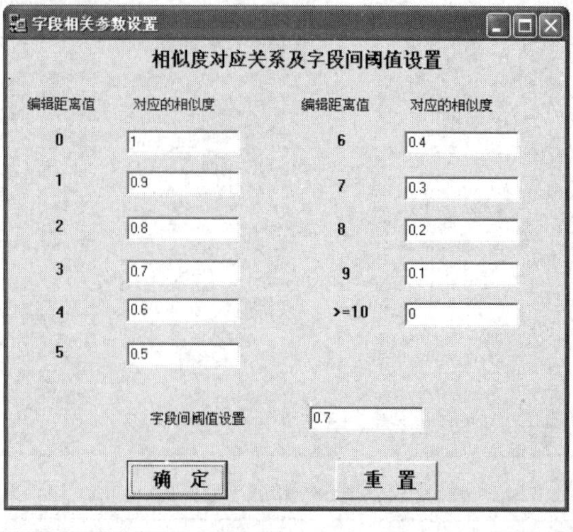

图 8-32　相似度对应关系以及字段间阈值设置界面

（2）根据对两个被审计数据的分析，在“字段相关参数设置”界面中设置相似度对应关系以及字段间阈值，结果如图 8－32 所示。所设置的字段间阈值用来判断两个被审计数据表中的对应字段是否相似。在图 8－32 所示界面单击“确定”命令按钮，完成参数设置并返回系统主界面。

（3）采集两个被审计数据。在软件系统的主界面单击“数据采集”命令按钮，进入审计数据采集界面，如图 8－33 所示。

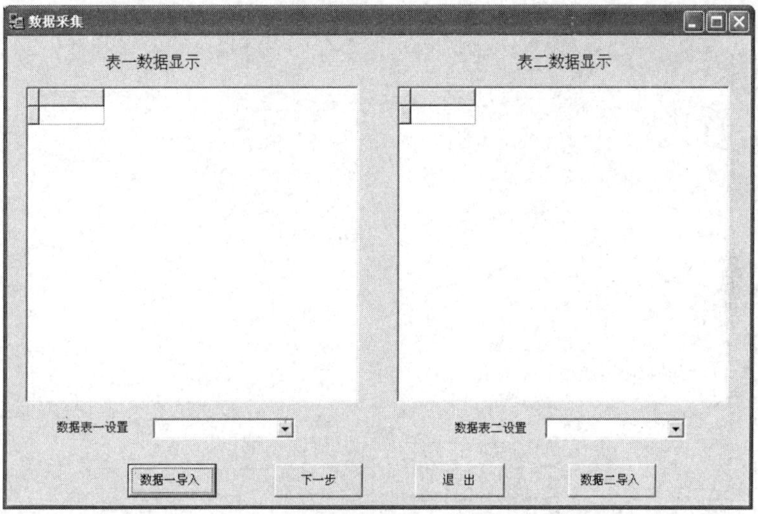

图 8－33　审计数据采集界面

（4）在图 8－33 所示界面中单击“数据一导入”命令按钮，进入“数据源选择”界面，如图 8－34 所示。

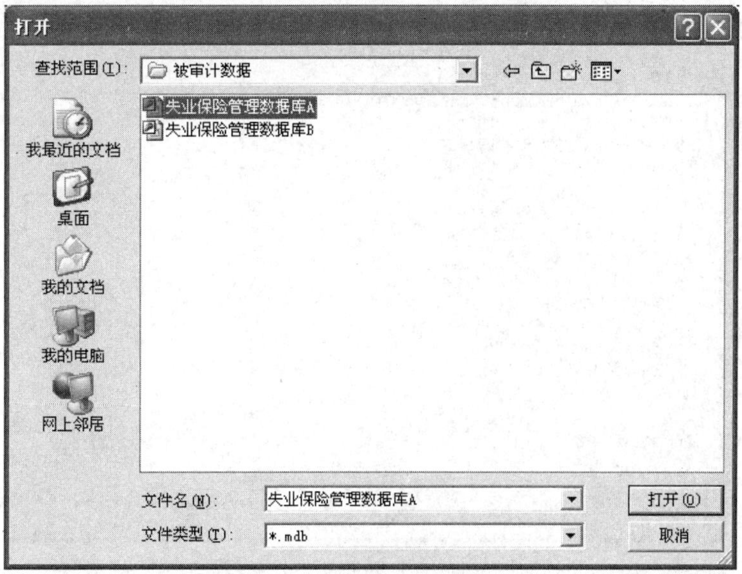

图 8－34　数据源选择界面

(5) 在图 8-34 中选择需要采集的第一个被审计数据源（即失业保险管理数据库 A），然后单击“打开”命令按钮，返回“数据采集”界面。在“数据表一设置”中选择需要比较的数据表（即失业人员登记表），如图 8-35 所示，设置后的结果如图 8-36 所示。

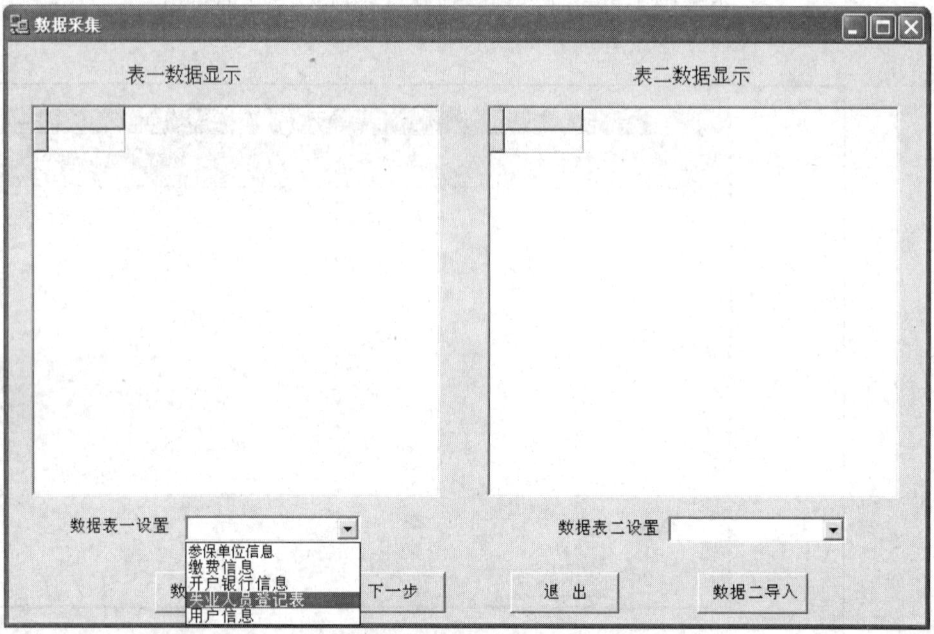

图 8-35 选择需要比较的数据表

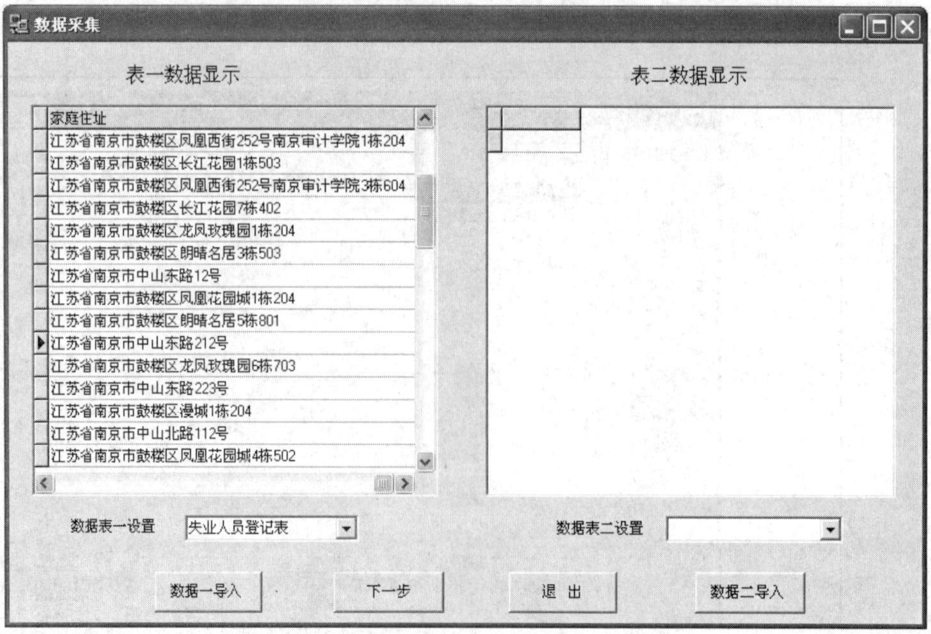

图 8-36 设置好待比较的数据表 1 后的界面

（6）同理，在图 8-33 中单击“数据二导入”命令按钮，把需要比较的第二个数据表（即“syrydjb”）采集到软件系统中来，结果如图 8-37 所示。

图 8-37　设置好待比较的两个数据表后的界面

（7）在图 8-37 中单击“下一步”命令按钮，进入“匹配参数设置”界面，如图 8-38 所示。

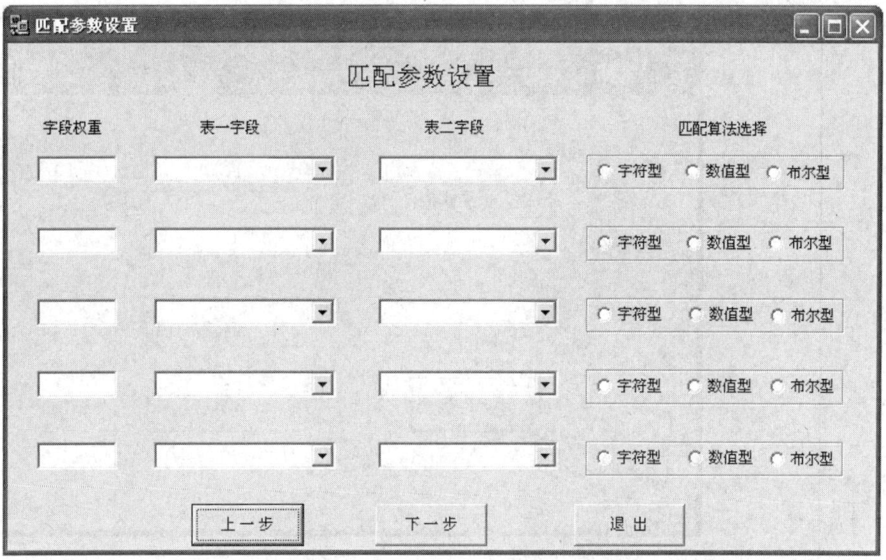

图 8-38　匹配参数设置界面

(8) 根据对审计对象的分析，设置相应的匹配参数，如图 8－39 所示。

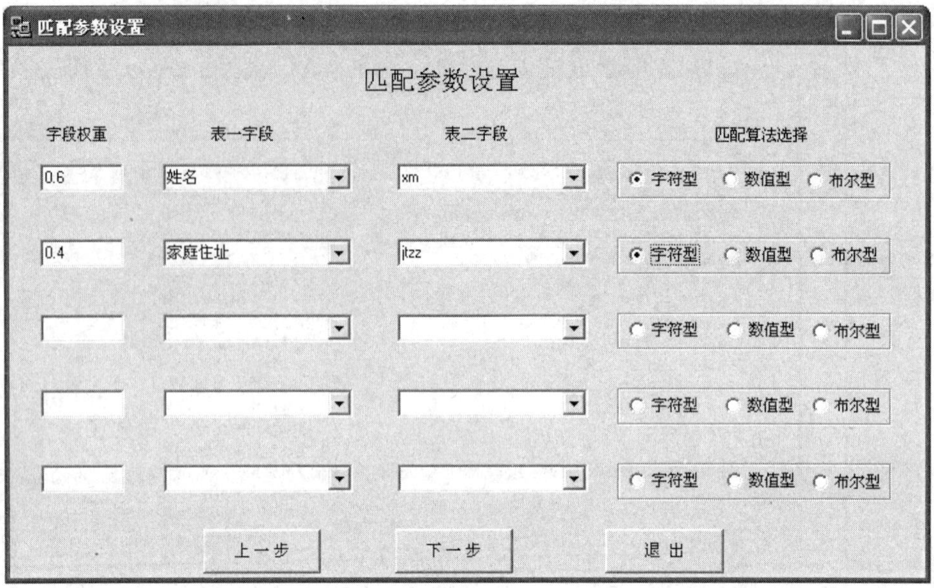

图 8－39　设置后的匹配参数设置界面

(9) 在图 8－39 的所示界面中单击“下一步”按钮，打开“记录阈值设定”界面，如图 8－40 所示。在这一步骤中，如果设定的字段权重之和不为 1，或者没有选择匹配算法，系统会给出相应的提示，只有设置正确的字段权重，才能执行下一步。

图 8－40　记录阈值设定界面

（10）在图 8－40 所示界面中设置记录阈值，如图 8－41 所示。所设置的记录阈值用来判断两个被审计数据表中要比较的两条数据记录是否相似。

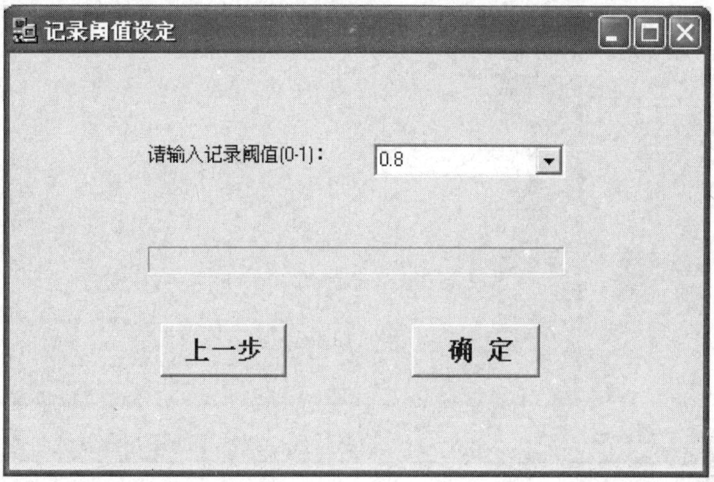

图 8－41　设置好记录阈值后的界面

（11）在图 8－41 所示界面中单击“确定”命令按钮，运行数据匹配系统，结果如图 8－42 所示。

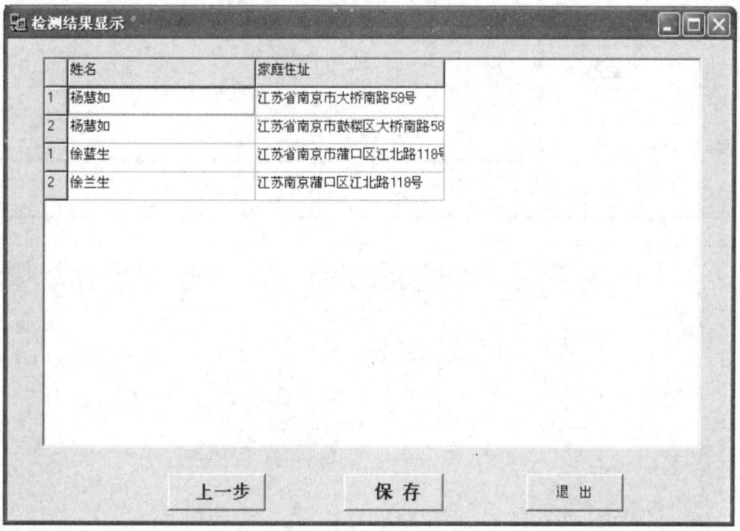

图 8－42　系统检测结果显示界面

（12）由图 8－42 可以看出，通过基于数据匹配技术的审计证据获取系统的检测，发现两对相似重复实体。可以把检测结果保存成 Access 数据库格式，如图 8－43 到图 8－48 所示。

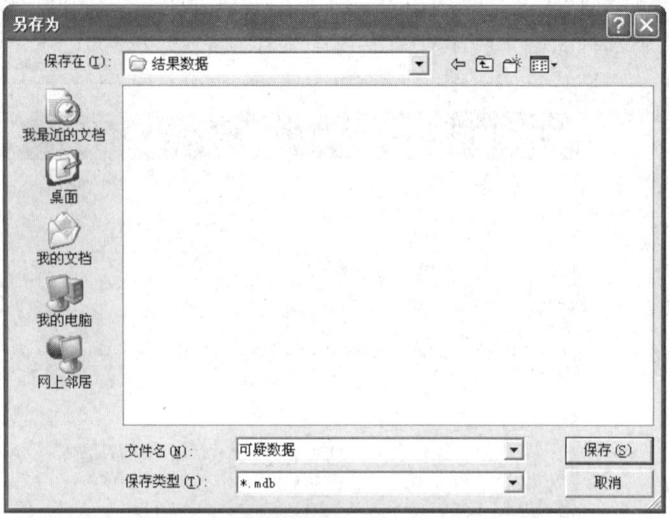

图 8-43　设置检测结果数据的保存位置及名称

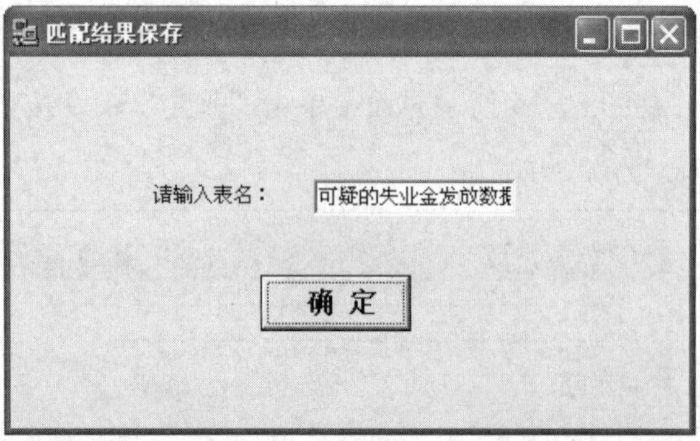

图 8-44　命名检测结果数据

图 8-45　完成检测结果数据的保存

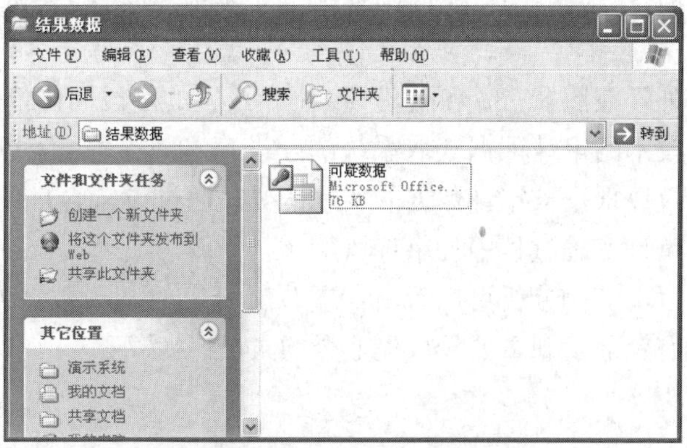

图 8-46　保存后的检测结果数据

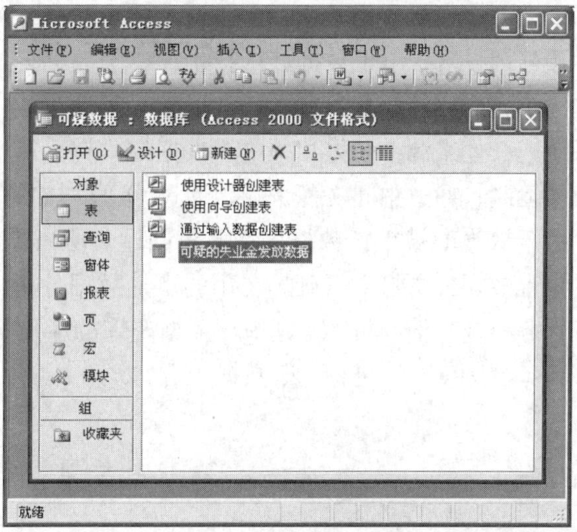

图 8-47　Access 格式数据库中的检测结果数据表

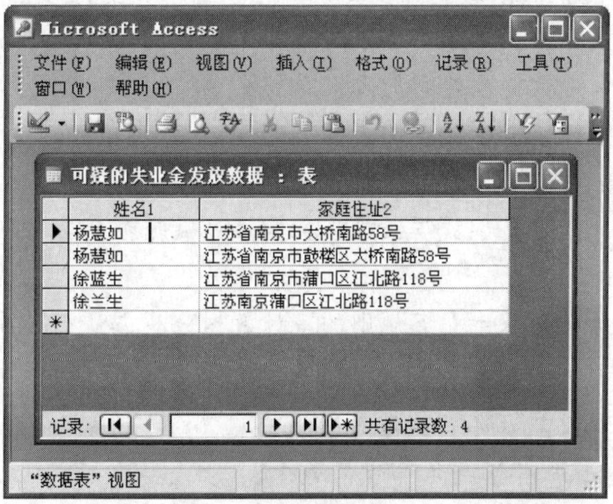

图 8-48　Access 格式数据库中的检测结果数据

(13) 对检测结果进行延伸调查，确认检测结果的正确性，最终获得审计证据。

另外，在图 8-32 和图 8-40 中，设置的字段间阈值和记录阈值决定了基于数据匹配技术的审计证据获取系统的查准率和查全率。因此，审计人员在使用该系统时，可以根据被审计数据的实际情况，通过设置合理的字段间阈值和记录阈值，来减少审计实施过程中的审计风险。

由以上实例分析可以看出：本节所研究的基于数据匹配技术的审计数据分析方法能有效地发现重复发放失业金的人员。

本章小结

本章介绍了电子数据分析的关键技术的相关内容，包括：电子数据采集技术，电子数据预处理技术，电子数据分析技术，电子数据分析案例。审计数据采集就是审计人员为了完成审计任务，在进行电子数据审计时，按照审计需要从被审计单位的信息系统或其他来源中获得相关电子数据的过程。审计人员常用的审计数据采集方法有直接复制、通过中间文件采集、通过 ODBC 接口采集、通过专用模板采集四种方式。由于采集的被审计数据存在质量问题，所以需要对这些数据进行预处理，为后续的审计数据分析打下基础。常用的审计数据分析方法包括：数据查询、审计抽样、统计分析、数值分析等，其中，数据查询的应用最为普遍。基于数据匹配技术、基于业务规则都可以进行电子数据分析。

复习思考题

1. 审计数据采集有何特点？
2. 审计数据采集的主要步骤有哪些？
3. 审计数据采集的方法有哪些？
4. 审计数据预处理的意义是什么？
5. 审计数据预处理的内容有哪些？
6. 常用的电子数据分析技术有哪些？
7. 什么是基于数据匹配技术的审计数据分析方法？其原理是什么？关键步骤有哪些？
8. 什么是基于业务规则的审计数据分析方法？其原理是什么？如何操作？有什么优缺点？
9. 如何分析税收征收数据？
10. 如何分析失业金发放数据？
11. 如何在税收征收数据分析中应用便捷 SQL 查询方法？
12. 如何基于数据匹配技术分析重复发放失业金的问题？

第9章

合规审计的审计标准

学习目标

1. 掌握适用审计标准的选择的相关内容
2. 了解法律法规分类的相关内容
3. 掌握法律法规检索的相关内容

引导案例

年末突击花钱

每到岁末年初，各级财政部门面临的一件“大事”就凸显出来——突击花钱。财政部的统计数据显示，2007年，各级政府在最后一个月花掉了近1.2万亿元，超过全年财政支出金额的1/4；2008年12月，政府的财政支出金额超过1.5万亿元，2009年为2万亿元。而2011年，按照统计数据，财政部门不得不在余下的近两个月中确定超过3.5万亿元财政资金的去向——这相当于瑞士2010年的国内生产总值。

年底突击花钱的原因很多，许多情形下是照着预算突击花钱，其中的一些钱本来是不需花的，但是预算上还有钱，不花白不花，同时，今年花得多，明年的基数就大，今年不花，明年的预算可能会减少。从本质上来说，这是花不该花、不必花的钱，是挥霍浪费。然而，由于这种花费是有预算的，是按预算要求支出的，符合《中华人民共和国预算法》，所以并不违规。

思考题：年末突击花钱对于审计依据选择有什么启示？依法审计中如何避免规则悖反？

合规审计关注特定行为是否存在偏差，也就是特定行为的实施是否符合既定标准，这里的既定标准是审计标准，也就是规范特定行为的法律法规及规章制度。本章将介绍合规审计标准的相关内容，包括两部分，一是适用审计标准的选择，二是法律法规分类及检索。

第1节　适用审计标准的选择

合规审计标准也就是违规行为判断标准，借鉴法律适用相关理论，这种判断标准的选择有三个逻辑步骤：首先是根据特定行为及其审计目标，选择拟用的审计标准；其次，将已经搞清楚的行为详态与拟用审计标准进行匹配，初步选择违规行为判定标准；最后，判断是否存在规则悖反并解决存在的规则悖反，然后确定适用的判定标准。上述逻辑步骤大致如图9-1所示。下面我们来阐述各个步骤（实线部分）。

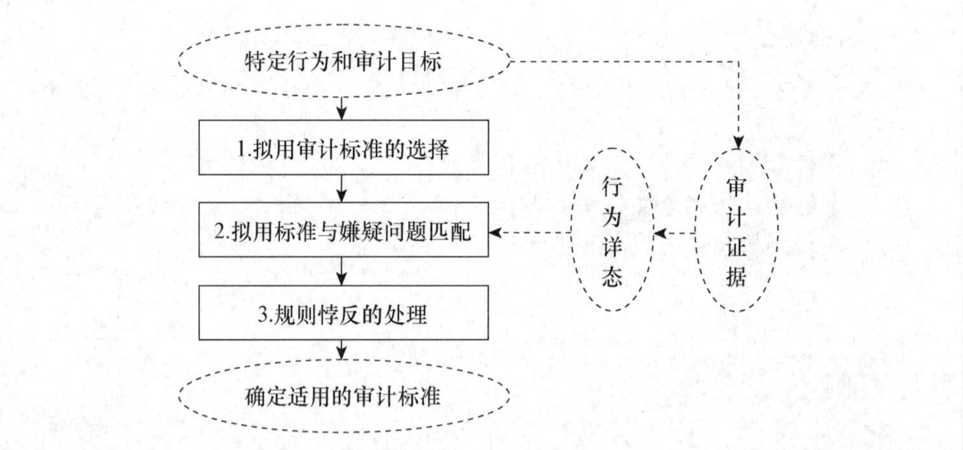

图9-1　违规行为审计标准的选择

一、拟用审计标准的选择

拟用审计标准的选择一般是在审计准备阶段进行的（当然，后续阶段也可能会根据了解到的具体情况重新考虑拟用审计标准），选择拟用审计标准的基础是特为行为及其审计目标，这里的特定行为是作为审计主题的行为，也就是本次审计所要关注的行为，它是特定单位在特定时间的特定行为。所以，特定行为有空间范围和时间范围。同时，审计目标会影响特定行为的空间范围和时间范围。一般来说，在行为合规审计中，审计总目标是行为的合规性；它还可以分解为审计具体目标，包括发生性、完整性、准确性、截止、分类、范围、标准。

由于特定行为具有特定的空间范围和时间范围，所以，需要了解被审计单位及相关情况，只有在这个基础上，才能正确地把握特定行为，进而正确地选择拟用审计标准。一般来说，审计小组调查了解被审计单位及相关情况，为做出下列职业判断提供基础：确定职业判断适用的标准；判断可能存在的问题；判断问题的重要性；确定审计应对措施。这里的“确定职业判断适用的标准”，其主要内容就是拟用审计标准。确定这种标准，需要审计小组首先了解被审计单位及相关情况。

在了解被审计单位及相关情况之后，对于特定行为有了深入的理解，在此基础上，如何选择拟用审计标准呢？主要的方法是，根据相关性、时效性和地域性原则来选择与特定行为相关的法律法规。

审计标准的相关性是指所选择的审计标准和被审计的特定行为密切相关，可用来衡量被审计的特定行为是否合法，也就是说，特定行为是该法律法规规制的范围。

审计标准的时效性是指审计标准不是永远有效的，它的效力受时间限制。从时间上看，各种审计依据都有一定的时效性，不是在任何时期、任何条件下都适用。这就要求在选择审计标准时，密切注意各种审计依据的变化，选用在被审计的特定行为发生时有效的判断依据，而不能以现行的法律法规、规章制度作为判断依据，也不能以已经过时的法律法规、规章制度作为判断依据，更不能以旧的审计标准来否定现行的特定行为，或用新的审计标准来否定过去的特定行为。

审计标准的地域性是指有的审计标准受地域限制，只在一定地区内发挥效用。各地区、各部门的实际情况和发展水平并不相同，其适用的审计依据也各不相同。在进行审计判断时，必须注意到地区差别、行业差别和单位差别。

一般来说，根据上述原则初步选择的违规行为判定标准，可能是一个标准的集合，包括相关法律法规，这些法律法规是审计客体在实施特定行为时应该遵守的法律法规，是这些特定行为的法律规范。

二、拟用标准与嫌疑问题匹配

拟用标准是在审计准备阶段初步选择的，在后续阶段可能还会继续完善。合规审计标准选择的下一个逻辑步骤是将嫌疑问题与拟用标准匹配。通过系统方法收集审计证据之后，搞清楚了行为详态，可以初步判断涉嫌违规的特定行为。对于这些涉嫌违规行为要确定其具体适用的法条，所以，需要将拟用标准与嫌疑问题进行匹配。从逻辑上来说，匹配的结果只有三种情形：不存在适用标准，存在单一适用标准，存在多个适用标准。存在单一适用标准时，就进入下一个逻辑步骤。当不存在适用标准或存在多个适用标准时，怎么处理呢？

（一）不存在适用标准

对于特定的嫌疑问题，如果不存在适用标准，根据“法无明文不为过”原则，一般不宜判定为违规行为。但是，在一些特殊情形下，审计人员可以借鉴司法领域的目的性扩张来确定适用标准。

在司法领域，目的性扩张是一种法律漏洞补充方法，是指相较于立法意旨而言，法律文义所涵盖的案型过于狭窄，以至于立法意旨不能完全贯彻，所以，应将法律适用的范围扩张到原法律文义不包括的案型。目的性扩张所要处理的案型与法律的明文规定并不相同。目的性扩张以立法意旨为判断依据，为贯彻该立法意旨而放宽法条的案型涵盖范围，使其适用范围扩大为该立法意旨所内含的案型。

对于合规审计来说，根据有些嫌疑问题的详态，如果不判定其为违规行为，可能会产生不利的后果，而且，这种嫌疑问题主要是因法律法规的漏洞而发生的，行为人具有明显的机会主义动机。此时，就可以采用目的性扩张为该嫌疑问题确定适用标准。当然，使用这种方法要慎之又慎，不得恣意为之，必须合乎立法意旨。

（二）存在多个适用标准

对于特定的嫌疑问题，如果存在多个适用法条，则审计标准选择要分为两个步骤，首先要判断法条是否属于竞合关系，如果不属于竞合关系，则按一定的规则来选择适用法条。

（1）法条之间竞合关系的判断。借鉴司法领域的法条竞合和想象竞合理论，作为违规行为判断标准的法条之间的竞合关系有两种情形，一是法条竞合，二是想象竞合。

法条竞合是指一个嫌疑问题同时符合数个法条规定的违规构成要件，但从数个法条之间的逻辑关系来看，只能适用其中一个法条的情况。只有当两个法条之间存在包容关系或者交叉关系时，才能认定为法条竞合关系。从实质上说，虽然一个嫌疑问题同时违反了数个法条，但是，只有一个违规事实，只是因为法律法规之间存在包容与交叉关系，才导致违规事实同时违反了数个法条。例如，对于A行为，如果在两个法律法规中都有规定，则实施A行为当然会同时违反这两个法律法规，但是，这并不表明有两个嫌疑问题。

如果判定法条之间属于法条竞合，凡是竞合的法条之间属于包容关系的，按特别法优于普通法原则选择法条；凡是竞合的法条之间属于交叉关系的，按重法优于轻法原则选择法条。特别法优于普通法原则将在随后内容中解释。重法优于轻法原则是指，当法条之间对嫌疑问题处罚档次的规定不同时，选择一个对该嫌疑问题处罚档次高的法条作为适用法条。

想象竞合是指一个嫌疑问题同时侵害了数个法律规范保护的法益，因而涉及数个法条的情况。从实质上来说，这些法条之间不存在包容关系或者交叉关系，只是一个嫌疑问题侵害了数个法益，这些法益是相互独立的，不存在包容关系或者交叉关系，分别由不同的法条来规范，所以，一个嫌疑问题适用多个法条。

如果判定法条之间属于想象竞合，根据“一事不再罚原则”，按从一重罪论处的原则来选择法条，也就是说，选择一个对该嫌疑问题处罚档次高的法条作为适用法条。

（2）适用标准选择的规则。对于特定的嫌疑问题，存在多个适用标准，但是经过判断又不属于法条竞合和想象竞合，根据“一事不再罚原则”，只能从多个法条中选择一个作为适用标准。一般来说，标准不一致时，审计人员应当采用权威的和公认程度高的标准。如何衡量权威性和公认程度呢？借鉴法律适用原则，选择适用标准的规则包括：上位法优于下位法，特别法优于一般法，后法优于前法。

上位法优于下位法是指有多个适用法条时，优先选择法律位阶高的法条。具体来说，中央立法优于地方立法；同级权力机关的立法高于同级行政机关的立法；同类型的立法根据其立法主体的地位确立法律位阶关系；权力机关及其组成的常设机构之间，权力机关制定的法规性文件的效力等级高于其常设机构制定的法规性文件。

特别法优于一般法是指同一机关制定的法律、行政法规、地方性法规、自治条例和单行条例、规章，特别规定与一般规定不一致的，适用特别规定。这里的一般规定是指对一般人、一般事项、一般时间、一般空间范围有效的法律法规，特别规定是指对特定的人、特定事项有效或在特定区域、特定时间有效的法律法规。

后法优于前法也称新法优于旧法，是指同一机关制定的法律、行政法规、地方性法规、自治条例和单行条例、规章，后法与前法对同一事项有不同规定时，后法的效力优于前法。

三、规则悖反的处理

经过上述步骤对拟用标准与嫌疑问题进行匹配之后，对特定的嫌疑问题初步确定了适用标准，然而，采用这个标准还需要判断适用法条是否存在规则悖反。

法律适用中的“规则悖反”是指规则的适用结果有悖于规则设立的目的，或极不公正以至于让人无法接受。规则悖反的出现，一方面是由于法律法规的不完满性，无论立法者如何殚精竭虑、审慎仔细地履行其立法职能，都难以保证其制定的规则完满，规则悖反是法律法规不完满性的具体表象之一。另一方面是由于法律适用者对法条背后的规范意图的忽视或把握不准，以至于机械地使用法条，导致处理结果与道义、理性相抵触。

一般来说，对于存在规则悖反的法条，要采用目的性限缩的方法来处理。目的性限缩是一种法律漏洞补充方法，是指基于法律法规规定的立法意旨，将依法律文义被涵盖的嫌疑问题排除在适用范围外。目的性限缩能在一定程度上解决“合理不合法”的问题。

总体来说，经过上述三个逻辑步骤，对于特定的嫌疑问题就确定了适用的审计标准。

第 2 节　法律法规的分类及检索

法律法规是合规审计标准的重要内容，那么，有哪些法律法规？如何找到这些法律法规？本节将介绍这方面的内容。

一、法律法规的分类

法律体系是指一个国家全部现行法律法规分类组合为不同的法律部门而形成的有机联系的统一整体。在我国现行的法律体系下，法律法规呈现出多层次的立体式结构。根据不同的划分标准，我国法律法规有多种分类方式，主要的分类有两种，一是依效力层级来分类，二是依调整的法律关系来分类。

（一）依效力层级分类

根据法律效力层级和制定主体的不同，即按法的形式体系区分，我国的法律法规主要分为以下几种：宪法，法律，法律解释，行政法规，地方性法规，自治法规和行政规章等。

1. 宪法

宪法既是法的形式概念，也是法的体系概念。作为法的形式，宪法是国家最高权力机关经由特殊程序制定和修改的，综合性地规定国家、社会和公民生活的根本事项，具有最高的法的效力。

宪法在法的形式体系中居于最高的、核心的地位，是一级大法或根本大法。只有国家最高权力机关——全国人民代表大会才能行使制定和修改宪法的权力。宪法应当由全国人大代表的三分之二以上多数通过，宪法的修改应由全国人大常委会或五分之一以上的全国人大代表提议。宪法规定和调整的内容比其他法更重要、更系统，它综合性地规定和调整国家性质、社会经济和政治制度、国家政权的总任务、公民基本权利和义务、国家机构等。宪法是其他法的立法依据或基础，其他法的内容或精神应符合或不得违背宪法的规定或精神，否则无效。

2. 法律

这里的法律是指作为当代中国法的形式的法律，不是各种法的总称。法律是由全国人大及其常委会依据法定职权和程序制定和修改的，规定和调整国家、社会和公民生活中某一方面带有根本性的社会关系或基本问题的一种法。法律的地位和效力仅次于宪法而高于其他法规，是法的形式体系中的二级大法。法律是行政法规和地方性法规的立法依据或基础，后两者不得与它相抵触，否则无效。

法律分为基本法律和基本法律以外的法律，两种法律具有同等效力。基本法律由全国人民代表大会制定和修改，在全国人大闭会期间，全国人大常委会有权对其进行部分补充和修改，但不得同其基本原则相抵触。基本法律规定国家、社会和公民生活中具有重大意义的基本问题，包括《刑法》《民法总则》《民法通则》《合同法》《物权法》《刑事诉讼法》《中外合作经营企业法》《慈善法》《预算法》《行政处罚法》等。

基本法律以外的法律由全国人大常委会制定和修改，规定基本法律调整范围以外的国家、社会和公民生活中某一方面的基本问题，其调整面相对较窄，内容较为具体，包括《审计法》《商标法》《文物保护法》《红十字会法》《气象法》《对外贸易法》《网络安全法》《旅游法》《民办教育促进法》《档案法》等。

法律一般情况下都称为“某某法”，同时，全国人民代表大会及其常务委员会还有权就有关问题做出规范性决议或决定，它们与法律具有同等地位和效力。例如 1990 年通过的《全国人民代表大会关于设立香港特别行政区的决定（草案）》，1993 年通过的《全国人民代表大会关于澳门特别行政区第一届政府、立法会和司法机关产生办法的决定》，1988 年通过的《全国人民代表大会关于建立海南经济特区的决议》，2008 年通过的《十一届全国人大一次会议关于国务院机构改革方案的决定》，等等。

3. 法律解释

法律解释是指一定的解释主体根据法定权限和程序，按照一定的标准和原则，对法律的含义及法律所使用的概念、术语等进行进一步说明的活动。法律解释根据解释主体的不同可以进一步分为立法解释、司法解释和行政解释三种。

立法解释指国家立法机关即全国人民代表大会常务委员会对法律所做的解释，立法解释同法律具有同等效力，包括《全国人民代表大会关于〈中华人民共和国香港特别行政区基本法〉的决定》《全国人民代表大会常务委员会关于加强对法律实施情况检查监督的若干规定》《全国人民代表大会常务委员会关于〈中华人民共和国民法通则〉第九十九条第一款、〈中华人民共和国婚姻法〉第二十二条的解释》《全国人民代表大会常务委员会关于〈中华人民共和国刑法〉有关信用卡规定的解释》等。

司法解释是指国家最高司法机关即最高人民法院和最高人民检察院在适用法律、法规的过程中，对如何具体应用法律、法规的问题所做的具有普遍司法效力的解释，在法律效力上低于法律和立法解释，包括《最高人民法院关于国家赔偿监督程序若干问题的规定》《最高人民法院关于执行案件移送破产审查若干问题的指导意见》《最高人民法院关于审理非法行医刑事案件具体应用法律若干问题的解释》《关于全面履行检察职能为推进健康中国建设提供有力司法保障的意见》《最高人民检察院关于进一步加强未成年人刑事检察工作的通知》《最高人民法院　最高人民检察院关于民事执行活动法律监督若干问题的规定》等。

行政解释是指国家行政机关在依法行使职权时，对有关法律、法规如何具体应用所做的解释。它包括行政机关对上级国家机关制定的法律、法规如何具体运用所做的解释，还包括行政机关对自己制定的行政法规、规章的含义和适用范围所做的解释。在我国，为了便于工作上配合，有时司法机关与行政机关会联合对法律应用中的共同问题进行解释。这种解释兼具司法解释和行政解释的性质，被视为具有普遍约束力的法律文件，包括《最高人民法院　最高人民检察院　公安部关于办理电信网络诈骗等刑事案件适用法律若干问题的意见》《人民检察院、保密行政管理部门查办泄密案件若干问题的规定》《环境保护行政执法与刑事司法衔接工作办法》《最高人民法院　最高人民检察院　公安部　国家安全部　司法部关于推进以审判为中心的刑事诉讼制度改革的意见》等。

4. 行政法规

行政法规是由最高国家行政机关——国务院依法制定和修改的，有关行政管理和管理行政两方面事项的规范性法律文件的总称。

行政法规的基本特征在于：第一，它在法的形式体系中处于低于宪法、法律而高于地方性法规的地位。行政法规应依据宪法、法律制定，不得与宪法、法律相抵触；地方性法规不得与行政法规相抵触，否则无效。第二，它在法的形式体系中具有纽带作用。其目的是保证宪法和法律的实施。有了行政法规，宪法和法律的原则和精神便能具体化，能更为有效地实现。地方性法规的制定不得与行政法规相抵触，这进一步保证了宪法、法律得以实施。第三，它调整的社会关系和规定的事项，远比宪法、法律调整的社会关系和规定的事项广泛、具体。经济、政治、教育、科学、文化、体育以及其他方面的社会关系和事项，只要不具有根本性或一定要由宪法、法律调整，行政法规都可调整。

行政法规一般称为“某某条例”、“某某规定”或是“某某实施细则”，包括《医疗器械监督管理条例》《注册消防工程师管理规定》《审计法实施条例》《台湾同胞投资保护法实施细则》《税收征收管理法实施细则》《价格违法行为行政处罚规定》等。

5. 地方性法规

地方性法规是由特定地方国家机关依法制定和发布，效力不超出本行政区域范围，作为地方司法依据之一，在法的形式体系中具有基础作用的规范性法律文件的总称。地方性法规是低于宪法、法律、行政法规但又具有不可或缺作用的基础法的形式。

地方性法规的基本特征在于：立法主体只能是地方国家机关，任务是解决地方问题；地方上有更多的关系需要处理，比中央立法更复杂、具体；具有从属和自主两重性；城市地方性法规在整个地方性法规中逐渐占据重要位置。地方性法规的作用主要有：使宪法、法律、行政法规和国家大政方针得以有效实施；解决中央法律、法规不能独立解决或暂时不宜由中央解决的问题；自主地解决应由地方性法规解决的各种问题。

现阶段，省、自治区、直辖市、较大市的人大及其常委会，根据本地的具体情况和实际需要，在不与宪法、法律、行政法规相抵触的前提下，可制定地方性法规。全国人大常委会有权撤销同宪法、法律、行政法规相抵触的地方性法规。

地方性法规大部分称作“某某条例”，有的是法律在地方的实施细则，有的是具有法律属性的文件，如“某某决议”或“某某决定”等。地方性法规的开头多冠以地方名称，以江苏省内地方性法规为例，有《江苏省文物保护条例》《江苏省实施〈中华人民共和国人民防空法〉办法》《江苏省内河交通管理条例》《江苏省预防未成年人犯罪条例》《江苏省各级人民代表大会选举实施细则》《江苏省实施宪法宣誓制度办法》《江苏省人民代表大会常务委员会关于促进全民阅读的决定》《南京市政府投资建设项目审计监督条例》《宿迁市制定地方性法规条例》《苏州市实施〈中华人民共和国文物保护法〉办法》等。

6. 自治法规

自治法规是民族自治地方的权力机关所制定的特殊地方规范性法律文件，即自治条例和单行条例的总称。自治条例是民族自治地方根据自治权制定的综合的规范性法律文件；单行条例则是根据自治权制定的调整某一方面事项的规范性法律文件。

各级民族自治地方的人民代表大会都有权依照当地民族的政治、经济和文化特点制定自治条例和单行条例。自治区的自治条例和单行条例报全国人大常委会批准后生效；自治州、自治县的自治条例和单行条例，报省或自治区人大常委会批准后生效，并报全国人大常委会备案。自治条例和单行条例同地方性法规在立法依据、程序、层次、构成方面均有区别。自治条例和单行条例可以作为民族自治地方的司法依据。

自治条例在名称上一般采用“地方名＋自治条例”的形式，包括《彭水苗族土家族自治县自治条例》《富川瑶族自治县自治条例》《河北省大厂回族自治县自治条例》《甘肃省临夏回族自治州自治条例》《黔东南苗族侗族自治州自治条例》《大理白族自治州自治条例》等。

单行条例在名称上一般采用“地方名＋具体事项＋条例”的形式，包括《延边朝鲜族自治州天然矿泉水水源环境保护条例》《凉山彝族自治州实施〈四川省人口与计划生育条例〉的补充规定》《巴音郭楞蒙古自治州语言文字管理条例》《湘西土家族苗族自治州环境保护若干规定》《德宏傣族景颇族自治州边境经济贸易管理条例（试行）》等。

7. 行政规章

行政规章是有关行政机关依法制定的事关行政管理的规范性法律文件的总称，分为部门规章和政府规章两种。部门规章是国务院所属部委根据法律和国务院行政法规、决定、命令，在本部门的权限内所发布的各种行政性的规范性法律文件，也称部委规章。国务院所属的具有行政职能的直属机构发布的具有行政职能的规范性法律文件，也属于部门规章的范围。部门规章的地位低于宪法、法律、行政法规，不得同它们相抵触。

部门规章可以由某一个国务院所属部委单独发布，也可以由几个部门联合发布，包括审计署发布的《中华人民共和国国家审计准则》，商务部发布的《汽车销售管理办法》，国家旅游局、公安部、国务院台湾事务办公室联合发布的《大陆居民赴台湾地区旅游管理办法》，教育部发布的《普通高等学校学生管理规定》，中国人民银行、工业和信息化部、公安部、财政部、国家工商总局、国务院法制办、中国银行业监督管理委员会、中国证券监督管理委员会、中国保险监督管理委员会、国家互联网信息办公室联合发布的《关于促进互联网金融健康发展的指导意见》等。

政府规章是有权制定地方性法规的地方人民政府根据法律、行政法规制定的规范性法律文件，也称为地方政府规章。政府规章除不得同宪法、法律、行政法规相抵触外，还不得同上级和同级地方性法规相抵触。

地方政府规章在名称上与地方性法规较为类似，采用“地名＋具体事项＋办法/规定”的形式，以江苏省内地方政府规章为例，包括《苏州市地下管线管理办法》《南通市人民政府重大行政决策程序规定》《南京市城市地下综合管廊管理暂行办法》《江苏省内河水上游览经营活动安全管理办法》《江苏省气象设施和气象探测环境保护办法》等。

8. 国际条约

国际条约是指两个或两个以上国家或国际组织之间缔结的，确定相互关系中权利和义务的各种协议，不仅包括以条约为名称的协议，也包括国际法主体间形成的宪章、公约、盟约、规约、专约、协定、议定书、换文、公报、联合宣言、最后决议书等。

国际条约属国际法范畴，对缔结或加入条约的国家的国家机关、公职人员、社会组织和公民也有约束力。在这个意义上，国际条约也是该国的一种法的形式，与国内法具有同等约束力。随着中国对外开放的发展，同别国缔结的条约和加入的条约日渐增多。这些条约也是中国一种法的形式和重要的司法依据，包括《中华人民共和国和意大利共和国引渡条约》《中华人民共和国和秘鲁共和国关于民事和商事司法协助的条约》《中英气候变化联合声明》《上海合作组织宪章》《中华人民共和国和吉尔吉斯共和国关于进一步深化战略伙伴关系的联合宣言》《中华人民共和国和沙特阿拉伯王国联合公报》《中华人民共和国政府和缅甸联邦政府关于免除缅甸联邦政府部分债务的议定书》等。

9. 其他法的形式

除上述法的形式外，在中国还有这样几种成文法的形式：一是中央军事委员会制定的军事法规和军内有关方面制定的军事规章，包括《军人保险法》《国防动员法》《人民武装警察法》《预备役军官法》《武器装备质量管理条例》《军队参加抢险救灾条例》《军队文职人员管理规定》《深入持久培育当代革命军人核心价值观实施意见》等。二是在“一国两制”条件下特别行政区的规范性法律文件，包括香港特别行政区的《公共财政条例》《信托基金管理规则》《公司条例》《证券及期货条例》《雇佣条例》等，以及澳门特别行政区的《文化遗产保护法》《房地产中介业务法》《司法援助的一般制度》《商业登记法典》等。三是有关机关授权别的机关所制定的规范性法律文件。经济特区的规范性法律文件，如果是根据宪法、立法法和地方组织法规定的权限制定的，属于地方性法规；如果是根据立法机关的授权制定的，则属于根据授权制定的规范性法律文件的范畴。例如，厦门市人民代表大会及其常务委员会和厦门市政府依据 1994 年 3 月第八届全国人大二次会议通过的《全国人民代表大会关于授权厦门市人民代表大会及其常务委员会和厦门市人民政府分别制定法规和规章在厦门经济特区实施的决定》所制定的法规和规章，再如汕头、珠海两市人民代表大会及其常务委员会和政府依据 1996 年 3 月第 8 届全国人大四次会议通过的《关于授权汕头市和珠海市人民代表大会及其常务委员会、人民政府分别制定法规和规章在各自的经济特区实施的决定》所制定的法规和规章等。

（二）依调整的法律关系分类

根据法律法规性质的不同，调整社会关系的领域和方法的不同，即按法律部门区分，我国的法律法规主要分为以下几种：宪法及宪法相关法、民商法、行政法、经济法、社会法、刑法、程序法等。这些法律部门中又包括若干个子部门，有些子部门还可以进一步划分。

1. 宪法及宪法相关法

在中国特色社会主义法律体系中，宪法是根本大法，是国家活动的总章程，同时也是我国整个法律体系的基石。宪法及宪法相关法是我国法律体系的主导法律部门，它是我国社会制度、国家制度、公民的基本权利和义务及国家机关的组织与活动的原则等方面法律法规的总和。它规定国家和社会生活的根本问题，不仅反映了我国社会主义法律的本质和基本原则，而且确立了各项法律的基本原则，最基本的规范都体现在宪法中。它还包括国家机构的组织和行为方面的法律，民族区域自治方面的法律，特别行政区方面的基本法律，保障和规范公民政治权利方面的法律，以及有关国家领域、国家主权、国家象征、国籍等方面的法律。

在宪法及宪法相关法这一占主导地位的法律部门中，现行的主要法律法规是1982年通过的《中华人民共和国宪法》，以及1988年、1993年、1999年、2004年、2018年五次修宪通过的修正案。

除此之外，宪法相关法还包括一些宪法性法律法规，包括：

（1）国家机构方面的法律，主要有《全国人民代表大会组织法》《国务院组织法》《地方各级人民代表大会和地方各级人民政府组织法》《人民法院组织法》《人民检察院组织法》等。

（2）民族区域自治方面的法律，主要有《民族区域自治法》。

（3）特别行政区基本法，主要有《香港特别行政区基本法》《澳门特别行政区基本法》。

（4）立法方面的法律，主要有《立法法》。

（5）保障公民民主权利、扩大基层民主方面的法律，主要有《全国人民代表大会和地方各级人民代表大会选举法》《全国人民代表大会和地方各级人民代表大会代表法》《村民委员会组织法》《城市居民委员会组织法》等。

（6）涉及国家领域、国家主权、国家象征、国籍及公民的有关政治权利等方面的法律，主要有《领海和毗连区法》《专属经济区和大陆架法》《国旗法》《国徽法》《国籍法》，以及《集会游行示威法》《戒严法》《反分裂国家法》等。

2. 民商法

民商法是规范社会民商事活动的基础性法律。我国采取的是民商合一的立法模式。民法是指调整作为平等主体的公民与公民之间、法人与法人之间、公民与法人之间的财产关系和调整公民人身关系的法律规范的总和。世界上大多数国家以一部完整的民法典作为民法法律部门的轴心法律规范，我国的民法典目前还在立法过程中，2017 年出台了作为民法典重要组成部分的《民法总则》，它与 1986 年通过的《民法通则》一起作为民法领域的基本法律规范，辅之以其他一些单行民事法律，包括《合同法》《物权法》《侵权责任法》《婚姻法》《继承法》《担保法》《著作权法》等。民法的调整方法主要是自愿、平等、合意、等价、公平和诚实信用等。

商法是民法中的一个特殊组成部分，是在民法基本原则的基础上，适应现代商事交易迅速便捷的需要发展起来的。商法是调整公民、法人之间的商事关系和商事行为的法律规范的总和。商法和民法在调整对象上比较接近，例如都涉及调整平等主体之间的经济关系，区别在于民法是调整平等主体之间民事财产关系和民事人身关系，而商法则主要调整平等主体之间商事关系和商事行为。这一法律部门是我国实行市场经济体制之后才开始被承认和逐渐发展的一个新兴的法律部门。目前我国有关商法的法律规范主要有《公司法》《保险法》《票据法》《信托法》《证券法》《海商法》《企业破产法》等。

3. 行政法

行政法是调整有关国家行政管理活动的法律规范的总和。它包括有关行政管理主体、行政行为、行政程序、行政监察与监督以及国家公务员制度等方面的法律规范。行政法涉及的范围很广，包括国防、外交、人事、民政、公安、国家安全、民族、宗教、侨务、教育、科学技术、文化体育卫生、城市建设、环境保护等几乎所有涉及行政管理方面的法律。

我国已制定的行政法领域的法律有：

（1）在一般行政管理方面，制定了《行政处罚法》《行政复议法》《行政许可法》《行政强制法》《国家监察法》等。

（2）在国防、外交方面，制定了《国防法》《兵役法》《预备役军官法》《军事设施保护法》《人民防空法》《外交特权与豁免条例》《领事特权与豁免条例》等。

（3）在公安、国家安全方面，制定了《人民警察法》《公民出境入境管理法》《外国人入境出境管理法》《治安管理处罚法》《国家安全法》《保守国家秘密法》等。

（4）在教育、科技、文化、卫生、体育等方面，制定了《教育法》《义务教育法》《高等教育法》《教师法》《科学技术进步法》《国家通用语言文字法》《促进科技成果转化法》《农业技术推广法》《文物保护法》《传染病防治法》《执业医师法》《体育法》《人口与计划生育法》等。

（5）在司法行政方面，制定了《律师法》《公证法》《监狱法》。

（6）在环境保护方面，制定了《环境保护法》《海洋环境保护法》《大气污染防治法》《环境噪声污染防治法》《防沙治沙法》《固体废物污染环境防治法》等。

4. 经济法

经济法是调整国家从社会整体利益出发对经济活动实行干预、管理或调控所产生的社会经济关系的法律规范的总和。经济法主要包括两个部分：一是创造平等竞争环境、维护市场秩序方面的法律，主要是反垄断、反不正当竞争、反倾销和反补贴等方面的法律；二是国家宏观调控和经济管理方面的法律，主要是财政、税务、金融、审计、统计、物价、技术监督、工商管理等方面的法律。

我国现已制定的经济法方面的法律有：

（1）在加强宏观调控方面，制定了《预算法》《审计法》《会计法》《中国人民银行法》《价格法》《税收征收管理法》《个人所得税法》《证券法》等。

（2）在规范市场秩序和竞争规则方面，制定了《反不正当竞争法》《消费者权益保护法》《产品质量法》《广告法》《药品管理法》《招标投标法》等。

（3）在扩大对外开放、促进对外经济贸易的发展方面，制定了《中外合资经营企业法》《中外合作经营企业法》《外资企业法》《对外贸易法》等。

（4）在促进重点产业的振兴和发展方面，制定了《农业法》《渔业法》《畜牧法》《种子法》《铁路法》《民用航空法》《公路法》《煤炭法》《建筑法》《电力法》《城市房地产管理法》等。

（5）在自然资源的保护和合理利用方面，制定了《森林法》《草原法》《水法》《矿产资源法》《土地管理法》《野生动物保护法》等。

（6）此外，还制定了作为国民经济发展的基础制度的《标准化法》《计量法》《统计法》《测绘法》等。

5. 社会法

社会法是调整有关劳动关系、社会保障和社会福利关系的法律规范的总和，主要是保障劳动者、失业者、丧失劳动能力的人和其他需要扶助的人的权益的法律。社会法的目的在于从社会整体利益出发，对上述各种人的权益提供必需的、切实的保障。它包括劳动用工、工资福利、职业安全卫生、社会保险、社会救济、特殊保障等方面的法律。我国已制定的社会法有《劳动法》《社会保险法》《劳动合同法》《安全生产法》《残疾人保障法》《未成年人保护法》《预防未成年人犯罪法》《妇女权益保障法》《老年人权益保障法》《工会法》《红十字会法》《公益事业捐赠法》等。

6. 刑法

刑法是规定犯罪、刑事责任和刑事处罚的法律规范的总和。刑法所调整的是因犯罪而产生的社会关系。刑法所采用的调整方法是最严厉的一种法律制裁方法，在个人或单位的行为严重危害社会、触犯刑事法律的情况下，给予其刑事处罚。刑法执行着保护社会和保卫人民的功能，承担惩治各种刑事犯罪，维护社会正常秩序，保护国家利益、集体利益以及公民各项合法权益的重要任务。

我国目前的刑法法律部门主要是以 1997 年 3 月 14 日修订的《中华人民共和国刑法》为轴心的法律规范，还有此后的 9 个刑法修正案，以及《全国人民代表大会常务委员会关于惩治骗购外汇、逃汇和非法买卖外汇犯罪的决定》等单行刑法。

7. 程序法

程序法包括诉讼法与非诉讼程序法，与前面六种类别的法律法规解决的是法律实体问题，属于实体法不同，程序法是调整因诉讼活动和非诉讼活动而产生的社会关系的法律规范的总和，解决的是法律程序问题。它包括民事诉讼、刑事诉讼、行政诉讼和仲裁等方面的法律。程序法不仅是实体法的实现形式和内部生命力的表现，而且是人民权利实现的最重要保障，其目的在于保证实体法的公正实施。我国目前的诉讼与非诉讼程序法主要有《刑事诉讼法》《民事诉讼法》《行政诉讼法》《海事诉讼特别程序法》《仲裁法》《引渡法》等。

二、法律法规的检索

随着科学技术的进步，法律法规的检索手段从传统单一的翻阅纸质法典发展到包括纸质法典、电脑应用程序、手机应用程序、互联网等在内的多种方式，检索者可以根据自身的现实情况自由选择检索方式。

（一）通过纸质法典检索

作为最传统的检索方式，纸质法律法规仍旧在很大的范围内适用。法律工作者或者是法律法规的检索者可以通过在书店购买或是到图书馆借阅法律手册的方式达到检索相关法律法规的目的。在纸质版的法律法规中，常见的形式有两种，其中一种是各种常用法律法规的合编，即在一本书中包含工作和生活中使用较为频繁的绝大多数法律法规。这种法律法规合编形式最大的优点在于覆盖面广，方便需要同时检索不同部门法或者在某一领域内对于不同层级的各种法律法规有全面了解的使用者。例如法律出版社的《学生常用法律手册》《公民常用法律手册》《新编中华人民共和国法律法规全书》，经济科学出版社的《政府采购法律法规工作手册》，中国法制出版社的《宅基地纠纷实用法律手册》《中华人民共和国常用法律、法规、规章、司法解释大全》等。

另一种形式是各个法律法规的单行本，这样的单行本由于只包括一部法律法规，因此普遍较薄，便于携带，且字号通常较大，内容也非常简洁，更适合针对性和目的性较强、只需要单纯检索法律条文的人员。在单行本的法律法规中，有的只有法条本身，有的还附带了立法草案说明或注释等。例如法律出版社的《中华人民共和国民法总则（附草案说明）》《中华人民共和国刑法（注释本）》，中国法制出版社的《中华人民共和国宪法》等。

总体而言，纸质版的法律法规发行较多且覆盖面较广的出版社主要是法律出版社和中国法制出版社，法律工作者可以根据自己的需求通过书店购买、图书馆借阅等方式实现法律法规的检索。

（二）通过电脑应用程序检索

个人电脑在我国已经非常普及，通过电脑应用程序检索法律法规与纸质法典检索相比更为便捷，同时有节省空间的优势。例如由国内某律师事务所制作的《常用法律法规手册》电子书，内含1 400多部常用的法律法规，只有15M。此外，电脑应用程序还具有直接转换文本打印、全文检索、收藏夹等多种功能，可以满足不同个人的使用偏好。诸如《中国法律法规大全（电子版）》《东方法律宝典V2016正式版》《中国财经法规》等电脑软件在功能上均较为类似但又各具特色，检索者可以通过网络下载或是购买光盘安装使用这些电脑应用程序，以达到检索法律法规的目的。

（三）通过手机应用程序检索

随着科技的进步，只具有打电话、发短信功能的传统手机逐渐被淘汰，具备更多使用功能的智能手机占据了主导地位。通过智能手机可以下载各种手机应用程序，实现随时通过手机使用的目的。与通过电脑应用程序检索法律法规相比，使用手机应用程序进行检索具有占据空间更小、更为便捷的优势，检索者可以随时查找。除此之外，通过手机应用程序检索法律法规最大的优势在于，可以通过网络实时更新软件数据库中的内容。由于我国的立法、司法解释等活动较为频繁，对法律法规的及时更新提出了一定的要求，如果不能实时更新，很可能造成使用人员检索的法律法规已经被修改或者废止，对实际工作产生负面的影响。而手机应用程序通过网络可以及时更新，保证数据库时刻处于最新的状态。当然，软件是否更新，更新到何种程度，主要取决于该应用软件的开发公司。例如某手机应用程序开发公司所做的《法律图书馆》《中国法律》等手机应用程序，可以实现电脑应用软件绝大多数的功能。检索者可以通过手机应用商城等第三方软件平台下载自己需要的法律法规手机应用程序，其中部分免费使用，而另一部分具有更为专业性功能的软件消费者付费后可以下载使用。

（四）通过互联网在线检索

互联网时代，人们使用网络极其方便。与通过手机应用程序检索需要依托软件开发公司对软件的更新、通过电脑应用程序检索需要依靠电脑设备等情况相比，通过互联网在线检索法律法规在实时性、准确性和便利性上更有优势，是目前法律工作者最为常用的法律法规检索方式。检索者可以根据自身需要通过搜索引擎、政府官方网站、第三方专业网站等渠道在个人电脑、平板电脑、智能手机等多种网络用户终端检索法律法规。

对于只需要知道法条内容，且知道所要检索法律法规名称的检索者而言，可以通过在搜索引擎中输入法律法规名称来达到检索的目的。例如，利用著名的搜索引擎百度（www.baidu.com）、必应（cn.bing.com）等，可以直接搜索到需要检索的法律法规。

对于对法律法规的出台及其立法背景需要有较为全面的了解，对法律法规的权威性有一定的要求或者对所检索的法律法规在我国法律体系中处于何种地位有一些延伸检索要求的使用者而言，可以通过政府官方网站对法律法规进行检索。在各级权力机关、司法机关和行政机关的官方网站上均有法律法规这一子栏目可供社会公众阅览、查找法律法规。例如全国人民代表大会的官方网站中国人大网（www.npc.gov.cn）首页中的法律法规库，国务院法制办公室的官方网站中国政府法制信息网（www. chinalaw. gov. cn）首页中的法律法规库，最高人民法院的官方网站（www. court. gov. cn）子目录权威发布板块中的司法解释等。检索者可以在各权力机关、行政机关和司法机关的官方网站上查找到最权威、实时的法律文件。

如果检索者对法律法规的检索要求较高，除了要知道法条内容外，还需要知道立法背景、历次草案说明、法条解析或者相关法条适用的真实案例，那么可以通过具有高度专业性的法律门户网站来完成检索任务。国内目前已有不少非常专业的法律网站，虽然使用者众多且各具特色，但法律法规的检索差异性不大。例如北京法意科技有限公司建设运营的北大法意网（www. lawyee. com），在其中的法律资源子网站下，对法律法规的搜索提供了快速检索和高级检索等多种模式，还提供了层级、主题、专题和法域等多种方式的检索引导，供检索者根据自身实际情况和需求选择。此外，北京北大英华科技有限公司和北京大学法制信息中心建设运营的北大法宝网（www. pkulaw. cn）、汤森路透法律信息集团建设的万律网（www. westlawchina. com）等，均提供了专业性极强的法律法规检索服务，同时与自身网站的特点相结合，形成了具有特色的个性化偏向，供具有不同检索需求的人群自由选择。

本章小结

本章介绍了合规审计标准的选择、法律法规的分类及检索。合规审计关注特定行为的实施是否符合既定标准，这里的既定标准就是审计标准。合规审计标准的选择有三个逻辑步骤，首先是根据特定行为及其审计目标，选择拟用的审计标准；其次，将已经搞清楚的行为详态与拟用审计标准进行匹配，初步选择违规行为判定标准；最后，判断是否存在规则悖反并解决存在的规则悖反，然后确定适用的判定标准。根据法律效力层级和制定主体的不同，法律法规主要分为以下几种：宪法，法律，法律解释，行政法规，地方性法规，自治法规和行政规章等。依调整的法律关系的不同，法律法规主要分为以下几种：宪法及宪法相关法、民商法、行政法、经济法、社会法、刑法、程序法等。法律法规的检索路径包括纸质法典、电脑应用程序、手机应用程序、互联网等。

复习思考题

1. 适用审计标准的选择要经过哪些步骤？
2. 如何得到拟用审计标准？
3. 拟用审计标准与嫌疑问题匹配可能出现哪些情形？各种情形下应该如何处理？

4. 如何处理规则悖反？
5. 如何依据法律效力层级和制定主体对法律进行分类？
6. 如何依据调整的法律关系对法律进行分类？
7. 法律法规的检索路径有哪些？各种路径如何检索？

第10章

员工舞弊行为审计

学习目标

1. 掌握员工舞弊的概念、种类、特征、路径的相关内容
2. 掌握员工舞弊的理论的相关内容
3. 掌握员工舞弊预警审计技术的相关内容
4. 掌握员工舞弊侦察审计技术的相关内容

引导案例

万达集团内部防腐之道　审计是王健林唯一直管的部门

万达身处腐败高发行业，项目分布于上百个城市，动用资金多、管理链条长，从上到下各级管理人员都可能经受不住利益诱惑铤而走险。

但是，靠着万达完备的管控制度和超强的防腐败高招，很多人看到钱摆摆手，一些人伸出半截的手缩回来了，极个别伸出去的手被“砍断”了。这究竟是一些怎样的高招呢？

首先，高薪养廉。万达虽被冠以“土豪”之名，但实际上，万达的发展成果首先惠及了自己的员工。万达每年都有一半员工能晋级，加薪幅度高达20%；外地员工享受住房补贴、带薪休假、每年一次体检等。除此之外，万达的食堂地球人都知道，一日三餐都是免费的。虽然高薪养廉不能从根本上解决腐败问题，但是，对于“见过钱”的万达人来说，腐败的门槛高了很多。

其次，在万达，你绝对找不到七大姑、八大姨，找不到官太太、官二代。其实，并不是万达养不起他们，关键是他们来了可能真的待不下去，因为万达的文化就是“弯腰干，能者上”。王健林让年轻人到这儿来就是长本事、涨工资、涨幸福指数。没本事的人会不适

应这里的生态，如果他们真的来了，会给管理带来一定的问题，滋生腐败的苗头。除此之外，每个高管都要签合同，不准推荐任何亲戚来万达工作，包括王健林本人。这点说起来容易，但放眼望去，哪家企业又能做到？

最后就是超强的审计了。王健林在一次演讲中特别指出："万达建立了一支强大的审计队伍，我个人在集团不分管具体业务，唯一管的部门就是审计部，审计部就相当于万达集团的纪委。"这支团队忠诚、严谨、能力强，在集团内树立了权威，具有很强的威慑力。

万达的执行力很牛，但万达的审计更牛。下面就详细介绍这个"更牛"的审计到底牛在哪儿。

一、审计是王健林唯一直管的部门

在组织架构上，万达审计部门由王健林直管。其他企业的老板虽然也管审计，却是"说管而不管"。但在万达，审计计划、审计问题、审计结论、审计建议都要直接向王健林本人汇报，审计相对独立，审计自身没有业务，没有利益相关者，不受任何人干扰。

王健林对占小便宜、贪污腐败、舞弊零容忍。他送给万达高层六个字：勤奋、团结、廉洁。

万达审计信奉一种哲学——没有约束，人性本不善。所以，审计是必需的！在万达，对于腐败和舞弊始终保持高压态势，任何人不得触碰，一旦触碰，发现一起处理一起。

二、审计怎么做？万达有两大秘招

万达的审计不仅仅是为了查处大案要案，最主要的目的是对企业的经营做评价、改善经营、防范风险，促进企业资产保值增值，实现企业价值最大化。所以万达的审计更接地气、更具针对性。

万达的审计审什么？一是有权力的人，二是存在寻租空间和舞弊可能的业务环节。那么万达有哪些高招呢？

1. 顶级专家培训授课

这些年，万达招聘了很多国内国外的精英人才，包括审计人才。但在万达做审计并不是一件容易的事。你不仅要业务好，更重要的是得全能！既要有专业知识，还要能表达、会沟通。比如，负责财务、营销、行政的审计人员就要了解这些业务条线的工作。不但要学，还得跟销售人员打成一片，交朋友。据说有位审计副总经理为了练习讲话技巧，专门花 800 元学习了 3 天，为什么？就是为了更好地沟通。

在万达，很多业务都是新的，一方面，不断涌现出新行业，另一方面，行业本身每年都有创新的理念、设计、经营等，所以每年年底，万达审计部门做得最重要的一件事就是充电学习。学什么？怎么学？万达的做法是请各个系统的总经理讲课，让他们介绍这个行业的特点，并且研究怎么监管。这种课涉及影视制作、演艺、院线、文化旅游、儿童业态、百货等业务，信息量巨大。比如，影视制作是一个特殊的行业，给演员的费用没有明账，群众演员也没有明账，所以审计要研究相应的监管办法。

除了请内部的人来讲课，万达每年还会专门请国家各部委专家前来培训。

2. 王健林亲授审计尚方宝剑

万达每年要审计一两百次，涉及公司上千家，业务领域全覆盖。

审计人员会拿着王健林的审计指令到达被审计部门，然后把这张纸往总经理的桌子上一放，上面写着“审计指令”四个大字，以及哪个公司委派什么人到该公司进行例行审计，落款人是王健林。

王健林对审计重视到什么程度？这里有个小故事：年初，百余份审计指令需要王健林签署，审计部总经理建议王健林授权他人代签，但王健林最后还是一张张地自己签了。

到各地审计都会举行一个全员的审前会议，打扫卫生的阿姨、司机都得参加。审计人员主要讲解万达审计的作用、审计的依据、查处的典型案例、此行的目的，等等。据说大家都会认真听。会议到底讲了什么让它这么有吸引力呢？当然是万达的重要案例。

2011 年 8 月，审计中心曾查处一起职务侵占案。这个案子就是上文那个花 800 元钱去学习讲话的副总发现的。他通过查阅相关数据发现，某项目的售楼广告在北京电视台娱乐频道每晚 11 点 54 分连播了 8 个月，每个月都是 29.8 万元，而万达的制度是如果一笔预算超过 30 万元，就得上报集团进行审批，所以一看就知道当事人研究透了公司制度，想要钻空子。当天审计人员就发现晚上 11 点 54 分根本没有任何万达的广告，而且所签约的广告公司的工商注册法人代表后面三个字被篡改了，当事人还盖了一个公章来掩人耳目，但还是被火眼金睛的审计人员发现了，真相就是当事人将广告业务发包给了自己注册的公司。下面是万达集团审计部总监的招聘广告。

万达集团招聘启事

审计部总监（舞弊审计）

职位描述

(1) 在万达集团审计中心各业务组（分项目组、酒店组、商业组、文旅组）负责万达的全国相关业务系统/企业的内部审计，包括监察、违规、舞弊的内部审计；

(2) 职位为舞弊审计，非财务审计。

任职要求

(1) 三年及以上审计工作经验；

(2) 英语沟通、表达良好；

(3) 适应经常出差，每月出差三周左右。

资料来源：万达集团内部防腐之道 审计是王健林唯一直管的部门. 赢商网.（2015-05-31）. http://sz.winshang.com/news—484948.html.

思考题：万达为什么重视员工舞弊审计？

合规审计关注特定行为是否存在违规或行为偏差，员工舞弊显然是违规行为或偏差行为。然而，员工舞弊这种违规行为具有自己的特征，需要专门的审计技术，所以，员工舞弊行为审计是一种特殊类型的合规审计。本章将专门介绍员工舞弊行为审计的相关内容，主要包括：员工舞弊概述，员工舞弊预警审计技术，员工舞弊侦察审计技术。至于管理层舞弊，如果是以组织名义实施的舞弊，则属于本书前面章节的内容，如果是管理层成员以个人名义实施的舞弊，则属于员工舞弊。

第 1 节　员工舞弊概述

舞弊有多种类型，产生的原因也有很多。本节首先对舞弊做一个简要介绍，在此基础上介绍员工舞弊的相关内容，为后续的员工舞弊审计奠定基础。

一、舞弊的概念

（一）舞弊的定义

美国注册会计师协会对舞弊的定义是：舞弊是指故意编造虚假的财务报告，如管理人员蓄意虚报，有时指管理人员诈骗、盗用财产。我国独立审计具体准则《独立审计具体准则第 8 号——错误与舞弊》[①] 中对舞弊的定义是：舞弊是指导致会计报表产生不实反映的故意行为。也有观点认为，舞弊是指员工或管理当局利用账务上、凭证上的处理技巧，或利用交易过程中非法活动等欺诈手法达到窃取资财或粉饰（掩盖）其贪污盗窃行为目的的一种违法乱纪行为，贪污、盗窃、行贿受贿、挪用资金、隐匿资金、偷漏税金、偷工减料、制假售假、缺斤短两、坑蒙拐骗等都属于舞弊行为。

综合各种观点，可以认为，舞弊就是以不正当手段为自己或他人谋取利益的行为。这一定义包括以下含义：为获得利益所采取的手段是不正当甚至是非法的；其目的是直接或间接使自己或与自己存在某种特殊关系的他人获利；由于采取的手段是不正当的，由此获得的利益值得质疑；舞弊行为人在主观意图上具有故意性，属不该为而为之；舞弊行为极有可能或已经对组织或他方利益造成损害；舞弊的外延很广，既包括经济舞弊，也包括政治舞弊，还包括其他性质的舞弊，如学生在考试中舞弊，运动员在竞技场上舞弊等。我们将要研究的是为获取经济利益的舞弊。

（二）舞弊的基本特征

（1）凡是舞弊，行为人都有故意行为，并且都有不良目的。所谓故意行为是指行为人明知自己的行为会发生危害组织或他人的结果，却希望这种结果发生，或明知自己的行为可能产生对组织或他人有害的结果，却放任这种结果产生。

（2）凡是舞弊，行为人大多事先经过周密策划和预谋，采用隐蔽的非法手段进行，一般来说不易察觉。比如，有些人看起来“老实”“听话”“责任心强”，给人一种勤恳工作的假象，背地里却干着损公肥私、中饱私囊的勾当。

---

① 该准则已经作废。

（3）舞弊事实一旦发生，会使所在组织或他人的经济利益遭受损失。贪污、盗窃、行贿受贿、假公济私等，均会使所在组织或他人的利益受到损失，但是舞弊者自己却得益。

（4）舞弊行为人是组织的内部职员，舞弊既有一个人单干的，也有几个人合伙同谋的，有时甚至是上下串通、内外勾结。

（5）舞弊行为对社会具有危害性。这里所说的社会危害性，不单指舞弊给组织造成的经济损失有多少，还要看它所造成的内部和外部社会影响。损失可以赔偿，但其造成的恶劣的内部影响和社会影响却难以消除。有人说，舞弊是一条蛀虫，是一株毒草，“蛀虫”不死，会损伤组织健康的机体，甚至断送组织的生命；“毒草”不除，会毒害原本清白的其他人。

二、舞弊的种类

（一）按舞弊的主体不同分为管理层舞弊和员工舞弊

管理层舞弊就是特定组织为了自身的利益而采取的欺诈和违法活动。例如，通过伪造各种资产负债、虚增或虚减成本、虚增或虚减利润、虚增或虚减存货等，欺骗外部利益相关者以谎报成绩、骗取荣誉，欺骗银行以获取贷款，欺骗税务部门以偷逃税金，欺骗股东、债权人以实现其他不良企图。管理层舞弊表面上是为了组织的利益，实际上是化大公为小公，其危害程度比一般的员工舞弊更为严重。

员工舞弊是指组织内部的某些职员利用组织内部控制不严的漏洞，采用涂改或伪造单据、账册及其他手段，以达到贪污、盗窃或挪用资财目的的行为。上文的管理层舞弊是指管理层作为一个整体策划的且以组织名义实施的舞弊行为，如果是管理层个人为了自己的利益所进行的舞弊，则属于员工舞弊。

（二）按舞弊的对象不同分为现金舞弊、实物舞弊和业绩舞弊

现金舞弊主要指以窃取现金、有价证券为目的的舞弊行为，这种舞弊的方式有：在现金交易收款时，将现金吞没挪用，不开发票，不入现金日记账；在收入现金记录中，高列销货折扣，从中挪用差额；在销售货物时，将不应享受折扣的私作折扣，从中贪污折扣款等；盗取应收账款收回的现金，如将可靠的应收账款故意列为呆账，予以转销，日后实际收回时据为已有；涂改单据，虚报冒领，多列现金支出；进货时低列现金进货折扣或不入账，从中窃取现金；独自或合伙或指使他人窃取库存现金，然后制造失窃假象，逃避责任等。

实物舞弊指以窃取实物为目的的舞弊行为，这种舞弊的方式有：偷盗生产制造或运输过程中的材料、半成品、产成品、低值易耗品以及外购产品等；虚报存货损耗，夸大损耗数字，以达到窃取物品的目的；以旧换新，以次充好，窃取质优价贵的物品等。

业绩舞弊主要是以掩盖错误、夸大成绩、窃取荣誉、骗取信赖等为目的的行为，同样具有危害性。

（三）按舞弊的环节不同分为发票舞弊、业务运作舞弊和会计舞弊

发票舞弊主要是指利用发票进行贪污、窃取、欺诈等的舞弊行为。

业务运作舞弊是指在经济活动过程中发生的舞弊，它无缝不钻，无处不在。比如，材料采购中以次充好，生产过程中虚报耗费，销售过程中少记货款，其他环节中索贿受贿、营私舞弊等，这些作弊行为可能发生在业务过程的各个环节。

会计舞弊是指使用会计技巧，弄虚作假、篡改账目，以谋取私利或欺骗他人的一种有预谋的行为。如伪造账证及记录，涂改账证和账表，运用虚收虚付搞乱账目，故意遗漏某种分录，任意调节成本或利润，隐匿收益或虚报费用，等等。

事实上，上述三种分类之间有密切的关系，同一种舞弊行为在不同分类方法下成为不同类别的舞弊。三种分类方法之间的关系如表 10－1 所示。

表 10－1　　舞弊分类关系

		按舞弊主体分类		按舞弊对象分类			按舞弊环节分类		
		管理层舞弊	员工舞弊	现金舞弊	实物舞弊	业绩舞弊	发票舞弊	业务运作舞弊	会计舞弊
按舞弊主体分类	管理层舞弊	×	×	√	√	√	√	√	√
	员工舞弊	×	×	√	√	√	√	√	√
按舞弊对象分类	现金舞弊	√	√	×	×	×	√	√	√
	实物舞弊	√	√	×	×	×	√	√	√
	业绩舞弊	√	√	×	×	×	√	√	√
按舞弊环节分类	发票舞弊	√	√	√	√	√	×	×	×
	业务运作舞弊	√	√	√	√	√	×	×	×
	会计舞弊	√	√	√	√	√	×	×	×

√表示存在这种分类，
×表示不存在这种分类。

三、员工舞弊的特点和路径

员工舞弊是具有一定职务身份的人利用职务上的便利条件，以不正当的手段为自己或他人谋取利益，并对社会、组织及他人的合法权益构成威胁或造成损失的行为的总称。

（一）员工舞弊的特点

员工舞弊作为一种以职务便利为基础的舞弊行为，与管理层舞弊有显著的区别，具有一些独有的特点：舞弊的范围在本组织，与员工的职务职权有关；行为上比较隐蔽和巧妙，一般难以发现；有时以保护商业秘密作为阻止审计的挡箭牌；组织各管理层、各业务部门、各环节都有发生舞弊的可能；绝大多数舞弊行为表现为谋取物质利益，且每次的数额并不巨大，然而日积月累，数额惊人。

（二）员工舞弊的路径

（1）在具体工作过程中，利用职务之便捞取好处。组织各个营运环节的业务相对独立，使得员工对他人岗位的工作细节不甚了解，从而每个岗位都有可能出现舞弊。例如，采购人员在产品运输过程中夹带私货，将运杂费一并打在企业的账上；保管人员将整进零出产品的包装物件据为己有；财务人员为自己多计差旅费、加班费等。

（2）弄虚作假，谋取私利。这类舞弊行为多依仗特定的职务便利和工作经验，局外人没有机会介入，或者业务内容较为复杂，非专业人员难以发现问题，以致舞弊人明知后果严重也敢于冒险。例如，在购货过程中所购物品的品质与价格不符，产品的数量种类、花色、档次不合乎企业的经营要求，从中索取或收受好处；在产品的销售过程中以次充好、短斤少两、擅自抬价、搭售私货、多报损耗等。

（3）利用自身的某些优势，投机取巧、损公肥私。有些工作从事时间久了即可积累技巧和经验，形成某种优势和垄断性，这会为舞弊带来便利。有时单位即使发现了问题，却碍于该岗位一时无人能够填补，只好睁只眼闭只眼。例如，有的业务人员利用多年工作形成的客户关系网，在经济活动中损公肥私；有的人员利用自己的职权，在购销合同的签订和执行过程中假装糊涂，以出让单位利益换取个人利益；有的人员多计维修、装潢成本，从中牟利等。

四、员工舞弊的原因

随着员工舞弊现象的产生，人们开始研究员工舞弊产生的原因，形成了不同的理论观点，主要的理论观点包括：三角形理论，GONE 理论，风险因子说理论，冰山理论，罗伯特·克利特加德的两个公式理论。

（一）三角形理论

员工舞弊三角形理论首先由美国内部审计之父劳伦斯·索耶提出，经斯蒂文博士的发展，由初步的理念变为较完善的理论。

劳伦斯·索耶是美国内部控制审计协会的创始人之一，在内部审计理论和实务方面都有巨大的贡献，被誉为内部审计之父。20 世纪 50 年代，他从内部审计的角度开始了对舞弊原因的探索。他指出：“一个人想要贪污单位的资金必须有三个条件：异常需要（实际的或想象的）、机会和合乎情理。”他进一步解释说：“管理当局虽然不能影响雇员满足他们的需要，但充分的控制能消除或减少舞弊的机会。雇员之所以要打破一个有全面控制的系统来达到舞弊的目的，因为其欲望是极端强烈的。在资金很容易被挪用的地方，雇员很容易为其挪用资金找出理由。”

从上述内容可以看出，员工舞弊有三个必要条件，这就是异常需要、机会和合乎情理。异常需要是舞弊的内在动力，机会是舞弊得以实施的外部条件，而合乎情理则是舞弊者权衡利弊实现心理平衡的一个过程，也就是说，舞弊者认为舞弊是合乎情理的。

劳伦斯·索耶的舞弊理论虽然简明，但它有逻辑地解释了舞弊产生的必要条件：当一个人对财物有强烈的欲望时，他就会千方百计地去寻找谋取财物的机会，不管这种机会对他来说是非法还是合法的。一旦找到这种机会，他便会寻找理由来实现心理平衡，然后实施舞弊行为。劳伦斯·索耶的理论为后来的舞弊三角形理论奠定了基础。

斯蒂文博士是美国注册舞弊审核师协会的创始人，他进一步发展了劳伦斯·索耶的舞弊理论。斯蒂文博士认为，舞弊的原因包括压力、机会与借口。

斯蒂文博士把压力分为财务压力与工作压力，财务压力包括意外财产损失、高额负债、应急需要、贪婪以及虚荣等；工作压力包括失去工作的威胁、提升受阻、对领导不满等。

斯蒂文博士把机会分为六个方面：缺乏阻止舞弊的控制；无法判断工作质量；缺乏应有的纪律；存在不能真实反映情况的不对称信息；对不正常现象的疏忽与冷漠；无内部审计。

斯蒂文博士把借口也分为六个具体的方面：公司欠我的；我仅仅是借用，以后会归还；没有人会因此受到损害；我会通过其他方面给予更多的回报；大家都这么做；某些东西如荣誉或正直等是可以牺牲的。

根据上述舞弊理论，斯蒂文博士剖析了美国一些著名的舞弊案例，为其舞弊学理论提供了丰富的论据。由于斯蒂文博士在其舞弊学专著中通过三角形的比喻来生动地解释舞弊现象，因此，这一理论被称为三角形舞弊理论，并且在国际上产生了较大影响。

斯蒂文博士认为，就像可燃物、助燃物、引火源这三要素是燃烧的必要条件一样，员工舞弊是压力、机会和借口三要素的产物，缺少上述任何一项要素都不可能发生员工舞弊。因而，预防员工舞弊的发生不仅要加强内部控制，还应消除压力和借口两要素。

1. 员工舞弊的第一要素——压力

斯蒂文博士认为，压力要素是员工舞弊者的行为动机，任何类型的员工舞弊行为都存在某种压力，没有压力就不会有行动，只是压力的具体形式有所差别。斯蒂文博士将压力大体上分为四种类型：

（1）经济压力。经济压力要么来自贪婪，要么来自入不敷出。

（2）恶癖的压力。恶癖的压力是指员工舞弊者因有赌博、吸毒、酗酒、嫖娼等恶癖而导致的压力，它往往与经济压力紧密相关。

（3）与工作相关的压力。与工作相关的压力是指由于工作上的业绩得不到肯定，对工作不满，害怕失去工作，对升迁的期望过高或认为自己的报酬远低于自己所做出的贡献等原因造成的逆反、报复心理等，这类压力会促使当事人从公司资产中取得补偿。

（4）其他压力。如员工的伴侣不顾现实条件坚持要求提高生活层次，或对现存计算机控制体系提出挑战，想证明自己的能力等。

据统计，在败露的员工舞弊中，经济压力和恶癖的压力大约占95%。

2. 员工舞弊的第二要素——机会

斯蒂文博士认为，机会是指可实施舞弊而又能掩盖起来不被发现或能侥幸逃避惩罚的时机或情形，主要有六种情况：

（1）缺乏发现员工舞弊行为的内部控制。有效的内部控制体系是预防、发现和阻止员工舞弊的最重要措施，如果没有必要的内部控制，员工舞弊的机会就大大增加。

（2）无法判断工作的质量。对于专业性较强的工作，如律师、医生、会计师、汽车修理师等的工作，一般人无法判断他们所做的工作是否与对他们的要求和付给他们的报酬相符，从而给从事这类工作的人员提供了舞弊的机会。

（3）缺乏惩罚措施。员工舞弊行为被发现后如果不会得到应有的惩罚，则惩罚对员工舞弊者就缺乏威慑力，舞弊者的低成本高收入对员工舞弊就有推波助澜之作用。

（4）信息不对称。被欺骗者掌握的信息往往没有欺骗者多，被欺骗者无法觉察自己正处于被欺骗的境地，不能发现员工舞弊行为。

（5）无知或能力不足。在一个组织内部，一些人的无知或能力不足可能会成为他人舞弊的机会。如果组织内部有一些重要岗位甚至一般岗位由无知者或能力不足者占据，其他员工舞弊的机会就会大大增加。

（6）审计制度不健全。审计主要以事后监督为主，如果有健全的审计制度，则能够发现一些员工舞弊行为。同时，员工舞弊者在权衡是否要舞弊的过程中会考虑被发现的风险，这会对舞弊行为产生一种阻止力。如果审计制度不健全，则事后查处和事先阻止都无法发挥作用。

3. 员工舞弊的第三要素——借口

斯蒂文博士认为，在面临压力并获得机会后，真正产生员工舞弊还有最后一个要素——借口。员工舞弊者必须权衡利弊，进行心理平衡，找一个理由使舞弊行为与本人的道德观念、行为准则相吻合。

（二）GONE 理论

GONE 理论是由美国著名的审计学者杰克·波罗瓜（G. Jack Bologua）、罗伯特·林德基斯特（Robert J. Lindquist）和约瑟夫·威尔斯（Joseph T. Wells）于

1993 年提出的。这种理论认为员工舞弊由 G，O，N，E 四因子组成，它们相互作用、密不可分，没有哪一个因子比其他因子更重要，它们共同决定了员工舞弊风险的程度。

GONE 由四个英语单词的首字母组成。其中，G 为 Greed 的首字母，指贪婪，但这里所说的贪婪已超越其本义，指道德水平的低下，虽然它具有个人主观方面的属性，但客观的社会价值、道德环境也会对它造成影响；O 为 Opportunity 的首字母，指机会，是实现舞弊行为的可能途径与手段，机会不可能完全消除，只能尽力防范从而确保风险低于一定水平；N 为 Need 的首字母，指需要；E 为 Exposure 的首字母，指暴露，它包含两种含义，一是舞弊行为被发现、揭露的可能性，二是对舞弊者惩罚的性质及程度。

上述四个英语单词实质上表达了舞弊产生的四个条件，即舞弊者有贪婪之心且十分需要钱财时，只要有机会并认为事后不会被发现，他就一定会进行舞弊。而 gone 一词在英语中的含义是“逝去的，用光的”。因此，GONE 理论符合四因子共同作用时就会在特定环境中组成必要条件，促使“被欺骗者的钱、物、权益等离他而去”。

（三）风险因子理论

风险因子理论是由美国著名的审计学者伯洛格那等人在 GONE 理论的基础上发展形成的，是迄今为止最为完善的关于员工舞弊原因的学说。它认为员工舞弊的原因由一般风险因子与个别风险因子组成，各因子与 GONE 理论组成因子的关系如表 10－2 所示。

表 10－2　风险因子理论与 GONE 理论各因子的关系

风险因子理论		GONE 理论
个别风险因子	道德品质	G（贪婪）
	动机	N（需要）
一般风险因子	舞弊机会	O（机会）
	被发现的可能性	E（暴露）
	舞弊受惩罚的性质和程度	E（暴露）

1. 一般风险因子

一般风险因子是指那些由舞弊者所在组织或团体可以控制的因素，这些因素对于组织内部的许多员工都起作用，包括以下三个方面：

（1）潜在的舞弊机会。这一因子主要指舞弊者从本岗位的责任和权力设置及相关制度设计出发，有可能进行舞弊的机会或具体情形。员工舞弊发生的机会因子不可能完全消除，完全消除舞弊机会的努力是非经济的。只要组织存在有价值的财产，而且这些财产由不同岗位的员工交易或控制，员工舞弊发生的机会就永远存在。虽然不能完全消除舞弊机会，但是组织可以采取措施将员工舞弊机会因子控制在合理水平之内，如设计严密的内部控制系统等。

（2）员工舞弊被发现的可能性。员工舞弊发现率高起着抑制员工舞弊的作用。

员工舞弊被发现的可能性主要取决于内部控制系统，尽管这些控制措施不能杜绝一切员工舞弊行为，但在理论上足以防止多数重大员工舞弊行为的长期存在。所以，在员工舞弊发生机会的既定水平下，可以通过提高发现员工舞弊的概率来降低员工舞弊风险。

(3) 员工舞弊发现后受惩罚的性质和程度。发现员工舞弊本身并不足以威慑员工，还必须存在舞弊逆向结果。虽然目前并不存在惩罚与员工舞弊发生率关系的相关研究，但经验表明，惩罚的性质与程度在理论上具有威慑作用。组织或团体应当制定和严格实施关于惩罚性质与程度的政策。

2. 个别风险因子

尽管一般风险因子存在，但并不是每个人都会舞弊。员工舞弊是否发生，还取决于个别风险因子，即那些因人而异且在组织或团体控制范围之外的因素，主要包括道德品质与动机两大类。道德品质因子表现为道德品质方面的内容，它与个性正直、诚实等一样，与个人的内在特性息息相关。因此，如果不能知晓某人的心思，就很难了解其具有何种特性，如果知道这些特性，个人的解释就会起一定作用。此外，社会价值亦有同样的影响。员工舞弊者进行舞弊的动机有很多，但大多数与经济需要有关。

(四) 冰山理论

冰山理论把舞弊的原因形象地比作海面上漂浮的冰山，水下部分是最危险的。水上部分包括效率衡量措施、等级制度、财务资源、组织目标、技术状况等，属舞弊结构方面的内容；水下部分包括态度、感情、价值观念、鼓励和满意等，属舞弊行为方面的内容。舞弊结构上的内容实际上是组织内部管理方面的，是客观存在的，每个人都能看到。但舞弊行为上的内容更主观、个性化，如果刻意掩饰，将很难察觉。

(五) 罗伯特·克利特加德的两个公式理论

美国著名学者罗伯特·克利特加德认为，员工舞弊的原因可以分为两个方面，一是舞弊动机，二是舞弊条件，前者决定行为人是否想舞弊，后者决定行为人舞弊是否能实施，前者是内部主观因素，后者是外部客观因素。在此基础上，罗伯特·克利特加德以公式的形式描述了这两个因素：

舞弊动机＝因舞弊获得的收入－道德损失－(被发现和制裁的机会×所受处罚)＞薪金＋廉洁自律的道德满足感

舞弊条件＝专权＋自由裁量权－责任制

五、员工舞弊的类型

员工舞弊是为了获取不当利益，因此，员工舞弊类型主要是现金舞弊和实物舞弊，也可能是二者兼有。

(一) 现金舞弊

现金舞弊指员工利用职务上的便利，非法占有或挪用本单位现金归个人使用或者借给他人进行营利或者非法活动的行为。现金舞弊主要包括以下三种类型：

1. 现金盗窃舞弊

现金盗窃舞弊是指未经单位同意或违背单位意愿，故意拿走单位现金的行为，包括库存现金、银行存款及其他货币资金。换言之，就是直接偷盗现金。事实上，由于单位有自己的会计信息系统，所以现金盗窃相对于其他类型的现金舞弊比较容易被系统自动识别出来。一个员工想要实施现金盗窃行为，他所处的职位必须有机会直接接触现金。也就是说，该员工的工作处于现金流入和流出的中间环节，同时他被单位认为是可以信任的。

2. 付款舞弊

付款舞弊是指通过伪造看似合法、正常的资金支出方式来转移资金，包括伪造支票、提供虚假发票、虚构职工人数、篡改工时记录等。例如，舞弊者通过支付一定好处费给虚开票据者，或者将别人持有而无须报账的票据在本单位财务部门报账，从而违规取得现金。又如，舞弊者在工资表中虚构职工人数，将一些事实上不存在的人员列入工资表中，从而增加工资支出，扣除实发工资，余款为违规套取的现金。具体来说，付款舞弊分为五类：账单舞弊、工资舞弊、费用报销舞弊、支票篡改舞弊、登记支付舞弊。

(1) 账单舞弊。账单舞弊是指为不存在的采购付款，或使用单位的支票购买私人物品。账单舞弊包括三种方式：

1）空壳单位舞弊。空壳单位舞弊是指使用空壳单位（无真实的商业活动，仅仅是名义上存在的虚构单位），制造虚假交易，转移现金资产的行为。空壳单位常常和账单舞弊相关。空壳单位舞弊中，员工（通常涉及采购）会创建一个虚假的供应商并向他所在单位提供假发票。该单位以为其提供的服务是合法的，会对其支付资金。而该单位所支付的款项将会存入一个伪造的银行账户。舞弊者最终会将这笔款项取走。一般情况下，空壳单位的名称和地址都是假的。有时舞弊者会使用一个和某个合法单位差不多的名称来混淆视听。这样，就算有关人员看到支票或者空壳单位的名称，也不太容易发现其中的问题。

通过空壳单位来实施账单舞弊的警示标志包括：发票未指定具体的账单；不熟悉的供应商；卖方的地址只有邮政信箱；卖方单位名称只由字母组成；来自一个供应商的采购额迅速增长；供应商的账单超过每月一次；供应商地址与雇员地址一样；大额发票划分为多个较小的发票；内部控制存在缺陷；未折叠的发票（这可能表明它们没有被邮寄）。

2）合法供应商舞弊。这里的供应商是合法供应商，不是从犯而是无过错方，被舞弊人所利用。舞弊人以供应商的发票向其所在单位收取或多收款项。舞弊人会截取支票，或者将支票发给供应商并要求其退款以截取支票。还有一种方法，就是舞弊人故意订购不需要的商品，然后再退回商品以赢得供应商的信任，再从供应商退回的支票中截取款项。

3）私人购买舞弊。这种舞弊是指简单地用单位的钱来买私人物品。舞弊人通常采用以下四种方式来实施舞弊：通过使用伪造的相关方的发票来进行舞弊，在许多舞弊案件中，舞弊人有授权购买商品的职责，但缺乏控制机制来约束和监督其行为；伪造文件获得授权，如果舞弊人没有权力开具发票，他往往会伪造主管的审批签字来获得采购申请和其他文件；改变合法的采购订单，在某些情况下，舞弊员工会篡改合法的采购订单，例如，要求增加货物数量，当货物送达时，该雇员拿走多余的货物或退款；滥用单位的信用卡，如果一家单位对使用信用卡的控制不力，就会被一些员工所利用。

（2）工资舞弊。工资舞弊是指为不存在的员工支付工资或者采用篡改工时等手段以达到多得工资的目的。

1）虚构员工。虚构员工是指工资系统上所记录的人事实上并不工作。虚构员工可以是工资单上一个真实存在的人（他本人知道或不知道），也可以是舞弊者虚构的人。这种形式的舞弊主要是用假员工来钻工资系统的空子。舞弊人的目的就是取得这些假员工的工资，舞弊人只需要将虚构员工纳入单位的工资系统就可以实现。舞弊人并不一定需要同伙（取决于如何支付工资），但如果有同伙帮忙的话，舞弊人更容易把这些工资转到自己名下。

2）佣金舞弊。销售员工是最有可能进行佣金舞弊的人，他们可能会钻单位佣金政策的空，以实现自己的利益。例如，如果佣金直接根据销售额来支付，而不根据销售折让或者赊销额进行调整，销售人员就会尽可能多地赊销货物给买方，而他们的佣金不会受到任何影响，渐渐地，单位的应收款项及坏账将会增加。和伪造工资相似，佣金舞弊通过不适当地增加工资来使舞弊人获益。

3）员工医疗补贴舞弊。各行各业的组织都会受到员工医疗补贴舞弊的影响。某些员工为了从所在单位和保险公司骗取钱财，常常会假装自己身体有病。尤其是一些单位实施公费医疗制度，这种类型的舞弊会直接影响它们。还有这样一种情况，许多员工沆瀣一气，伪造工作事故，而事实上他们可能是在工作之外的时间受伤，却谎称自己是因公受伤以骗取单位的医疗补贴。

（3）费用报销舞弊。费用报销舞弊是指采用不正当的手段令单位为个人付费，如旅行费用、餐费等，有两种方式：一是虚构支出，二是虚增支出。虚构支出的例子有：虚构开支用于个人消费（如加油站、超市、酒店等项目消费）；未实际发生的差旅费用（如取消的机票、未成行的研讨会或会议的注册费）；报销并未购买的项目（如报销办公用品、礼品等实际未购买的物品）；一同出行的员工合谋伪造差旅开支；伪造或操纵收据。虚增支出的例子有：领取超过允许范围的每日津贴，或违反单位政策报销不予报销的餐饮和娱乐项目（如体育比赛门票）；发票金额大于实际消费金额；坐头等舱或使用豪华轿车；虚增里程数等。

（4）支票篡改舞弊。支票篡改舞弊是指偷取空白支票占为己有，伪造已经开出的支票以将资金存入个人的银行账户。有五种篡改支票的方法：

1）伪造出票人。伪造的法律定义不仅包括在文件（如支票）上签署他人的名字以进行欺诈，还包括在真实文件上做改动。签署支票的人称为出票人。因此，伪造出票人舞弊可被定义为员工盗用支票、伪造授权者签名的舞弊行为。为了伪造支票，舞弊人必须有一张空白支票，能够伪造一个令人信服的授权签名，以掩盖自己的罪行。如果舞弊者不能掩盖他的罪行，其舞弊行必定是短暂的。因此，在支票篡改舞弊中，隐蔽性是一个普遍的问题。

2）伪造背书。伪造背书是员工截取单位支票并通过在支票背书栏中伪造签署权利人的名字而转换支票的一种篡改支票行为。伪造者利用支票背书具有的特殊效力，通过伪造权利人的签章而享有票据权利。伪造背书通常是因为权利人没有管理好有效的票据，致使票据遗失、被窃，落到伪造者手中。因此伪造者取得了本应由权利人享有的票据，从而假冒权利人背书签章。

3）篡改收款人。篡改收款人舞弊是另一种类型的支票篡改舞弊，是指舞弊人拦截本来开具给第三方的支票，篡改指定收款人，转入自己或同伙名下。舞弊人在支票收款人一栏填上自己的名字、一个虚构组织的名称或其他名称。篡改收款人舞弊可以消除伪造背书舞弊中可能遇到的转换问题。舞弊人只需要在支票上改成他自己（或同伙）的名字即可，没有必要伪造背书，也不需要获取虚假的身份证明。舞弊人或同伙可以自己的名义转换支票。当然，取消支票期间进行审查时如果核对银行对账单，修改支票收款人很容易引起嫌疑，尤其是当收款人篡改痕迹明显时。

4）隐藏支票。隐藏支票舞弊通常是在内部控制存在重大漏洞时发生的。这也是一种篡改支票的行为，舞弊人将准备好的非法支票和合法支票混在一起提交给出票人签署，如果出票人没有仔细检查每张支票，就可能产生严重的后果。虽然它不像其他的支票篡改方法那么普遍，鉴于它的简单性、独特性和可预防性，仍然值得一提。

5）被授权出票人签署非法支票。这是支票篡改舞弊的最后一种类型，也是最难防范的一类。它是当舞弊人具有签署支票的资格时，故意签署非法支票以实现自己利益的一种篡改支票舞弊。在这种情况下，舞弊人通常具有单独出具和签署非法支票的权限，所以他没有必要改变预先准备的文书或伪造出票人的签名。

（5）登记支付舞弊。登记支付舞弊是指为了偷取现金，故意在现金日记账上漏记现金收入。这种舞弊行为的成本最低，发生的可能性较低。登记支付舞弊包括两种类型，虚假作废和虚假退款。某些行业发生登记支付舞弊的可能性比较高，如饮食业、娱乐业等需要用现金交易的行业。

3. 现金收入舞弊

现金收入舞弊通常称为前端（front-end）舞弊，因为在发生该类舞弊时，现金收入往往在入账前就被盗取了。它不需要提供虚假的文件或伪造记录，而是直接拿走现金，如截留收入、偷窃现金等。例如，将销售产品、出售原材料和边角料、出租包装物和固定资产、转让无形资产、投资收益等收入盗取或压下凭证不做账，或不做收入账而做在应付账款、预收账款、其他应付款等账户上，或冲减在建工程、递延资产、待摊费用等支出。

现金收入舞弊比较难以发现，因为它不容易引起人们的注意。在餐馆、酒吧、自动售货机、加油站、便利店等处，这种舞弊行为比较常见。它包括三种类型：销售收入舞弊、应收账款舞弊、退回款及其他舞弊。

(1) 销售收入舞弊。销售收入舞弊发生在销售交易发生时，包括不计和少计销售收入。例如，当销售活动（销售货物或者服务）发生时，不把全部货款款项放入收银机中而私自收藏全部或者部分款项，且不计或少计账。有的舞弊人这么做的目的是逃避税款。

(2) 应收账款舞弊。应收账款舞弊的一种形式——拆补是指盗用一个客户的付款去为另一个客户付款（因为后者的付款已经被舞弊人非法占有）。例如，舞弊人偷走客户A的货款，第二天用客户B的货款偿还A。接下来，他盗用C的付款，再用D的钱来偿还B的货款。这样，客户C和D的应收账户将会被多计。随着时间流逝，舞弊人盗用的款项越来越多。只要舞弊人每次花少量时间，就很容易得逞。然而，应收账款的虚报会越来越多，直到现金流不足以掩盖时，舞弊事实会被发现。

(3) 退回款及其他舞弊。这种类型的舞弊不像以上两种那么常见。一般情况下，舞弊人所处的职位使他较容易发现单位的多付款项，这样就有机会获得退款。当退回款退回单位时，舞弊人会在中途截取这部分资金，把它转移到自己名下或者兑取现金。当单位没有核对退回款项时，舞弊人什么都不做就能很好地隐藏他的舞弊行为。

（二）实物舞弊

与现金资产侵占相比，存货等非现金资产侵占较为少见。但是，两者所造成的损失一样大。

1. 非现金资产的滥用

非现金资产的滥用主要涉及机器、设备，尤其是那些大型或者昂贵的设备，如汽车、电脑等。调查显示，超过一半的员工会在工作之余使用单位的电脑并在工作时间处理私人事务（如网购等）。不过，如果企业文化允许员工享受单位资源，这就不属于舞弊行为。

2. 非现金资产的盗窃

非现金资产的盗窃指的是员工偷盗单位存货的行为。当这种行为发生时，有的员工仅仅是偷走存货而不在会计记录上做任何掩盖，有的员工则会伪造文件以解释存货的减少，如伪造存货售出、运输、内部征用或转移。

（三）兼有现金舞弊和实物舞弊的情形

1. 接受贿赂

贿赂可被定义为收取、给予任何金钱、有价物品，意图影响他人行为或经济决策的活动。接受贿赂是指员工接受他人的金钱、有价物品等好处，利用自己的职务之便在决策中为他人谋取利益。

2. 非法报酬

非法报酬与贿赂相似，但是其目的不在于影响经济决策。例如，某个有影响力的人得到贵重的礼物、免费旅游的机会等。事实上，得到这些报酬是因为他在某项经济决策上发挥了重要作用，与贿赂不同的是，这些报酬是在事件发生以后才得到的。由于是在事后收取的报酬，所以很难证实是否非法。

3. 经济敲诈

经济敲诈与贿赂相反，它不是由行贿人提供贿赂款，而是舞弊员工主动要求当事人向其支付金钱、财物等报酬，才做出符合当事人利益的经济决策。

第 2 节　员工舞弊预警审计技术

按是否有舞弊线索，员工舞弊审计分为员工舞弊预警审计和员工舞弊侦察审计。员工舞弊预警审计是指未发现舞弊线索而进行的审计，在审计开始之前，从事舞弊预警审计的审计人员对单位是否存在舞弊一无所知；舞弊侦察审计指已经发现舞弊线索，为寻找确切证据以证实舞弊是否存在而进行的审计。本节将介绍员工舞弊预警审计技术，下节将介绍员工舞弊侦察审计技术。

一、红旗标志法

（一）红旗标志法的概念

在审计过程中，审计人员必须关注那些预示着组织内已发生员工舞弊行为的特殊信号，或者潜在的舞弊风险在组织运行中表现出的异常信息。这些信号或信息被称为“红旗标志”（red flag）。红旗标志是指与舞弊行为相关联或者可能相关联的事项或活动，在有红旗标志的地方，人们通常会发现舞弊的特征或状况，并且发生舞弊的可能性比较高。因此，审计人员可以利用对红旗标志的识别与判断来发现组织中存在或者可能存在的员工舞弊行为。

红旗标志法，也称舞弊风险因素法或者危险信号法，是用于识别舞弊的一种方法。红旗标志是在总结以往舞弊的基础上得出的，它提示审计人员存在哪些情况（即红旗标志）时会面临更高的审计风险，以便审计人员将此作为深入检查、发现舞弊的线索。因此，红旗标志法的实质是在总结以往舞弊发生情况的基础上，归纳出一整套经验，以警示他人注意舞弊发生的可能性及特征。

（二）员工舞弊的红旗标志

1. 通用的红旗标志

通用的员工舞弊方面的红旗标志包括：主管有前科记录；员工有大额负债或有吸毒、赌博等不良嗜好；由某人处理某项重要交易的全部业务；会计信息系统失效或内部控制设计不合理等。当然，员工身上还会出现其他一些信号：对单位或上司不满，不断抱怨老板或公司如何亏待他；从不去度假，或只离开很短的时间（可能在实施应收账款舞弊或虚构员工舞弊）；有财务压力或债务问题；有精神病的外部表现；表现出以自我为中心或有强烈控制欲的行为特征；拒绝转换、升迁或其他的工作机会。

2. 员工资产侵占舞弊的红旗标志

不同类型的员工舞弊有其特殊的红旗标志，员工资产侵占舞弊（包括现金舞弊和实物舞弊）的一般识别信号有：行为的改变，如不看别人的眼睛，愈发烦躁，不合规的工作记录，性格出现问题，持续愤怒，有责备他人的倾向；生活方式的改变。

对于一些个人道德标准较高的员工来说，更容易出现行为的改变（如不敢直视对方的眼睛、容易被激怒等），这说明他们的行为违背了自己的良心。生活方式的改变是最为常见的一个信号。舞弊者身边的人很容易发现舞弊者的生活方式发生变化，例如，突然拥有很多奢侈品等，又如，一个员工连续很长时间每周都买很昂贵的东西，如汽车、房子、游艇等。

3. 腐败的红旗标志

腐败包括接受贿赂、非法报酬、经济敲诈等多种形式，腐败的发生需要组织内部人员与外部人员里外勾结，这种里外勾结的舞弊方式对组织的伤害是巨大的。要想有效地探测和防止腐败发生，关键是要知道如何识别这种里应外合的关系。除了一般的行为和生活方式的改变之外，审计人员还需注意以下信号：重要员工和授权厂商之间的密切关系，如隐藏同第三方的关系；对当前与已知第三方的关系的管理审批缺乏审查（随着时间的推移，舞弊者可能会通过这种关系盗取公司资产）；交易记录异常；审批厂商异常。

二、舞弊环境评估

表 10－3 列示了高舞弊可能性与低舞弊可能性的环境和文化特征，尽管这些特征是以营利组织为基础的，但是许多特征也适用于政府及非营利组织。

表 10－3 高舞弊可能性与低舞弊可能性的环境和文化比较

变量	高舞弊可能性	低舞弊可能性
1. 管理方式	独裁的	参与的
2. 管理定位	低信任度、权力驱动	高信任度、成就驱动
3. 权力分配	集权，保留在最高层	分权，分配给各级；授权
4. 计划	集权、短期	分权、长期
5. 业绩	根据短期表现进行量化考核	根据长期表现进行量化和定性考核
6. 商业目标	利润最大化	顾客至上
7. 领导策略	危机管理	目标管理
8. 报告方式	例行报告	例外报告
9. 政策与规则	呆板僵硬的政策	合理的、公平的政策

续前表

变量	高舞弊可能性	低舞弊可能性
10. 管理层的基本关注	资本资产	人力资源，然后才是资本和技术资产
11. 薪酬体系	惩罚性的、吝啬的、官僚的	慷慨的、强化的、相对公平的
12. 业绩反馈	批评性的、负面的	鼓励性的、正面的
13. 互动方式	规避、压制争议和不同意见	面对问题、个人差异公开讨论
14. 对良好行为的激励措施	以金钱为主	赞扬、提升、加大责任、决策权和金钱
15. 商业伦理	摇摆不定、随波逐流	清晰的定位、正常遵守
16. 内部关系	高度竞争、充满敌意	友好、适度竞争、相互支持
17. 价值观和信仰	经济、权力、以自我为中心	社会、精神、集体主义
18. 成功模式	要努力地工作	要聪明地工作
19. 人力资源运用	消耗型、高流动性、抱怨	没有足够的晋升机会给个人、低流动性；工作满意度高
20. 对公司的忠诚度	低忠诚度	高忠诚度
21. 主要的财务关注	现金流短缺	新的投资机会
22. 增长模式	不连续的	持续的
23. 与竞争对手的关系	充满敌意的	专业的
24. 创新方式	模仿者、跟随者	领导者、主动者
25. CEO 的个性	摇摆不定、夸夸其谈、自私、控制欲强、对人麻木不仁、令人感到可怕、不可靠、易冲动、吝啬、关注数字和实物、追求利润、虚荣心强、言过其实、高度情绪化、有偏见、试图夸大自己的能力、赌博者	专业、有判断能力，与时俱进，受同事尊敬，控制风险，深思熟虑，平时乐于和大家交流，慷慨，以人才、产品和市场为导向，帮助下属，自信，沉着，体贴，在分配工作时很公平，知道派谁去做和做什么以及从何处下手
26. 管理结构、体系和控制	官僚政治的、集权的、不灵活的、强行控制的、垂直管理的、多级的；事事都要记录，件件都有规定	分权的、系统的、富于变化的、自我控制的、扁平结构的、水平的；文档适当而不累赘、允许部分自主权
27. 内部交流	正式的、书面的、僵硬的、华而不实的、含糊的	非正式的、口头的、清楚的、友好的、开放性的、坦白的
28. 同事关系	对立的、挑衅的、敌对的	合作的、友好的、相互信任的

第 3 节　员工舞弊侦察审计技术

舞弊侦察审计是指已经发现舞弊线索，为寻找确切证据以证实舞弊否存在而进行的审计。舞弊侦察审计技术是审计人员为了证实舞弊是否存在而采用的审计方法。

一、基于会计资料的调查

会计资料是审计人员直接面对的书面资料，也是获取直接证据的重要来源。通过对会计资料中经济业务记录、表达和特点的检查，审计人员可以获取证明舞弊存在或者不存在的重要证据。通常，在对会计资料进行审计时，审计人员会用到审阅法、核对法、复算法、调节法等。

二、分析性程序

分析性程序作为一种数据分析技术，能提前识别一些舞弊线索，本福特定律是其中的典型代表。本福特定律（也称为本福德法则）认为，数据有一种内在规律，所有随机变量只要样本足够大，每一样本首位数字为1～9的概率在一定范围内具有稳定性，以1开头的样本占样本总量的30%，以2开头的样本占样本总量的17%～19%，而以9或8开头的样本始终只占5%左右，基本情况如图10－1所示。

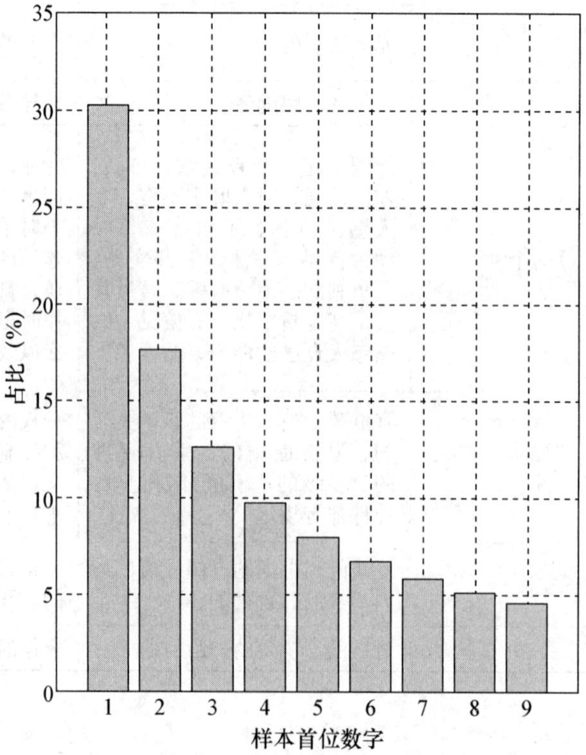

图10－1　本福特定律

本福德定律的应用条件有两个，一是数据不能是规律排序的，比如发票编号、身份证号码等；二是数据不能经过人为修饰。本福特定律可用于检查各种数据是否有造假，凡是不符合本福特定律的，可能存在舞弊，需要进一步查找。本福德定律可以作为员工舞弊预警审计技术，但主要是作为员工舞弊侦察审计技术。

三、拓展性询问

询问是审计方法中的一种基本方法，在调查舞弊案件中，询问也是一种有效方法。面对复杂的舞弊行为，审计人员应当利用询问法进行充分取证，这种方法类似于公安机关和检察机关的讯问，但又不是讯问，因此称为拓展性询问。询问涉嫌舞弊人员，有利于审计人员收集、核实证据，查明案件事实；有利于发现新的舞弊线索；有利于涉嫌舞弊人员如实供述舞弊行为。询问涉嫌舞弊人员必须由审计组织的审计人员负责。为了提高询问效率，保证询问质量，防止审计人员舞弊，确保询问安全，询问的时候审计人员不应少于 2 人。审计人员在询问时，应当首先询问相关人员是否有舞弊行为。如果涉嫌舞弊人员承认有舞弊行为，则让其陈述舞弊的情形；如果涉嫌舞弊人员否认有舞弊事实，则让其辩解，然后根据其陈述向涉嫌舞弊人员提出问题。询问涉嫌舞弊人员应当制作询问笔录，笔录应当如实记载提问、回答和其他在场人的情况。

除了上述三种方法外，员工舞弊侦察审计还可以借鉴经济犯罪侦察的一些方法，涉及的内容较多，这里不再介绍。

本章小结

本章介绍了员工舞弊行为审计的相关内容，包括：员工舞弊概述，员工舞弊预警审计技术，员工舞弊侦察审计技术。舞弊就是以不正当手段为自己或他人谋取利益的行为。按舞弊主体的不同分为管理层舞弊和员工舞弊；按舞弊的对象不同分为现金舞弊、实物舞弊和业绩舞弊；按舞弊的环节不同分为发票舞弊、业务运作舞弊和会计舞弊。员工舞弊是具有一定职务身份的人利用职务上的便利条件，以不正当的手段为自己或他人谋取利益，并对社会、组织及他人的合法权益构成威胁或造成损失的行为的总称。解释员工舞弊的主要理论包括：三角形理论，GONE 理论，风险因子理论，冰山理论，罗伯特·克利特加德的两个公式理论。员工舞弊类型主要是现金舞弊和实物舞弊。按是否有舞弊线索，员工舞弊审计分为员工舞弊预警审计和员工舞弊侦察审计，员工舞弊预警审计是指为发现舞弊线索而进行的审计，在审计开始之前，从事舞弊预警审计的审计人员对单位是否存在舞弊一无所知；舞弊侦察审计指已经发现舞弊线索，为寻找确切证据以证实舞弊是否存在而进行的审计。员工舞弊预警审计的主要方法有红旗标志法和舞弊环境评估；舞弊侦察审计的主要方法包括基于会计资料的调查、分析性程序和拓展性询问。

复习思考题

1. 什么是舞弊？舞弊有哪些特征？
2. 舞弊的种类有哪些？
3. 员工舞弊有什么特点？
4. 员工舞弊的路径有哪些？
5. 解释员工舞弊的主要理论有哪些？它们是如何解释员工舞弊的？
6. 什么是现金舞弊？有哪些具体手段？
7. 什么是实物舞弊？有哪些具体手段？
8. 什么是红旗标志法？
9. 如何进行舞弊环境评估？
10. 基于会计资料的调查如何侦察员工舞弊？
11. 分析性程序如何侦察员工舞弊？
12. 拓展性询问如何侦察员工舞弊？

图书在版编目（CIP）数据

合规审计/郑石桥主编. —北京：中国人民大学出版社，2018.7
教育部经济管理类主干课程教材. 审计系列
ISBN 978-7-300-25846-1

Ⅰ.①合… Ⅱ.①郑… Ⅲ.①审计-高等学校-教材 Ⅳ.①F239

中国版本图书馆 CIP 数据核字（2018）第 119510 号

教育部经济管理类主干课程教材·审计系列
合规审计
主编 郑石桥
Hegui Shenji

出版发行	中国人民大学出版社		
社　　址	北京中关村大街 31 号	**邮政编码**	100080
电　　话	010－62511242（总编室）		010－62511770（质管部）
	010－82501766（邮购部）		010－62514148（门市部）
	010－62515195（发行公司）		010－62515275（盗版举报）
网　　址	http://www.crup.com.cn		
	http://www.ttrnet.com（人大教研网）		
经　　销	新华书店		
印　　刷	北京东君印刷有限公司		
规　　格	185 mm×260 mm　16 开本	**版　　次**	2018 年 7 月第 1 版
印　　张	16.25 插页 1	**印　　次**	2018 年 7 月第 1 次印刷
字　　数	335 000	**定　　价**	34.00 元

教师教学服务说明

中国人民大学出版社工商管理分社以出版经典、高品质的工商管理、财务会计、统计、市场营销、人力资源管理、运营管理、物流管理、旅游管理等领域的各层次教材为宗旨。

为了更好地为一线教师服务，近年来工商管理分社着力建设了一批数字化、立体化的网络教学资源。教师可以通过以下方式获得免费下载教学资源的权限：

在中国人民大学出版社网站 www.crup.com.cn 进行注册，注册后进入“会员中心”，在左侧点击“我的教师认证”，填写相关信息，提交后等待审核。我们将在一个工作日内为您开通相关资源的下载权限。

如您急需教学资源或需要其他帮助，请在工作时间与我们联络：

中国人民大学出版社　工商管理分社

联系电话：010-62515735，82501048，62515782，62515987

电子邮箱：rdcbsjg@crup.com.cn

通讯地址：北京市海淀区中关村大街甲 59 号文化大厦 1501 室（100872）